高 校 思 想 政 治 工 作 研 究 文 库

教育部思想政治工作司　组编

网络自我互动：

网络思想政治教育人的内在生存与发展

丁　科◎著

人 民 出 版 社

目　　录

第一章

网络自我互动：网络思想政治
教育人生存的反思

    网络思想政治教育是网民基于网络技术生存的教育实践性活动，是网民就现实思想政治教育在网络社会的特定表达，是网民作为技术生存的特定历史性产物。网络思想政治教育在本质上是思想政治教育，是现实思想政治教育在网络社会的延伸。既然网络思想政治教育在本质上仍旧是思想政治教育，那么网络思想政治教育就仍然是关于人的思想政治教育。如果网络思想政治教育依然是关于人的思想政治教育，那么网络思想政治教育就必须要思考网络思想政治教育"现实的人"——网民这一特定现实对象的具体实际。作为现实的人在物理空间生活中的基本关系有人与自然、人与人以及人与我的关系，这三者关系建构了人在现实生活中的三维关系。现实生活中的人与自然之间的关系在网络社会中将延伸为以人与技术之间的关系，即网络人机关系。现实生活中的人与人之间的关系在网络社会中拓展为网民与网民之间的关系，即网络人际关系。现实生活中的人与我之间的关系在网络社会中演化为网络主我与网络客我之间的关系，即网络自我的关系。网络自我是网民内在互动的自我表征，因此，网络自我在网络社会是以网络自我互动的方式登场。

    网络自我互动关系是网络自我的生存方式。在网络生存的三大基本关系中，网络自我互动关系是网络思想政治教育研究的实质与核心。

一、网络社会：网络自我互动的场域

网络自我互动是指网民在网络社会中通过网络实践的内在自我生成，是特指网民在网络社会中的自我内在要素的对立与统一、撕裂与弥合的生成过程。网络自我互动不是指在现实物理生活场域的自我循环的互动，而是指在网络社会中的自我交织的互动。

网民自我互动既然是指网民在网络社会中的自我互动，这就需要把握网络社会的本质。网络社会的本质具有网络技术的互动本质。此本质促使了网络社会的流变性，催化了网民自身内在的自我互动。自我互动是人的内在生存与发展方式，是人的自我发展过程，是人的自身发展成熟的过程，更是人相互交织的过程。人不是静止的存在物，而是运动发展的存在物。此运动的存在正是人的生存与发展。但人的内在互动是建构在一定的条件基础之上。此条件就是人的生存空间。在现实生活中，人是自然的产物，人总是会受到自身生存与发展的物理空间制约，使人永远处于自然支配的地位，人的主动性发挥受到局限，因此人的自我是一个"龟缩"的自我，是一个裹足的自我。这正是因为现实物理空间是一个特定的时间一维性和空间的三维性所建构，人就被锁定在这一特定维度的范畴之中，好像自身披着特定的外壳，总是被无形的网笼罩着。随着人自我意识的增强、人类技术的拓展，每一次工业技术的发展，就象征着人在自我的发展中撕裂了一个微小的缝隙，透进一丝光亮，给自我内在发展舒展一点空间。蒸汽机的发明解放了人的体力。机械时钟的使用突破了人工作的白昼。网络空间的建构开启了人脑的对接。所有技术的发展都将建构人生存与发展的新型空间。在此空间生存的人是一个具有现实特定内涵的人。在此特定生存空间的人的自我互动是一个现实特定时空的互动。此互动的研究已经有学者加以关注。而此关注主要是对基于网络社会的网民这一特殊"现实的人"——网民的生存与发展。

网民是人在网络社会中的延伸，是现实的人在网络社会生存与发展的人。人在现实生活中的互动称为人的自我互动。没有人的自我互动，人将无法生存与发展，人也将无法与外界发生联系，因此人的自我互动是自身存在的根本。此根本并非是一成不变的，而是随着自身生存的外在环境的变化而改变。在网络社会中，网民的自我互动被称为网络自我互动。此互动是建构在网民生存于网络社会之中。之所以网络自我互动是建构在网络社会之中，这是因为网络社会是网民自我互动的实践空间。此空间不是一般的物理空间，而是网民实践的技术空间，是人技术化的活动空间。此技术是人自我意识的产物，是一个时刻凝聚着人自身运动、发展的观念性产物。网络社会是网民网络实践所建构的符号空间。网络社会是人技术化的特定空间。此特定空间是人的技术化与技术化的人之间相互交织的特定生存空间。

为了更好把握网络社会的特殊性，这就需要把握人的技术化与技术化的人之间的内在逻辑关系。技术是人化的技术。技术不是凭空产生的。技术是人对自然客观规律的充分认识，是人智慧的外在物质反映。人对自然的认识是从人自身开始的。人是自然的产物。人的肢体是人技术化的自然载体。人是通过自身的肢体与自然界发生各种关系。在人的肢体与自然界发生关系的过程中，人的肢体就起到了技术性的功能。随着对自然认识的加深，人就逐渐地发明技术、制造工具。因此，技术的发明离不开人的实践活动。在人的实践活动中，人所发明的技术已经发生了质的飞跃，具体而言，人所发明的技术已经历了从石器到铁器、从铁器到蒸汽机、从蒸汽机到电子技术、从电子技术到集成电路、从集成电路到互联网等历史性的变革。可见，技术始终都是人的技术，是人与自然相互作用的实践性产物。

技术是人化的技术。技术虽然是人自身内在智慧的外在产物，但是人与技术之间是双向的作用，即人作用于技术；与此同时，技术也要塑造人。技术不是被动的存在。技术一旦脱离人而按其自身规律存在而发生着自身的功效时，技术就不是单纯的作为人的附属物的技术而存在，技术而是被赋予了人的主体性而存在，因此技术就不是被动的存在物，而是主动性的存在物。作为主动性的存在物，技术就会给人一定的反作用，促使人不再是单纯的自然存在物，而是使人成为具有技术属性而被技术化的存在物。人的技术化存在是随着技术的发展而不断的得以彰显。在网络技术发展的今天，作为网络社会的网民就不再是一个单纯的自然人，而是被深深地刻上网络技术特定痕迹的技术人。

正是因为人是被技术化的人，人是技术化的人，这才使人自身生存的社会是一个技术性的社会，而不是单纯的物理自然建构的社会。这种由技术建构的社会不是什么别的社会，就是人们常说的网络社会。网络社会不仅是技术性社会，更是人的实践性。既然有人的活动，就一定有人的思想、意识、观念的产生、发展、变化，这就一定会涉及到人的思想政治教育这一内在的本质属性，因而，网络社会是网络思想政治教育的实践性社会。没有此社会的存在，网络思想政治教育就缺乏其客观存在的时空场域，也就缺乏了网络思想政治教育中人的生存范式。为此，有必要理解、把握网络社会的内在本质。

（一）网络社会是技术空间

网络社会是网络技术发展的必然结果，是人在技术发展过程中创设的新型生活空间。以往的技术是作为人生存的技术工具，而未建构起人的生存空间，即以往的技术是单向度发展，是线性的生存方式，而在以计算机为基础的网络社会中，技术不仅是技术工具，而是人的生存方式。此技术不是线性的，而是非线性的，是一个多维建构的生存空间。此生存空间不是简单的技术空间，而是人与人交往的网络社会。

既然网络社会是技术空间，此空间必然具有很强的技术性。此技术是人化的技术，包含了人自身内在的智慧成就，因此技术是人为了实现自身需要与社会发展需求，运用自然规律而被发明的作用于自然环境的手段。技术最初是单纯的技术，是人器官的延伸。然而技术的产生并不是凭空产生的，技术的产生是源自人内在智慧的外化体现。没有人的聪明才智，就没有技术的发明创造。技术的初始是单向、一维的技术。石器工具就是石块的外形改变，在本质上没有实质性地改变。但随着人的意识增强，人对外界的认识程度就越来越深刻，人对技术的发明创造也就越深入，人对自然界的改造程度就越多维，在此基础上发明创造的工具也就越多样。技术多维性所建构的空间就是多维的社会活动空间。

在手工业时期，技术是以行会的方式将人分成从事不同职业的生存空间。在机器生产时期，技术通过技术流水线的操作方式将人定格在不同的生活空间。经过如此的长期实践，人就不再是单纯的自然人、社会人，而是技术化的人。人就被刻上技术的烙印。此时，人不再是完全的自然人，而是被技术流水线所控制、支配的技术化的人。

可见，网络社会就其自身构成而言是一个技术所建构的社会。从其社会空间活动而言，网络社会是一个由网络技术构成的空间。在网络技术的作用下，网络社会就是一个技术空间。此技术空间的建构为网络思想政治教育的实践活动提供了时空场域。

（二）网络社会是生存空间

网络社会不仅是技术所建构的技术空间，也是由技术建构的人的生存空间。人不是抽象存在着，是生存在一定的时空之中。此时空就是人生存的社会空间。在技术处于蒙昧状态时，技术只是人作用于自然界的物质手段，是人利用自然、改造自然的工具。随着技术的发展，人对技术的发明、使用的程度越来越深入。此时技术就逐渐反哺人的自身生存。当技术演变为机器工具时，技术就在不断地减轻人自身的体力劳动，而使人逐渐从繁重的体力之中解放出来。当计算机技术的发明与使用后，技术不但解放了人的体力，还解放了人的脑力。计算机的信息储存能力远远超过人的大脑。此时，人的生存就不是简单的自然环境生存和社会环境生存，而是具有极其复杂的技术环境生存。

人在网络社会空间的生存是通过网络实践方式所表达。实践是人的本质特征，也是人的生存方式。人之所以为人的根源就在于人具有实践性。网络技术不是凭空而产生的技术，是人的实践活动的产物。因而，网络空间是实践空间。作为网络的实践空间与现实的物理实践空间具有迥然差异。现实的物理实践空间是根据人自身生存的自然物理环境所决定。自然物理环境的差异导致了人在自身生存环境的差异。生活在自然环境较好的人，在自我的认识中总会感觉自身所存在的优越感，而生活在自然环境较差的人，在自我认识中总会存在着欠缺感。优越感的人是向外发展，而欠缺感的人是向内发展的。正是由于自然环境的差异，因而也就导致了不同的地域文化、习俗、语言等差异。这些因素的差异是人自身内在自我存在、发展差异的基础。但随着技术的发展，尤其是网络技术的发展，这使人逐渐地摆脱了人对自然环境的依赖，并使人走向技术性的内在独立存在。这种内在独立存在的实践就一种不再依赖于自然环境的网络技术实践。即使在马克思看来，人的实践也没有摆脱对自然环境的依赖关系，这是因为马克思在论述商品、地租等术语时也无法摆脱对自然环境的依赖关系。因此，网络实践不是对具体物的实践，而是对信息对象化的高度抽象的实践。

（三）网络社会是政治空间

网络社会不仅是人的技术生存空间，还是人的政治生存空间。人的生存空间是一个广泛范畴。人的生存空间包含了人的自然生存、社会生存等。人的社会生存又可分为人的政治、经济、文化等领域的生存。在此，研究网络社会的生存关系不是为研究网络的经济、文化等生存领域，而是研究人在网络社会的政治生存领域。

网络政治空间是源自网络技术空间。网络技术空间从一开始就具有鲜明的政治属性。众所周知，互联网来自阿帕网。阿帕网的出现就是美国在冷战时期基于政治目的的时代产物。正如郭良所言："许多时候历史会因为时光的流逝而变得面目全非一样，当我们今天打开电脑和世界各地的朋友联系，通过互联网获取各种信息的时候，也许很难相信，这个对人类产生如此巨大影响，给人类通信带来如此巨大革命，使人们比以往任何时候都联系得更加紧密的互联网，竟然是由美国的冷战机器哺育起来的，而互联网的前身就是隶属于美国国防部的'阿帕网'"。① 显而易见，互联网的呈现是具有鲜明的政治目的，具有明显的政治性。既然互联网从诞生之日起就带有政治性，那么由互联网技术所建构的网络社会也就具有鲜明的政治性。因此，网络社会不是单纯的技术空间，还是具有鲜明特色的政治空间。网络社会的政治性主要体现在网络社会中的不同意识形态。意识形态是政治的集中表现。意识形态之争不是血淋淋的武装斗争，而是隐形地通过改变网民的意识观念、政治信仰来达到其政治目的。这是一场没有硝烟的战争，是一场效果最为理想的战争，因为它不需要流血牺牲，且成本低廉，从而可以达到对人思想意识的控制，进而达到控制人的目的。这种对人的意识控制，就正如马克思所言："是人改造人。"②

由此可见，网络思想政治教育的自我互动不是一个抽象的互动，而是建构在特定时空的社会互动。这种时空就是网络社会。没有网络社会的存在，也就没有人的网络生存，当然也就没有人的网络自我互动。网络自我互动是特定网络时空的互动，是具体的、客观的互动。只有在网络社会中把握了人的自我互动，才能在网络社会中准确理解人的真实存在，也才能有效地开展网络思想政治教育。

---

① 郭良：《网络创造世纪：从阿帕网到互联网》，中国人民大学出版社 1998 年版，第 3 页。

② 《马克思恩格斯文集》（第 1 卷），人民出版社 2009 年版，第 540 页。

二、网民：网络技术发展中人的必然产物

网民是人在网络社会的延伸。简而言之，网民就是上网之人。网民在本质上就是现实存在的人。但网民又不等于我们现实生活中所称的"人"，这是因为网民是现实的人在网络社会中的实践主体。网民是现实的人在网络技术生存方式下被撕裂又重组、快乐又痛苦的意义符号。现实存在的人的范畴比网民的范畴要广泛得多。而网民是特指在网络社会中活动的人。但对于网民的具体界定目前还没有一个统一的概念，只是笼统地把上网的人称之为网民。

网民虽然是现实的人在网络社会中的延伸，但网民毕竟不同于现实的人，这不同于现实的人的根本原因就在于网民具有鲜明的技术性。此技术性不是技术的工具性，而是技术的生存性、价值性。

人的技术生存性是指依托于技术的本质属性。在计算机发明以前，技术的本质属性就在于技术的工具性。此工具性就是技术的被动性。人是运用技术作用于其对象上。人是具有某种主体性的存在。当网络技术的出现，网络技术的主体性就被大大地增强。此时作为人的延伸的网民就不再是一个简单的自然人、社会人等内涵，而是具有丰富技术性内涵的网民。网民是技术发展的历史产物。技术是人的技术；人是技术的人。这一内在逻辑关系充分说明了人与技术之间的内在本质关系。

（一）网民是技术生存的历史产物

网民是人在网络社会中的延伸。网络社会是网络技术空间的拓展。网络技术空间是网络技术所建构的空间。网络技术是源自电子技术。电子技术是集成电路所发展而来。集成电子技术又是电磁场技术所延伸。电磁场技术是

由动力势能所产生而得。如此溯源，人总是可以找到网络技术发展的历史之源。在技术发展的历史长河中，技术不是单纯的技术，也不是孤立的技术，这是因为技术是人所发明、创造的智慧存在，是人自身思想、意识、观念等外化的产物。因此，技术的发展与人的自身生存和发展总是紧密地联系在一起。离开了人的技术性活动，就不可能有技术的发明、使用，与此类似，离开了技术，人也不可能发展到如今具有网络技术生存的人。在如今的网络社会中，网民就是技术发展的历史产物，是技术性的存在与发展，是网络技术思想的历史性存在。

（二）网民是技术交往的实践产物

网民不仅是技术的生存，还是技术交织的发展。网民的技术性生存不是静止的，而是运动的。网民的运动源自网民自身内在的自我互动。网民的自我互动不是孤立的个体运动。如果仅是网民个体的孤立运动，那么，网民的自我互动将会失去其内在动力。网民的自我互动源自网民个体与外在网民个体之间的相互交往，是外在网民个体赋予此网民个体自我互动的动力源泉。在网络社会中，网民的自我互动是依托于网络技术平台的网民与网民之间的彼此交互作用。故此，网民是网络技术交往的实践产物。

（三）网民是技术发展的自我产物

网民不仅是技术性交往的历史产物，更是网民自我内在互动的产物。网民不是静止性的存在，而是互动性的存在。无论外界交往赋予网民自身多大的外力，但真正起到作用的还在于网民自身的内在自我互动。自我互动是网民的个体互动，是网民自我内在的生存与发展。

网民的自我互动是网民社会化的过程，即网络自我互动。网络自我互动的社会化过程就是网民个体的生理、心理、动机、行为、事实、价值等彼此相互交织的社会化过程；是网民在网络社会中与其他网民之间就政治、经济、文化等领域的相互交往的过程。之所以把网络自我互动作为网络思想政治教育人的内在生存与发展，是因为网络自我互动是基于网民个体自我在网络社会中的技术生存与发展。在网络社会里，探究网络自我互动的实质就是挖掘网络思想政治教育中网民个体如何将自身外在的的思想、政治、意识和观念转为自身内在思想、政治、意识和观念的生成与发展，以及这些内化的思想、政治、意识和观念又如何转化为网民个体自身外在思想、政治、意识和观念的行为方式。

网络自我互动是人自我互动的特殊形式。人生存的基本关系主要有人与自然、人与社会以及人与自我的关系。因此，人与自我的关系是人生存的基本关系之一。人的自我关系的实质就是人的自我互动。人的生存与发展从来都不是静止的过程，而是一个互动的过程。在自我发展的过程中，人不是孤立地存在，人总是在与自然界的相互作用的过程之中，触动自身的内在需求，撬动人与自然的关联，获取自然的回报。在此过程中，人发明了技术，制造了工具，推动了人向前发展。正是在技术发明的过程中，也是在人与自然界相互作用中，人促使了人的大脑意识萌芽；同时，人又推动了人大脑中的意识与人生存的自然界发生相互作用而导致技术的产生。这就使人与技术之间紧密相连，技术是人的技术；人是技术的人。由此可见，人类社会的发展历史是一部人类自身的技术发展史，也是人类自身的自我互动发展史。在漫长的历史发展中，人的自我互动总是与人自身发明的技术紧密地粘合在一起。在人与技术相互交织的过程中，人自我互动的演进总伴随着技术的革新而变化。石器时期，人在使用石器工具过程中自己延伸自身的肢体而产生了自我互动关系；铁器时期，人在使用铁器过程中不仅延伸了自身的肢体，而且提升了自身肢体功能的活动范畴，从而彰显了基于铁器生产方式的自我互动。可见，人不再是简单地适应自然，而是在逐渐地改变自然。在改变自然过程中，人在不断地改变自身。这种改变是由人自身内在自我意识萌芽导致的。由于人有了自我意识，人就意识到了自己与自然界以及其他存在之间的差异，逐渐领悟到了人之所以为人的尺度，这就有了"人是万物存在的尺度"、"人是世界的主宰"等观点的提出。正是在这种意识的支配下，人发明技术，制造工具，也正是技术的发明与使用才使人的劳动产品有了剩余。劳动产品的剩余驱动了人自私的欲望。或许就是人欲望的存在才导致了一些人利用自己手中的优势侵占剩余劳动产品，这就导致了私有制地产生。私有制的产生就会导致不同利益集团的形成，不同利益集团的形成就产生不同的阶级，阶级的产生就会形成不同国家的阶级性质。蒸汽机的发明、使用不但没有促使人与人之间平等关系的产生，相反地，还使人与人之间关系走向对立。人与人之间的对立关系也使人自身统一的关系走向对立关系，即人自己不能完全地支配自己，而使自己的劳动与自己劳动的产品处于异化状态。此异化状态导致了人的生活更加痛苦。为此，马克思在研究资本主义的异化劳动和私财产中所写道："工人生产的财富越多，他的生产的影响和规模越大，他就越贫穷"① 的观点。然而有谁曾预料到：在以计算机为基础的网络时代，人可以对计算机作为物的存在方式进行占有、使用，然而却无法对以计算机为节点所连接的网络社会的信息进行控制与支配，因为在网络社会中的信息是除被技术所有者垄断的信息独占外的共在、共享的信息，是人在网络社会中彼此相互取悦、复制、转载的信息共享。此信息共享促使人自身内在自我互动发生了新的变化。

在此变化过程中，人的思想政治意识也随之发生变化。因人思想政治意识的变化，因而作为对人进行思想政治教育的方式也将随之发生改变，这就由传统思想政治教育就转化为在网络社会中的网络思想政治教育。因此，网络思想政治教育是网民建构在网络社会中就自身思想、政治、意识自我互动基础上的思想政治教育。

---

① 《马克思恩格斯文集》（第1集），人民出版社2009年版，第156页。

三、网络自我互动：网络思想政治教育中人的存在方式

网络思想政治教育是传统思想政治教育在网络社会中的拓展，是网民基于网络社会实践的思想政治教育。作为网络思想政治教育现实存在的人——网民。网民在网络社会中不是静止的存在，而是运动的存在。网民在网络社会的存在方式是运动状态。网民在网络社会中的存在方式有网民与技术之间、网民与网民之间以及网民自身内在的存在方式。因此，探究网民的网络自我互动是作为网民在网络思想政治教育中的现实存在。网民的网络自我互动实质是指网民在网络社会实践中的内在自我存在与发展。

网民个体是网络思想政治教育的重要组成部分，是网络思想政治教育主客体的构成要素。因而，要研究网络思想政治教育，就需要研究网络思想政治教育主客体的基本要素/网民。要研究网民就需要研究网民在网络社会中的生存方式，即网民在网络社会到底是如何生成与发展，这是研究网络思想政治教育的逻辑基点。

（一）网络自我互动为网络思想政治教育研究的理论之需

网络自我互动是网民在网络社会的互动方式，是网民在网络社会中的生存方式。网络思想政治教育就是研究网民内在思想、意识、观念等产生与发展的内在规律性并根据其内在规律性实施思想政治教育的实践活动，这就需要研究网民内在思想、意识、观念产生与发展的技术性、关联性、整体性、互动性等思想政治教育研究的基本范畴。这是网络思想政治教育网络自我互动研究的理论之需。

1. 网络自我互动的技术性

网民是现实的人在网络社会的身份扮演，是现实的人在网络社会中的技术化身，是人自身智慧外化——技术滋润的社会存在。虽然网民在本质上仍然具有人的社会本质属性，但网民又不完全等同于现实的人，这是因为网民是基于网络技术生存而被网络信息驱使、支配的人，是信息化的人，是被网络信息全方位所塑造的人，是人被自身难以摆脱信息的窒息而困惑的人，是被虚拟信息所驱动而逐渐背离自身现实存在的人，而现实的人是生存于现实的物理空间，是由现实的时空所决定，是现实三维空间所定位的人，是具有现实确定性的人。

网民是生存于网络社会中的特定网络空间的人。网络空间是确定网民的先决条件。没有人的网络技术实践，就没有网民的存在，因此，人不是孤立的个体，而是生存于特定环境并与特定环境发生相互作用的人。人在建造环境的同时也在被环境所塑造，因此，作为生存环境的网络空间对人的生存与发展起到了十分重要作用。然而，网络空间不是单纯的虚拟空间，也不是单纯的技术空间，而是人与人之间彼此相互生存的技术空间。只要人不是单个的个体存在，人就要与他人发生相互关系，进而建构起技术性的网络社会空间。

在网络社会空间中，网民的存在不仅是技术性的工具性存在，还是网民价值性的社会性存在。因此，作为技术性的网民不仅制造了技术性的工具，而且作为价值性的网络技术还塑造着人。这种制造与塑造的关系深刻地揭示了人与技术之间的内在逻辑关系：技术是人化的技术；人是技术化的人。正是因为人是技术化的人，所以此时的人已经被深深地烙上了技术的痕迹。人已经无时无刻被技术所牵制。人一刻也不能离开技术。一旦离开了技术，人自身就难以生存。为此，人已经不再是单纯的自然存在，而是被深深烙上技术痕迹的技术存在。

网民的技术性是网民在网络技术实践中所反映出来的特殊属性，是网民技术生存的本质属性。网民的自我互动是一个立体式的综合性互动，是网民自身发展的特殊方式，是网民逐渐走向成熟的标志。网民的自我互动包括了网民自身生理互动、行为互动以及社会关系互动等。无论是网民的生理互动、行为互动，或是网民的社会关系互动，这些互动都深刻地带有网络的技术性，这是因为网络技术嵌入到网民生活的方方面面，使网民深深陷入网络技术的全域之中。

当网民被置入网络技术的全域之中，网民对网络技术认识越深刻，网民所发明的技术也就越发达。网络技术越发达，网民的自我互动关系就越复杂，因此，网络技术不是被动性的存在，而是主动性的存在，是随着网民自身对网络技术认识的深入而深化。网络技术的本质就在于网络技术的互动本质。既然网络技术具有互动的本质属性，因此，网络技术是主动性、能动性的存在。这种存在是网民自我互动存在的外在表现形式。

2. 网络自我互动的关联性

世界上的任何事物都不是孤立静止的，而是彼此关联着。作为网络思想政治教育人的外在表现形式——网民也不是静止的，而是彼此互动的。网民的互动除了网民与网民、网民与网群之间的外在互动外，还存在着网民自身内在的互动。网民个体内在的互动也被称为网民自我互动。网民自我互动不是机械的整体性互动，而是网民个体内在各个要素之间地互动。这些各个要素之间的互动就体现了网民自我互动的关联性。

网民自我互动的关联性是网民自我互动要素的有机性、整合性、对应性。没有这些要素的属性，网民自我互动将无法拓展。网民自我互动的关联性从网络自我互动的历史发展逻辑上可以理解为网民的自我生理心理、动机行为、事实价值等之间的内在关联性互动。

作为网民自我互动的关联性，其内涵有狭义、广义之分。狭义的网民自我互动的关联性是指网民个体内在的自我互动的直接关系；而广义的网民自我互动的关联性是指在网络社会中的网络自我互动的间接关系。无论是狭义或是广义的网民自我互动的关联性，其内在的实质都是指网民自我互动的内在关系，是网络自我互动的各要素之间的相互作用与相互影响。

网络自我互动的生理心理关联性是指网民生理与心理之间的互动关联。在现实生活中，人的生理与心理之间的关联性是彼此对应，具有关联互动性。人的生理变化导致人心理变化；人的心理变化也会导致人的生理变化。两者之间具有内在的逻辑一致性，但也有两者之间的差异性。但无论其差异性如何，这两者之间的关联性是存在的。没有人的生理变化就不会有人的心理变化；当然，人的心理变化也会影响人的生理变化。在网络社会中，网民虽然是生存于网络技术之中，网民的生存方式发生了一定的变化，但网民生理与心理的内在关系仍然存在。即便这种关系存在，但此时网民在网络社会的生存方式发生了变化，这就导致网民内在生理与心理的关联性不再像人在现实生活中生理与心理的关联性是呈现为线性的关联性。

网络自我互动的动机与行为的关联性是指网络自我互动中的网民内在动机与行为的相关性。在现实生活中，人的动机与行为之间存在着一致性，也存在着不一致性。人的动机与行为的一致性表现在有什么样的动机就会产生什么样的行为。当然，这是一种理想化的动机与行为的关系，但由于现实生活的各种因素影响，这种影响就会导致动机与行为的不一致，使动机与行为发生错位，甚至是对立。在网络社会中，网民生存于网络技术之中，借用网络技术手段，既可以借用网络技术手段将动机转化为行为，也可以运用网络技术错位动机与行为，其中最为关键的是网络技术导致的动机与行为的关系不是单维度的关系，而是多维度的关系。由此可见，在网络社会中，网民自我互动的动机与行为的关联性仍然存在。这种关联性的存在可能会因为网络技术的介入而导致其动机与行为的关联性更加的复杂。

网络自我互动的事实与价值关联性是指网民在自身内在事实存在与价值取向的关联性。事实就是存在，但存在的未必是事实。在现实社会中，事实是由人生存的时空以及人的事件所建构。事实是事件的描述方式，是时空的拓展，是时代的延伸，是文化的传承。现实生活中的时空具有相对的稳定性，因此，现实生活中的事实也具有相对的稳定性。相对稳定的事实才会凝聚成相对稳定的价值趋向。而作为一般的事实是难以凝聚成特定的价值趋向。无论如何，既然事实可能蕴含了事实内在的价值趋向，那么事实就蕴含驱使人发展方向的价值取向。然而，事实与价值之间并非完全地对应关系：有的事实中蕴含着价值要素，而有的事实却没有蕴含着价值要素。这就使得事实与价值之间并非是完全地线性逻辑关系。在网络社会中，网络技术是媒介技术、数字技术、模拟技术、虚拟技术等，这就导致了在网络技术基础上所建构的事实是多维存在，既可以是真实事实的技术反映，也可以是技术视域下的虚拟事实存在，这就导致了这些事实中是否真实地蕴含着其内在价值因素，也就影响着这些事实与其价值之间是否存在着彼此的对应关系。但无论如何，事实与价值之间的关联性始终都是网络自我互动的内在要素。

3. 网络自我互动的互动性

自我就是人内在的形成与发展。网络自我就是网民在网络空间中的形成与发展，是一个基于网络社会中网民的自我形成与发展。自我是一个社会化的过程。网络自我仍然是网络社会化的过程。自我不是静止的状态，而是一个不断运动的过程，是一个不断发展的过程。网络自我发展的过程就是网络自我互动的过程。网络自我互动既有网络自我外在的互动，也有网络自我内在的互动。网络自我的外在互动主要有网络人机互动与网络人际互动。网络人机互动是指网络自我与网络界面之间的互动；网络人际互动是指网络社会中网民与网民之间的互动。网络自我的内在互动是指网络自我内部各要素之间的互动。这些要素是根据网络自我互动的形成与发展规律来界定，即是网络自我的生理与心理、动机与行为、事实与价值的互动。这些要素的互动蕴含了网民的思想、意识、观念的产生、发展与形成。这些思想、意识、观念的产生、发展与形成是网络思想政治教育的思想根源。

在网络社会中，网民的思想、意识、观念的产生、形成与发展紧紧依恋于网络技术的内在交织。网络技术的内在交织是网民自身的社会实践活动，而不是简单的技术革新。人发明了网络技术；反之，网络技术也在塑造人。网民是人技术性的化名，是人技术化的代名词，是人生存于网络技术背景下的新名词。既然网民是具有技术的蕴含，那么网民的思想、行为必然具有技术的痕迹。而网民的思想具有多层内涵：有经济、文化、政治等思想。而在此特指网民的政治思想。网民的政治思想是指网民在网络社会生存中就一个国家的政治结构、政治制度、政治信仰等内容。这一政治思想既依赖于现实生活，同时又超越于现实生活。在此生存状况中，要探寻网络思想政治教育的网络自我互动是一个极为复杂的过程，因为在网络社会生存的网民已经不同于现实生活的人。网民生存于网络技术空间。网络技术空间是一个信息空间。信息是一个信息爆炸的空间，是一个信息瞬间变化的空间。在网络社会空间中，网民是一个既快乐又痛苦的人。所谓快乐，是因为网络带给了网民的太多方便；所谓痛苦，是因为网民已经被网络信息所挤压，甚至是窒息。在此生存状况下，研究网民的政治思想的产生、发展是一个极为艰难的过程。

4. 网络自我互动的整体性

网络自我互动是一个完整的自我互动系统，而不是零散的关联系统。在此系统里，网络自我互动既有纵向性的互动，也有横向性的互动；既有网络自我互动的宽度，也有网络自我互动的厚度。

网络自我互动的宽度是指在同一时间范畴内网络自我互动的横向拓展。在现实生活中，人的生存受到自身生存的物理空间制约，因而人的自我拓展就表现为人与人之间的自我关系。这些人在自我互动中均表现为自身特定的生存环境关系，是人自身的特殊性表现。在网络社会中，人已经以网民的身份呈现，网民具有自身现实生活的特殊性，同时又具有网络技术的同质性。这种网络技术的同质性加大了网民自我互动的深度，是网民自我互动的紧缩与舒展。

而网民自我互动的厚度是指网民在网络社会中基于网络技术的自我内

化，是网民自我的生理与心理、动机与行为、事实与价值的深度弥合。人的自我发展是一个从生理到心理、动机到行为、事实到价值的内在逻辑演进过程。首先，网络自我互动生理与心理的整体性。网络自我互动的生理肌体的发育决定了网络自我互动心理的存续变化，反之，网络自我互动的心理又影响着网络自我互动生理的健康发展。其次，网络自我互动的动机与行为的整体性。网络自我互动的动机是网民在网络社会中基于网络技术生存所萌发的各种意识与观念，是网络自我在网络技术刺激下所产生的各种欲望。由于网络技术的复杂性以及网民自身观念的多元性，这会导致网络自我互动动机的随意性，因此网络自我互动的动机是人自身在外界事物的刺激下所产生的意念。网民在网络社会中可以借用网络技术的虚拟性将自己的动机转化为自己的行为，因此就可能出现有什么样的网络自我互动的动机就会有什么样的网络自我互动的行为。再次，网络自我互动的事实与价值的整体性。网络自我互动的事实是指网络自我互动行为的现实存在。事实就是存在。有什么样的事实就会有什么样的事实存在。网络自我互动动机的多元性就会导致网络自我互动行为的多样性。网络自我互动行为的多样性就会导致网络事实存在的多维性。网络事实的多维性就会导致网络自我互动价值的多元性。但是，网络的自我互动不是杂乱无章的互动，而是有着一定的价值趋向，这就需要涉及网络自我互动的事实与价值的整体性。

由此可见，无论是网络自我互动的生理与心理、动机与行为、事实与价值的整体性的实质就是网络自我互动中人自身的整体性。人的整体性是人自由而全面发展的坚实基础。

（二）网络自我互动为网络思想政治教育研究的实践之迫

研究网络自我互动不仅为研究网络思想政治教育的理论研究提供了扎实的理论基础，也为开展网络思想政治教育的实践研究提供了理论指导。在网络思想政治教育的实际工作中，有部分网络思想政治教育工作者仅把现实思想政治教育的概念、范畴、范式、方式、方法等置入网络技术之中，即是将网络技术作为一种技术手段来开展思想政治教育，名义上是网络思想政治教育，而实质上是传统思想政治教育在网络技术平台上的翻版。这种翻版从表面上看是网络技术与思想政治教育的结合，实质上是网络技术与思想政治教育的"两张皮"，是网络技术与思想政治教育的简单衔接，没有真正揭示网络技术生存视域下网络思想政治教育的本质内涵。这一本质内涵的诠释就是要在网络技术作为网民的价值视域，而不是作为工具视域，是网民自身与网络技术高度融合下的网民思想、意识、观念的产生、形成与发展的特定本质。如果仅将网络技术理解为是工具性存在，其网络思想政治教育的概念、范畴、范式、方式、方法等都是源于现实传统思想政治教育的概念、范畴、范式、方式以及方法等。而现实的人是生活在现实的物理空间之中，而现实思想政治教育的概念、范畴、范式、方式、方法等均是源自于现实的思想政治教育实践活动。但作为网络社会，此网络思想政治教育的人——网民是源自网络社会。在网络社会中，网民是不受现实物理空间的制约，网民是一个"自由的人"。正因为网民在网络社会中是"自由的人"，因此，网民在网络社会中就产生了许多不符合现实生活规则的行为方式。这些行为方式看是源自网民的外在因素，而实质源于网民自身的内在因素。

为了净化网络社会的健康发展，这就需要在网络思想政治教育的实践过程中对网民在网络社会的思维方式、行为方式进行探究，把握这些方式产生的内在根源，为网络思想政治教育的网络自我互动的研究提供鲜活的依据。

网络自我互动是网民自身内在互动，是网民自身的内在演绎。此演绎是人内在的存在方式，是人发展的根本前提。网络思想政治教育是作为对人进行思想政治教育的实践活动，这就必然会涉及到人的自身存在与发展这一根本话题。在网络社会里，网民的自我互动是开放性的，是互动性的，是渗透性的，是交互性的。这些本质属性是通过网络自我互动的数字化、符号化、图像化等方式表达出来。

网络自我互动将人内心世界呈现于网络社会之中。网民的内心世界是一个极为复杂、隐蔽而又丰富的世界。一个网民的内心世界只有他自己本人才能知晓。如果一个网民要知晓另一个网民的内心世界，那他就需要通过数字、符号、图像等与另一网民彼此交流、互动等，这些交流、互动的程度伴随着网络技术工具的精细化而更加明显。

第二章

网络自我互动：网络思想政治教育人发展的追问

　　自我是人自身的特定表达，是人对自身生存状态的深度描述，是人自身的内在省思，也是人在特定阶段的时代反映。自我不是哲学的专用名词，而是思想政治教育的新话语，是哲学自我在思想政治教育实践活动的深刻反思。自我不是刻在神龛上的名言，而是深耕于现实生活之中的反复淬炼，因此，自我不是居于现实生活的固定状态，而是沿着生活脉络的运动轨迹。既然自我是一个运动轨迹，因此，自我就应该是运动着的。运动是物理的概念，是一个物体相对另一物体的状态描述。互动是运动的一种形式。自我是运动的，也是互动的，因此自我互动是人的生存方式。自我互动是指人自身发展的存在方式，是人在历史发展过程的外在表达，是人内在各要素之间相互作用而不断推动人与外界进行物质能量交换的形式。人自我互动的内在基础是人自身的生命系统。人的自我互动不是简单的生理运动，而是人的思想、意识的萌生。人的思想、意识的萌芽是人自我互动的表达形式。这种形式是人的能量交换。此能量交换既有人与外界自然界的能量互换，也有人与外界社会的能量交换。人的存在不仅是自然的物质能量的延续，更是人的社会生存与发展。人不仅是自然的人，更是社会的人。仅是自然生理结构的人并不是真正的人。在人类历史发展的长河中，人的社会性本质已经得到充分的论证。人的社会本质不是人外在的表现，而是人内在的确立。人内在社会本质的确立源自于人自身的内在自我互动。

人不是抽象的人，而是具体存在的人。人的具体存在是人在特定时期所反映出的属性，是人在特定时期所呈现的各种属性的总和。在人的漫长历史发展中，最能反映人的时代性的是人的技术性。技术是人对自然界、人类社会所认识的智慧象征，是作用于改变人自身发展的特定方式的简称。技术具有工具的属性，是人着力于改变自身生存与发展的直接手段。人类技术的发展最具代表性、阶段性的有石器、铁器、电器、信息等。在现今信息技术时代，人的生存与发展是具有技术赋能的本质特征。基于网络技术价值视域下，人的生存与发展的技术本质是网络思想政治教育内涵的独特理解。

网络技术是人类技术发展的必然趋势，是人对自然界、人类社会以及人自身内在发展认识的新型产物。在网络技术发展的初始阶段，人是把网络技术作为一种技术工具加以借用，与一般的技术工具没有本质的区别，其目的只是为让人获得信息交流的畅通以及其工作效益的倍增。而随着网络技术的发展，网络技术不仅是网民的传媒工具，更是网民在网络社会空间的蜗居。网民将自己整天蜗居在网络社会空间的角落或部落，但始终无法逃脱网络社会这张无形的巨大且具有磁力的场景。网民在网络社会中的生存是将人从现实的物理空间生存转换为人在物理空间和网络技术空间的双层圈，即彼此隔离而又相互牵制的跌宕时空。可见，网民在网络技术空间的生存充分体现了网民在网络技术背景下的独特性。此独特性是指网民不再是生存于相对狭小空间的人，而是生存于一个网络技术建构的网络社会空间托起的新型的全域开放的人。网民的实践活动不再仅限于现实物理空间的直接面对面的生产、生活等社会实践，而是基于技术交互生成基础上的网络社会的生产、交流、消费等网络互动形式。

网民生存于网络社会又作用于网络社会，并与网络社会空间相互促进、交互发展的人。网民是网络思想政治教育的研究对象，是网络思想政治教育的核心概念。作为网络思想政治教育这一教育实践活动，网络思想政治教育学者可从不同视角进行界定：首先，从网络技术工具的视角界定网络思想政治教育。此时网络思想政治教育的内涵应是运用网络技术开展的思想政治教育即为网络思想政治教育；其次，从网络技术价值的视角界定网络思想政治教育。此时的网络思想政治教育应是以网络技术生存为思想政治教育的思想、意识、观念产生、形成与发展为基点所开展的思想政治教育，即为网络思想政治教育。既然此处的网络思想政治教育是界定在网络技术生存视域下的价值视角的网络思想政治教育。这就必须要关注网络思想政治教育中网民的生存这一基本现实。网民的基本生存这一现实中最为核心的议题就是网民自我互动这一基本理念。

网络自我互动是网民生存与发展的内在动力。若无网络自我互动的存续，网络人际互动将会消逝，网络人机互动将会终止，整个网络社会将会静默。果真如此，网民将无法生存与发展，网民也就无法参与网络实践活动，整个网络社会所建构的理论也将停滞，网络思想政治教育的研究也将终止。

网民是无时无刻不生存于网络自我互动之中，否则网民的生命活动也将随之消退。网民的自我互动不是单纯生理的自我互动，而是网民的思想、意识、观念中的自我互动。网民在思想、意识、观念中的自我互动是网民自身面向社会发展的基础，是网民由自然人向社会人的转换。

网络技术不是网民简单的生存工具，而是网民打破自身内在发展的方式，是网民自身器官功能在现实社会中以计算机技术为载体的智慧拓展。网民正是依靠这种方式将其诸多内在的、隐秘的、无法表达的东西转述于他人，以获得在彼此心灵的共建共享。在共建共享的过程中，网民实质上就是一个自我内在的互动过程。网络自我互动不是一个孤立的单向维度，而是一个与他人互相涤荡、互相交织的多向维度。

网络自我互动之所以作为网络思想政治教育的基本视角，是因为网络自我互动是探究网民在网络社会中的网络自我生存与发展的形态。网络自我互动的实质就是要揭示网民在网络社会中自身生存与发展的内在实质性话题。这一话题是网络思想政治教育的根本话题。网络思想政治教育的实质就是关于网民自身的政治思想意识的教育话题。网民政治思想意识的话题就是网民的政治思想意识的产生与发展的话题，这一实质问题就是网民的网络自我互动。网络自我互动是网民的技术生存，是网民的社会发展，是网民的历史演进，是网民的运动轨迹，更是网民自身的成长成才。而网络自我互动的真正本质则是网民内在心灵的触动、交流，因为这是网络思想政治教育要紧扣的网民内在的思想、意识、观念的产生、形成与发展的根源。网民网络自我互动所产生的思想、意识、观念等网络思想政治教育的内在根源不是源自网络自我的外在互动，而是源自网络社会中网民的内在自我互动。

在探索网络自我互动这一基本议题时，不得不涉及网络自我这一基本理论话题。网络自我是指人的自我在网络技术生存中的社会缩影。网络自我是从静态视角审视网民的生存状态，是网络技术时代网民在网络社会的静态描述，是网络技术时代的历史产物，是网络技术——这一人类智慧外化物所赋予人的特定存在术语。而网络自我互动是从网民基于网络技术互动的理论视角探究人的自身在网络技术互动过程中的生存与发展状态。在网络社会里，网民不是以静止的状态呈现，而是以运动的姿态出现。网民在网络社会中无时无刻不是处于运动之中，这是因为人自身生命永恒跳动的运动规律以及网络技术自身互动本质的二者同向叠加合力所汇聚的动力机制所建构的动力源泉。正是因为人生命永恒的运动规律和网络技术互动本质的根本性存在，这才导致了网络社会中的网民以网络自我互动的生命价值存在。网络自我互动不断地催生了网民自身的思想、意识、观念等精神形态的萌芽。

在深入理解网络自我、网络自我互动的内涵之后就需要更深层次地理解和把握网络自我互动的内在本质。本质是事物的根本属性，是一事物区别于另一事物的本质特征。网络自我互动的本质是网络技术本质、网络自我的静态本质与互动本质三者内在的同向性、集合性的统一，是网络自我互动区别于网络人机互动、网络人际互动的本质属性。网络自我互动的内在本质是涉及网民内在的人我之间的对话关系，是网民自身内在的反思以及自我追问，是网络自我的内在追问，是网络自我的深度解读，更是网络自我的内在淬炼。网络社会的网络自我不仅具有现实自我的本质特征，还具有网络技术的本质特征。网络社会的网络自我不是单个的网络自我，而是众多网络自我的集合。网络自我是一个技术逻辑的产物，是人类技术发展的历史阶梯，是人类技术发展的社会进化，是人类技术介质的生存形态。因而网络自我互动是对网络自我的动态诠释，是对网络自我的深度解读，是对网络自我的生成阐释。网络自我互动是从动态视角诠释网络自我的过去、现在以及未来的发展过程。这种发展过程不是单个的网络自我的生成与发展过程，而是众多网络自我的相互作用的生成与发展过程，是单个网络自我内在彼此相互作用的过程。

在网络技术背景下，网民的自我生成关系不仅具有现实的社会属性，还具有网络的技术属性。思想政治教育是关于人的教育实践活动。网络思想政治教育是思想政治教育在网络社会的延伸，是人在网络技术背景下的教育实践活动。在此活动中，网络思想政治教育必然要关注教育实践活动中人的存在与发展，这是教育实践活动的根本。人的存在是现实的存在。人的存在总是与现实的物质生产密切相关。在农耕时代，人的自我生存、发展与自然界紧密相连，这是因为人是源自于自然，且人的生存与发展紧紧依赖于自然。在工业时代，人慢慢地走向独立。人就不再完全地依赖于自然界，这时人与我的关系慢慢地走向对立。到了网络时代，人的生存与发展已经越来越远离现实的物理世界，而渐渐地进入网络虚拟空间。网民的生存与发展不仅依赖于自然界的物质供应，而更多的是依赖于对网络信息的吸收。网民是网络信息化的人。网民一刻也离不开网络信息。在网络信息空间生存的网民已经使自己逐渐地走向对立。正如卡斯特所言，"我们的生活逐渐依循网络与自我之间的两极对立而建造。"[①] 网络是由计算机构成的，但仅有计算机是不能建构网络，这是因为计算机是一种人造物，而网络却是一个人化物。网络不

[①] ［美］曼纽尔·卡斯特：《网络社会的崛起》，夏铸九、王志弘译，社会科学文献出版社 2006 年版，第 3 页。

仅仅是技术的东西，而更多的是人文东西，是人与人之间相互交流的场域。正是基于这个原因，网络被人称为媒体、媒介、中介等诸多称谓。雪莉·特克所言："电脑是个工具。它帮助我们写作、管账及与他人沟通交流。除此之外，电脑还提供了我们新的思维模式，以及作为意念及幻想投射的新媒介。"①

在网络社会里，雪莉·特克认为，"人和机器都被重新定位。机器成了有情绪思想的物体，人则变成会呼吸的机械"。② 人的重新定位，就需要人重新思考人在网络社会的生存与发展。人在网络社会里是否可以找到自我？雪莉·特克指出："人们能在电脑中看见自我。电脑会像是一个第二自我"。③

一、网络自我互动的基本内涵

网络自我互动是网民在网络技术载体上发展的新形态，是网民在网络社会的新发展，是网民在网络场域的新交往，是网民在网络媒介的新传承。网络自我互动的前提、基础是网民必须生存于网络技术这一特定的社会空间。如果没有人类技术的发展，就没有网络技术的诞生，也就没有网民生存的网络空间，也就无网络自我互动的技术基础。当然仅有网络技术的存在，而没有网民的参与，则网络自我互动就难以存续。正是因为网络社会空间的形成以及网民的积极参与，才具有网络自我互动这一实践活动的产生。正是这一实践活动的产生，才具有网络自我互动理论的形成与发展。

---

① ［美］雪莉·特克：《虚拟化身——网路世代的身份认同》，谭天、吴桂真译，远流出版社1998年版，第3页。

② ［美］雪莉·特克：《虚拟化身——网路世代的身份认同》，谭天、吴桂真译，远流出版社1998年版，第24页。

③ ［美］雪莉·特克：《虚拟化身——网路世代的身份认同》，谭天、吴桂真译，远流出版社1998年版，第31页。

（一）网络自我互动的媒介

网络自我互动不同于现实物理空间的自我互动。现实物理空间中人的自我互动是人基于现实物理生活方式而呈现的自我互动。此自我互动总是要受到现实物理时空以及现实社会各种因素的制约。学界在研究现实自我互动时常把自我互动置入相对静止的状态。在这一相对静止状态中，哲学、心理学、社会学等学科均涉及对人的自我这一理论的分析。在现实生活中，自我不能简单地被理解为人的静止生活态势，而应该被理解为人所蕴含的智慧象征。自我不是学界随意编织的学术话语，而是人在历史发展进程中的心灵话语。自我不是自己的内在封闭，而是人自身的对话过程。美国学者米德将自我描述为人内在主我与客我的对话。自我不仅有内在对话，也有外在的对话。当人与外在的自然界对话时，人就会将内在的智慧与外在生存的物质载体有机地结合，并转化为人与外界相连接的技术桥梁。这一技术桥梁，随着技术的发展，技术就发展到网络技术。由网络技术建构的时代被称为网络技术时代，也被称为网络时代。在网络时代里，人在网络社会中不是静观其变，而是整装待发。技术所蕴含的智慧是人心灵的产物。心灵是永恒地跳动。正是基于这一逻辑关联，因此技术就被人赋予了主体性。技术的主体性催生了网民自我的互动性。正如迈克·海姆所言，"网络空间暗示着一种由计算机生成的维度，在这里我们把信息移来移去，我们围绕数据寻找出路。网络空间表示一种再现的或人工的世界，一个由我们的系统所产生的信息和我们反馈到系统中的信息所构成的世界。"① 网络无时无刻不在运动之中，人所生活的网络时空是一个绝对运动的时空，时间不再是唯一性，而是多维性；空间不再是三维性，而是超三维性。正是这样的时空把人交织在一起，

---

① ［美］迈克尔·海姆：《从界面到网络空间——虚拟实在的形而上学》，金吾伦、刘钢译，上海科技教育出版社 2000 年版，第 79 页。

使人自身感觉到无时无刻不在互动之中，因此，人在网络社会中是一个技术性、社会性、互动性的复合体。人发明了技术；技术塑造了人。人类的发展史就是人类自身内在互动的发展史。马克思强调，"关于人的科学本身是人在实践上的自我实现的产物。"① 人在改造客观物质世界的过程中发明创造了科学技术，而所发明创造的科学技术又反过来改造人类自身，这因为"劳动首先是人与自然之间的物质变换的过程，是人以自身的活动来引起、调整和控制人和自然之间的物质交换的过程，人自身作为一种自然力与自然物质相对立。为了在对自身生活有用的形式上占有自然物质，人就使他身上的自然——臂和腿、头和手运动起来。当他通过这种运动作用于他身外的自然并改变自然时，也就同时改变他自身的自然。"② 因此，人总是按照人自己的方式获得了自己身体所必需的物质和能量的补充，从而生产了自己的生命。

网络技术正是按照人的需要所诞生的。技术在本质上是人所具有的开放式演进的旨意。技术演进既是人的自我创造、自我展现的过程，也是人与自然之间的创造物被再创造和被再展现的过程。人发明了技术；技术反映了人的开放性的本质力量。在当今时代，人已经进入了网络时代，人的生存方式发生了巨大的变革。尼葛洛庞帝曾示意，计算机不再只和我们有关，它决定着我们的生存。一旦生存方式发生改变，人自身就会发生变化。人自身的变化不仅有身体变化，也有心灵变化。人的心灵变化来源于人所生存的社会关系的变化。这种社会关系变化的直接根源就在于技术的裂变。人是社会的人，也是技术的人。人基于技术的质性阶段：石器时期、农业时期、工业时期和信息时期等。在不同的时期，每次技术的变革都会给人类自身的生存与发展产生质的飞跃。网络技术的发明和使用对人类的生存与发展所带来的影响是以往任何历史时期的技术对人类生存与发展影响的非线性叠加。就网络

---

① 《马克思恩格斯全集》（第 42 卷），人民出版社 1979 年版，第 150 页。
② 《马克思恩格斯全集》（第 1 卷），人民出版社 1995 年版，第 201—202 页。

技术对网民生存与发展的影响而言，可将其影响分为网络技术工具媒介与网络技术价值媒介。

1. 网络技术工具媒介

网络工具媒介是指网民以网络技术作为自身生存的工具手段。此工具手段在不同的时期所表现的技术工具媒介是不同的。在石器时代，人所使用的技术工具是极为原始的石器工具，因此人的技术媒介生存只能建构于石器劳作的基础之上。在农耕时期，人的生存是基于简单的农耕工具，其生存方式是具有鲜明农产品的自然属性。在工业时期，人的生存是基于工业技术的机械工具。工业技术工具使人的生存逐渐地脱离分散而集聚到相对集中的工业流水线之中。这种单向的机器流水线生产决定了人生存的单向性。在信息时期，人的生存是基于网络技术的信息媒介。此时，人的生存已不再受到现实物理空间的制约，而是建构整个网络社会之中，因此网民在网络社会的生存是随着网络技术信息的工具性而呈现复杂多样地变化。

2. 网络技术价值媒介

网络技术不是机械、被动、消极的网络技术，而是基于网络技术互动本质的网络技术。网络技术不仅体现了人的生存状态，也反映了人的发展趋势，因此，网络技术还是网络社会的价值媒介。网络技术的价值媒介体现在网络技术的互动本质。网络互动不是抽象的互动，而是人自身的发展。只有人的发展才能导致人自身生存的改变。人的生存改变是依靠外界的变化而确定。因此，人的生存与发展不仅是单纯自然界的物质和能量的交换，还要体现在人类自身发明与创造，并为满足自身利益最大化的技术性需要。因而技术是与人密切相连的，是人自身内在价值的外在实物体现形式。每次技术的发展都是人自身生存向前推进的时代标志。因此，技术发展的快慢是人自身内在自我变化的阴晴表。

可见，任何一项技术的呈现，都不是偶然的，而是有着人类自身价值发展需要的历史必然性。技术不是被动的存在物，而是一经人类赋予其主体性的存在，是具有相对独立性的智能存在物。此独立性的存在物会在某种特定背景下制约人的健康发展。

（二）网络自我互动的界定

网络自我互动是网络自我的内在交织，是网络自我存在与发展的状态描述，是网络自我在网络社会的表达方式。

1. 网络自我的理解

要准确把握网络自我互动的本质内涵，这就需进一步从动态视角理解网络自我的科学内涵。网络自我是网络空间的自我。网络空间不是现实的物理空间，而是网络技术所建构的空间。网络技术是一个由计算机为载体、网络节点为连接所建构的新型技术媒介。媒介是一个传播，是一种介质，媒介是运动的，因此，由媒介所建构的技术是运动的媒介，由此媒介技术所建构的时空是一个运动的时空。这个时空就是一个技术所建构的信息流。建构在信息流基础之上的时空就是一个运动变化的时空。这种时空中所塑造的自我就是一个网络自我，是一个网络时空自我，也是一个网络技术自我。网络自我是自我在网络技术空间的生存、发展的表达。而所谓自我，既是抽象的概念，也是具体的概念。但在日常生活中，自我常被理解为抽象的概念。自我作为具体的概念就是一个现实的有血有肉的自然人的社会表达。这种表达，在不同学科中又有不同的表达方式：有哲学的自我表达；有心理学的自我表达；也有精神病理学的自我表达等。无论哪种学科的自我表达，均可以将自我的研究范畴理解为既有个体的自我建构；也有群体的自我建构；更有社会的自我建构等。既然自我有社会的建构，那么，自我就不是单纯的自然概念，而是一个社会概念。如果自我是社会概念，那么自我就具有社会的诸多诉求。可见，作为现实人的自我是具有鲜明的现实特征。在现实自我的描述中，人不可能将现实的自我完全地描述出来，这就需要对现实的自我进行深度解读。现实的自我在其现实的发展过程中，总是会受到人类技术发明和使用的纠缠，这是因为人既想摆脱自身却又深深地陷入自身的种种困境，就像人自身想超越自身生理的困境向往理想的自我却又无法摆脱自身生理的牵绊，因而，技术一经诞生就与现实自我之间有着千丝万缕的联系。作为网络技术背景下生存的自我就必然具有网络技术的本质特征，因此，基于网络技术生存的自我，我们既可称之为网民，也可以称之为网络自我。由此可见，网络自我不是凭空产生的，而是现实自我在网络空间的重塑。在网络空间中，人可以将现实生活中对自我的多重理解来诠释网络生活空间中的自我。网络自我是人在网络互动中生存与发展。如雪莉·特克所言，"在即时、现场的网络社区中，我们徘徊在真实与虚拟交界，不确定自己的根在哪里，只能在过程不断寻找，创造自我。"① 同时，她也认为"自我是一点一滴建构起来的。"② 此外，她还认为："人的自我好比视窗是多重、可分配的系统。——视窗所带来的世界是去中心的自我"。③ "自我是多元的、流动的，而且是在与电脑网络的互动中被构建出来的。④

何谓网络自我？我国较早对网络自我下定义的学者是邹智贤、陆俊。2001 年，他们在《求索》杂志上发表了《论网络"自我"》一文，并在文中写道，"网络自我实际是真实自我、想象自我和分裂自我的综合体，归根到底是现实社会交往主体行为方式在网络世界的体现"。⑤ 2007 年，刘丹鹤博士在王志弘先生的网络自我观点基础上认为网络自我是文本自我，是人在

① 雪莉·特克：《虚拟化身——网络时代的身份认同》，谭天、吴桂真译，远流出版社 1998 年版，第 4 页。
② 雪莉·特克：《虚拟化身——网路世代的身份认同》，谭天、吴桂真译，远流出版社 1998 年版，第 5 页。
③ 雪莉·特克：《虚拟化身——网路世代的身份认同》，谭天、吴桂真译，远流出版社 1998 年版，第 10 页。
④ 雪莉·特克：《虚拟化身——网路世代的身份认同》，谭天、吴桂真译，远流出版社 1998 年版，第 12 页。
⑤ 邹智贤、陆俊：《论"网络自我"》，《求索》2001 年第 1 期。

赛博空间里以文本方式展现自我的表现形式。2008 年，上海大学社会学博士生郑翔在《今日财富》上发表了《虚拟自我——从符号互动论的角度看网络自我形成的影响》一文。他从社会心理学视角分析了网络自我，并提出网络自我是虚拟自我。河南信阳师范学院谢俊在博士论文《虚拟自我论》中认为灵镜技术支撑下的虚拟自我，就被称为网络虚拟自我，是现实自我虚拟化的表现形式和"第二自我"。[①] 2009 年，郑傲在其博士论文《网络互动中的网民自我意识研究》中认为"网络我"是网民网络活动中的各种心理和行为表征。[②] 谢玉进、胡树祥认为，"网络自我是数字自我与物质自我、社会自我、精神自我重构与耦合的结果，是全新的自我集合。"[③] 2011 年，徐琳琳、王前在《网络中的虚拟自我新探》认为网络中的虚拟自我是一种创造性的人格，是对传统身份观念的单一性、确定性和僵化性的挑战。[④]

网络自我作为网络社会研究的热点话题，已经引起了学界的广泛关注。虽然上述学者对网络自我做出了自己合理诠释，但要准确把握网络自我的内涵还需要从人的自我本质以及网络技术本质的有机结合来探寻网络自我的内在本质。只有从这一双重的内在本质出发，才能深度地把握网络自我的内在实质。

网络技术不是简单工具性的技术发明，更不是简单工具性技术的使用，而是人在原来技术基础上的智慧拓展，更是人对自身数字智能的模仿，是人对自身全面重新审视的技术再现，是人将原来的物理生存方式的重新建构，是人对原有技术综合使用与整体推进的复合建构。网络技术不是简单的技术迭代，而是人技术化的复杂性建构。网络技术是人发明的技术。在整个网络技术的发明、使用过程中，人都参与其中，只有当网络技术走向自己的演进物——人工智能时，网络技术与人之间的关系就不是简单的人机关系，而是

---

① 谢俊：《虚拟自我论》，华中科技大学 2008 年博士学位论文，第 41 页。
② 郑傲：《网络互动中的网民自我意识研究》，电子科技大学出版社 2009 年版，第 21 页。
③ 谢玉进、胡树祥：《网络人机互动——网络实践的主体内审》，人民出版社 2017 年版，第 26 页。
④ 徐琳琳、王前：《网络中的虚拟自我新探》，《自然辩证法研究》2011 年第 2 期。

人与智能物之间的关系，即一种主体性与另一主体性之间的关系。但无论是何种关系，人始终是世界的主宰者。人在参与世界的任何事物的过程中都是一个自我发展的过程，都是一个人的自我社会化过程，因此，自我是社会化的产物。网络自我是现实自我在网络社会空间的演化。没有网络社会空间的存在就没有网络自我的生成。现实技术环境存在着现实社会相对应的自我。网络技术空间里存在着网络社会的自我。从人自身主客体关系角度看，网络自我是网络自我内在的主客体相互作用的产物。在现实生活中，人既是主体，又是客体，其主客体关系是相互转换的过程。人是随着特定环境的变化而改变自己的社会角色。人在改变自身社会角色的过程中实现自身角色的相互转换。人在实现社会角色的转化过程中实现了人主客体间的对话关系。当外界的信息刺激到人自身的内心时，人自身总伴随着相应的生理与心理、动机与行为、事实与价值、真我与假我的关系变化。人在这些关系中确立起自身的完整统一体。人的自我不是单个孤立的存在物，而是主客体相互作用的存在物。米德认为人的自我形成就是人自身的主我与客我之间的相互作用。自我是一个社会化的动态过程。

人在网络社会里是以数字、文本、图像等符号形式存在，因而，人在网络社会中是符号化的存在物。无论是亚里士多德、卡西尔或是米德都诠释过人是符号性的动物。在网络社会里，人就像自由的幽灵移来移去，时隐时现，仿佛网络社会就是自己独一无二的隐匿空间，吞云吐雾，逍遥自在。在这种空间中生成的网络自我就是一个伴随着网络技术互动本质的人的心灵生成。这种生成是依据网络符号进行的完整表达。因而，网络自我是指网民在网络社会生存下人自身内在诸要素相互作用而形成的表意符号。

网络自我有广义和狭义之分。广义的网络自我是指网络技术背景下的自我；而狭义的网络自我是指网络空间中的自我。狭义的网络自我包括了网络虚拟自我和网络实在自我。现实的虚拟自我是指人在现实生活中超越自我，或许就是弗洛伊德所言的"超我"。此超越自我也被称为是理想自我、想象自我、幻想自我。虚拟自我不是仅存在于网络社会之中，也存在于现实生活之中。网络自我仍然包含了虚拟自我与实在自我。网络虚拟自我的观点是沈阳师范学院徐琳琳博士提出的。她从网络虚拟自我的形成、功能、社会问题以及网络虚拟自我良性发展的途径等四个方面进行了论述。网络虚拟自我是一个情感自我，类似于费希特的"经验自我"。此自我源自于人的情感体验。网络虚拟自我具有社会性和主观性。网络虚拟自我不等同于网络自我，是因为网络自我的外延要比虚拟自我的外延广泛得多。总而言之，网络自我是指现实网络技术背景下的自我、网络社会的自我以及网络社会与现实交织形态的自我。

2. 网络自我互动的界定

互动是事物间的相互作用，是事物存在方式。网络自我不是静止的自我，而是运动的自我。网络自我是相互作用的自我。网络自我在本质上是互动的过程，这是网络技术的互动本质与人的自我内在主体性的有机结合。首先对网络自我互动予以界定的是吴满意。他在《网络人际互动——网络实践的社会视野》中认为："网络自我互动实际上是网络自我和现实自我的双重自我互动的叠加。"① 有鉴于此，网络自我互动是指网民在网络人机互动、网络人际互动的社会实践基础上借用网络比特数字展现自我内在诸要素之间的相互作用。

网络自我互动不是偶然的，而是网络技术的历史发展与人自我的生存发展的内在动力相互作用的必然产物。在网络自我互动过程中，网络自我互动既有网民的个体自我互动，也有网民的群体自我互动。无论是网民的个体自我互动或是网民群体的自我互动，都是网络自我互动在网络社会的运动方式。网络自我互动是网民在网络社会的发展状态，是网民在网络社会的逻辑展开。在科学技术快速发展的今天，人的自我生存与发展的社会空间已经发

---

① 吴满意：《网络人际互动——网络实践的社会视野》，人民出版社 2015 年版，第133 页。

生了根本性的改变。此时，网络自我不再是单纯的自然人，也不是简单的社会人，而是具有极其复杂技术性的社会人。人在创造历史的过程中发明了解放自身并促进自我内在健康发展的技术，反之，技术在其按照技术自身发展规律的过程中又滋润着人的自我发展。因而，网络自我互动不是孤单的存在物，而是有着网络自我内在的互动本质属性以及网络自我与外界要素之间的互动规律的复合体。这正是因为网络自我互动之所以为互动的本源，这也是因为网络技术的内在本质与人自身内在潜在动力之间相互作用的内在规律性的历史发展的必然结果。网络自我互动是一个多维互动的集合体，是网络系统内部各要素之间彼此作用的内在根源，是网络自我互动的人不断地与外界进行物质能量交换的动态过程。

二、网络自我互动的本质

网络自我互动的界定是对网络自我互动的整体描述，是对网络自我互动概念的内在本质的深刻诠释，是网络自我互动整体状态的阐述。概念描述可能包含了事物的本质，但有时概念未必真正揭示了事物的本质。学术话语的概念不同于事物的本质。这就需要在界定网络自我互动概念的基础上进一步探究网络自我互动的内在本质。所谓本质就是事物内在的根本属性，是一事物区别于另一事物的根本标志。网络自我互动的概念界定主要是从网络互动的动态视角阐述其内涵。但网络自我互动的本质是要辨析其与网络人机互动、网络人际互动之间的内在区别。网络人机互动揭示的是人与技术之间的内在关系。谢玉进认为："网络人机互动的本质是人与计算机网络相互作用形成的人类新的技术实践活动——信息化技术实践活动"。[①] 网络人际互动

---

① 谢玉进：《网络人机互动——网络实践的技术视野》，人民出版社 2013 年版，第 56 页。

的本质则是指网络社会中网民与网民之间相互作用的根本属性。就其本质属性而言，吴满意认为："网络人际互动是网络社会空间环境中网民之间网络社会关系的表征，是网络社会与现实社会、网民个体与现实个体高度融合互渗的背景下，交往双方借助数字化符号化信息中介系统而进行的信息、知识、精神的共生、共享的实践活动"。① 可见，无论是网络人机互动或是网络人际互动都是强调其社会实践这一本质特征。对于网络人机互动、网络人际互动以及网络自我互动这三者之间的关系究竟该如何看待？学界认为这三者都是网民在网络社会中的基本关系。在一般常识下，网络人机互动是网络人际互动的基础、前提。这是因为网民与计算机之间的关系是网民进入到网民与网民之间的社会关系基础。有了网络人机互动，才有网络人际互动。而网络人际互动是网络人机互动的进步与发展，因为网民不仅是技术性的网民，而且还是社会性的网民。在这两者基础上，网络自我互动才得以发展，网络人机互动、网络人际互动都是网络自我互动的基础：一个是网民自我发展的技术基础；一个是网民自我互动的社会基础。正是因为网民具有这两个基础和前提，才推动了网民的自我互动。当然，网络自我互动一旦开启，网络自我互动就与网络人机互动、网络人际互动并驾齐驱地推动着网络社会的形成与发展。对网络自我互动，学界已不再陌生，有学者对此进行了研究。谢玉进、胡树祥在《网络自我互动——网络实践的主体内审》中认为："网络自我互动是以实体自我为主体，以网络自我为对象的一种对象化活动，是在自我同一性目标的引导下，实体自我对网络自我及其行为结果的认识、评价、反思、调整与超越"。② 可见，谢玉进、胡树祥将网络自我互动界定为自我的内在同一性基础上的实现自我与网络自我之间的主客体关系的内在结果。其内在合理的地方就在于将网络自我互动限于自我同一性的基础上，避

---

① 吴满意：《网络人际互动——网络实践的社会视野》，人民出版社 2015 年版，第71 页。

② 谢玉进、胡树祥：《网络自我互动——网络实践的主体内审》，人民出版社 2017 年版，第 42 页。

免网络自我互动研究的泛化；同时也将其互动关系界定为主客体关系的实践活动，这就紧扣了自我互动的内在本质，但是网络自我互动是基于网络人机互动、网络人际互动所建构的网络社会中的自我互动，因此网络自我互动的实践活动是基于特定的网络社会的特定时空场域，离开这个特定时空就可能不再有网络自我互动；网络自我互动是网络自我内在的互动关系，是网络自我的内在主客体关系的相互作用，而不是现实自我与网络自我之间的主客体关系，即便是网络自我可能包含了现实自我与网络自我的内在组成部分，这就导致了将其内在的包含关系演变为并列关系，使网络自我互动的主客体关系混乱。

有鉴于此，就很有必要探究网络自我互动的内在本质。对网络自我互动本质的把握不应仅限于界定的描述，而应深究网络自我互动的本质根源。网络自我互动的内在本质根源应是网络自我内在的主体对其自身对应的内在客体的对象化的社会关系的实践活动，是网络自我内在的评价、反思、调整与超越，是网络自我内在的矛盾与冲突，是网络自我的内在成长与成熟，是网络自我内在的发展动力，更是网络自我的社会化表征。

网络自我互动不是单项、单向地互动，而是多项、双向地互动。网络自我互动有网络自我的物质自我、社会自我、精神自我的互动；也有网络自我的单维度、多维度的互动；也有网络自我的单界面、多界面的互动等。网络自我互动有网民自我的自然生命属性的生理互动；也有网民自我的社会属性的社会关系互动。因此，无论网络自我互动以何种方式呈现，网络自我互动都是网民自我的自然生命的新陈代谢、社会关系的交织更替以及科学技术的发展创新的彼此交融的人格化特征，这一人格化特征就是网民的自我成长、自我成才、自我发展、自我创造的社会化表征，是网民在网络技术生存方式下经过技术发明创新诠释人自身自然生命内在社会化的过程，也是网民的网络自我在网络技术背景下由自然生命走向社会生命的创新发展过程。

网络自我互动是网民在网络社会的存在与发展的新形态，是人与技术、社会、自我之间相互作用地叠加。在人与技术的互动中，网络自我互动是人与技术之间的主客体对话过程。人在技术改造外界自然的过程中也在改造自身的主观世界。人对自然界每跨越一步，同时也对自身内在世界塑造一维。正如马克思所言，工业是"人的本质力量的公开的展示"，① "是一本打开了的关于人的本质力量的书"，② 可见，马克思指出了技术对人的自我塑造作用。网络技术是一把"双刃剑"。它既可以使网民的自我互动成为一种塑造网民与人类进步、发展相协调的思维方式、行为方式；也可以使网民的自我互动成为一种破坏网民与人类进步、发展相协调的思维方式、行为方式。正如迈克尔·海姆所言："技术的危险在于它能改变人类，它能使人类行为和希望彻底扭曲。——它进入人类的内心深处，改变着我们的知、思、欲的方式"。③

在人与技术的互动过程中，网络自我互动必然还要涉及人与社会之间的互动，因为人是社会的人。在人与社会的交织中，人通过技术达到了人与人之间彼此的共生共享。人只有在网络技术互动的基础上才能真正地达到最大限度的共生共享。海德格尔写道："——世界向来已经总是我和他人共同分有的世界。此在的世界是共同世界。'在之中'就是与他人共同存在。他人的在世界之内的自在存在就是共同此在。""此在本质上是共生——这一现象学命题有一种生存论存在论的意义"。"此在之独在也是在世界中共在。他人只能在一种共在中而且只能为一种共在而不在。独在是共在的一种残缺的样式，独在的可能性恰是共在的证明。"④ 对此，德国现象学家胡塞尔说："每一个自我——主体和我们所有的人都相互一起地生活在一个共同的世界上，这个世界是我们的世界，它对我们的意识来说是有效存在的，并且是通

<hr />

① 《马克思恩格斯选集》（第 3 卷），人民出版社 1995 年版，第 329 页。
② 《马克思恩格斯全集》（第 42 卷），人民出版社 1979 年版，第 127 页。
③ ［美］迈克尔·海姆：《从界面到网络空间——虚拟实在的形而上学》，金吾伦、刘钢译，上海科技教育出版社 2000 年版，第 62 页。
④ 海德格尔：《存在与时间》，陈嘉映、王庆节合译，生活·读书·新知三联书店 2010 年版，第 138 页。

过这种'共同生活'而明晰地给定着。"① 因此，人是在这种共生共享的社会基础上走向自身，这时的自身不再是一个自然的自身，而是一个社会的自身，即自我。人的自我是在社会互动中塑造的，而不是在人的自然属性中存在的。为了进一步理解网络自我互动的本质，现将做如下分析：

（一）网络自我互动是实践性活动

"互动"是多维度内涵的词。不同的学科有着不同的内涵：传播学的"互动"认为是传播者与受众之间的能动关系；教育学的"互动"是指教育者与受教育者之间相互作用，是一种交流、对话的实践活动；思想政治教育学的"互动"是指教育者与受教育者之间就思想政治教育内在思想性、政治性的心灵对话，并赋予受教育者内心的思想性、政治性的价值引领的社会实践活动等。网络是以网络技术为载体的社会空间。网络不是静态的存在，而是动态的存在。"互动是网络的基本特点"。"网络生存是互动式的生存"。② 网络互动是基于网络技术本质特征的实践方式。孟威认为："网络互动是指处在信息传递两端的行为主体（个人或组织）、借助于网络符号及其意义实现的、相互联系、相互影响、相互作用的动态信息交流过程和方式"。③ 因而，网络互动是网民在网络社会空间的根本生存方式。对于互动，其实马克思早就诠释为人是处在运动变化之中。马克思指出："人不是在某一种规定性上再生产自己，而是生产出他的全面性；不是力求停留在某种已经变成的东西上，而是处在变易的绝对运动之中"。④ 这种绝对运动就是人的实践性活动。亚里士多德第一次把人确认为"实践"的主体，并第一次

---

① 莱德·多尔迈：《主体性的黄昏》，万俊人、朱国钧译，上海人民出版社 1992 年版，第 63 页。

② 孟威：《网络互动——意义诠释与规则探讨》，经济管理出版社 1994 年版，第 4 页。

③ 孟威：《网络互动——意义诠释与规则探讨》，经济管理出版社 1994 年版，第 27 页。

④ 《马克思恩格斯全集》（第 46 卷上），人民出版社 1979 年版，第 486 页。

把实践提升为反思人类行为的重要哲学范畴。康德建构了西方近代第一个具有典型意义的实践观。他对实践概念作了严格规定："实践乃是通过自由而可能的东西，是理性规定意志并通过意志达到目的的活动。① 黑格尔的实践观是马克思实践观之前哲学史上最为系统、完善的实践观，他的实践观有三层内涵：一是黑格尔明确肯定实践包括了生产实践、技术活动，并强调真正的人是他自己的劳动成果；二是他肯定实践具有目的性也具有中介性；三是他把实践理解为"在自由统一形式中的客观的东西和主观性"，是一个不断扬弃异化趋向自由的有规律的历史过程。黑格尔抓住了实践的本质，从唯心主义的角度论证了"劳动创造人本身"的思想。正如马克思所说："黑格尔把人的自我产生看作一个过程，把对象化看作失去对象，看作外化和这种外化的扬弃；因而，他抓住了劳动的本质，把对象性的人、现实的因而是真正的人理解为他自己的劳动结果。"②

在哲学史中，马克思第一次确立了彻底唯物主义的实践观。他强调要"始终站在实现历史的基础上，不是从观念出发来解释实践，而是从物质实践出发来解释观念的形式"。③ 这就要求从物质实践角度和目前实际情况出发，去研究网络自我互动的实践。而目前学界从现实人的视角思考网络自我互动的是网络人机互动、网络人际互动这两个基本的网民实践活动的互动关系。网络人机互动的实践已经论证了：人是技术的人，人与技术是和谐共生的。这已经把人从原来纯自然的现实人提升到人是技术性的人，并阐释了人在技术发明的过程中不断地生产自己、提升自己与发展自己。网络人际互动的实践论证了人是社会实践性的存在物，而不是一个孤立、离群索居的人。

由此可见，网络自我互动的实践是建构在网络人机互动、网络人际互动的实践基础之上。网络自我互动的实践是从人自身的技术外化物——计算机技术开始的。其实践是一个极为复杂的过程。因而在难以把握网络自我内在

---

① 康德：《判断力批判》（上卷），宗白华译，商务印书馆1964年版，第10页。
② 《马克思恩格斯全集》（第42卷），人民出版社1979年版，第163页。
③ 《马克思恩格斯选集》（第1卷），人民出版社1995年版，第92页。

互动的实践时，人只有将自身内在互动的生理器官被现实模拟化的技术存在物所代替，这个模拟的技术存在物就是计算机虚拟化、智能化的存在。也许正是为了探究这一深奥的话题，人才不断地将网络自我互动的实践活动展现于现代技术的计算机网络之中。网络是计算机发展到一定程度的技术产物，而网络自我互动是人自我互动在网络技术背景下外延的社会化产物。在网络人机互动中，人感觉到的是人脑与人脑的外在物——计算机技术端口之间的互动，这种互动的实践揭示了人与外在技术之间的关系；在网络人际互动中，人已经慢慢地避开了计算机界面的屏障而深入到了网民与网民之间的互动关系，这种互动的实践揭示了网民与网民之间的社会关系；在网络自我互动中，人已经确证了人自身内在互动的存在，这种互动不是单纯的人的个体自然实践活动，而是一个基于技术、人际关系的社会实践活动。这一社会实践正好印证马克思的"真正的人理解为他自己的劳动结果"的唯物辩证观点。

（二）网络自我互动是技术性活动

自人诞生以来，人类就没有离开过技术的使用。或许正是技术性的使用，人从自然界中完全地脱离出来。人类第一次使用摩擦生火的技术性活动就是人对火的发现与使用。正是人对火的发现与使用，才使人从动物蒙昧、混沌的生存中远离自然界而走向自身回归的生存与发展，使人自身的身心更加健康，从而更好地抵御自然侵害，成就人自身为人的类的属性，即社会性。因而，人从自身诞生那一刻之起，人就与技术紧密相依。技术不是一个简单的技术形态的静态描述，而是人作用于自然界对象化的媒介手段的动态描述。在不同的历史发展阶段，人自身在采用不同的技术手段与自然界相互作用，并谋取自身的生存与发展的需要，以完善自身的发展与进步。纵观人类技术发展史的宏观视域，人类主要经历了石器时代、铁器时代、电气时代以及信息时代等。在不同时代里，每一个细小的领域又有不同的技术性的发明与使用。因而，人类每当前进一步都会促进技术的发明与使用向前推进一步；当人类技术向推进一步，人类自身就向人类社会的前进方向跨越一步。这就充分彰显了在发明与使用技术时人就演变成为技术性的人。自从人猿揖别，人就是技术的人；人类社会就是技术化的社会。人类的历史就是一部人与技术互动的历史。技术从来都不是远离人类自身而虚无缥缈地存在，而是与人自身的生存与发展紧密相连的人的自身器官功能的延伸，是人自身器官功能的拓展或者创造。因此，技术是被人创造的客观之说由此诞生；技术是人的延伸之声由此传开。人类的任何一项技术发明都蕴涵着人的人化属性，这是因为人类的任何一项技术发明都是人类社会的智慧成就。人发明技术的最终目的不是使技术与人发生对立，而是为了满足人自身发展的需要，完善人的自身，因而"人是技术的人"这一逻辑论证被镌刻在人类技术发展史的宏篇巨作之中。反之，人也在发明技术的过程中改造自身。正如马克思指出："正是在改造对象世界中，人才真正地证明自己是类存在物。这种生产是人的能动的类生活。通过这种生产。自然界才表现为他的作品和他的现实。因此，劳动的对象是人的类生活的对象化。人不仅像在意识中那样在精神上使自己二重化，而且能动地、现实地使自己二重化，从而在他所创造的世界中直观自身。"① 马克思认为，人是在发明创造技术工具改造自然界的同时，也不断地改造着人的自身。马克思在论及人与技术的关系时指出：技术是"人的本质力量的公开的展示"。人的本质就潜藏在人的创造物及其创造性的实践活动当中。因此，要研究人的本质就要研究人是怎样生产的，因为人的生产是与其技术紧密相联。马克思指出："人们用以生产自己的生活资料的方式，首先取决于他们已有的和需要再生产的生活资料本身的特性。这种生产方式不应当只从它是个人肉体存在的再生产这方面加以考察。它在更大程度上是这些个人的一定的活动方式，是他们表现自己生活的一定方式，他们的一定的生活方式。个人怎样表现自己的生活，他们自己就是怎

---

① 《马克思恩格斯选集》（第 1 卷），人民出版社 1995 年版，第 47 页。

样。因此，他们是什么样的，这同他们的生产是一致的——既和他们生产什么一致，又和他们怎样生产一致。因而，个人是什么样的，这取决于他们进行生产的物质条件。"① 可见，生产什么？如何是生产？这是技术性的话题，但在本质上，却是人自身内在互动的本质诠释。

（三）网络自我互动是社会性活动

在现实生活中，人的社会性是人类社会的集合性、集体性、实践性等具体活动。社会性是相对于自然性而言，自然性是自然界的本质属性，而社会性是人类社会的本质属性。马克思认为："人的本质不是单个人所固有的抽象物，在其现实性上，它是一切社会关系的总和"。② 因此，社会性的活动不可能是单个人的活动，而是多数人的活动，是集体性的活动，是人的群体性活动。人的群体性只是说明了人不是孤独的个体，但人在活动过程中是集体性、组织性的活动。集体性的活动与群体性的活动具有本质的区别。人的社会性不仅具有集体性，而且还具有实践性。人的集体性是在人的实践性基础上形成的。没有人的实践性就没有人的集体性。集体性的活动具有内在的价值趋向性以及价值的集聚性，而群体性只是一个自然属性的活动。

在网络社会中，网络社会是现实社会在网络技术上的延伸，是现实生活在网络技术媒介上的拓展，是网络技术载体上的新型生活形态，是一种现实生活的技术"铜镜"，反映了现实生活，折射了现实生活，同时也建构了自身以网络技术为基础的生活。现实生活具有集合性、集体性以及实践性等。网络生活也具有这些特征。这些特征也可以转换为另一种说法，即网络的互动性。在现实生活中，无论是人的集合性、集体性或是实践性，其根本的特质就是人的互动性。没有互动性就没有人的集合性、集体性以及实践性等。

① 《马克思恩格斯选集》（第 1 卷），人民出版社 1995 年版，第 67 页。
② 《马克思恩格斯文集》（第一卷），人民出版社 2009 年版，第 501 页。

网络社会生活的实践性不仅是建构于人自身内在的能动性，而且还建构于网络技术的互动本质基础之上。在这种双重能动性的作用下，网络社会的网民就会呈现非线性的互动状态，进一步推动了网络社会中网民的自我互动。因此，网络自我互动的本质不仅体现在它的技术性、能动性，还体现在它的社会性。网络自我互动永远不是单个网民的自我互动，而是诸多网民自我互动的集合体所建构的一种基于网络社会的集体性互动。在网络社会里，网民自我互动的形式是多种多样的。无论网民自我互动的形式是以网络游戏、网络聊天、网络购物或是博客、微信等形式，其实质都是网民在网络社会中的网络自我互动的表达方式，在实质上都是社会性的实践活动，因为这种实践活动的最终目的是在于与他人共享的内在思想与情感等，见证了网络自我互动的运行，确保了网络自我互动的存在。

网络自我互动是客观的物质、技术、信息、社会等交织在一起的实践性活动。人在本质上是一个互动的过程。在网络社会里，网络自我互动的本质就是人迈向全面而自由发展的解放过程，这是因为人的终极发展目标就是人全面而自由的发展。

三、网络自我互动的特征

美国未来学家保罗·萨福则一语道破了网络的本质特征。他认为，网络的本质特征就是"同其他人发生联系"，并称："Internet 比任何其他媒介更好地调节人的相互作用"；"互相接触比玩最带劲的游戏或获取最热门下信息都更为有趣"。① 就网络互动的本质而言，孟威将其概括为"承续、补充与超越"。② 网络互动是网络自我互动的基础、前提，但这并不等于是网络

---

① 保罗·萨福：《网络为王》，胡泳、范海燕译，海南出版社 1997 年版，第 219 页。
② 孟威：《网络互动——意义诠释与规则探讨》，经济管理出版社 2009 年版，第 26 页。

自我互动。网络自我互动是网民在网络互动基础上的自我互动，因此网络自我互动具有自身的特殊性。这就彰显了网络自我互动的本质特征。谢玉进、胡树祥将网络自我互动的基本特征概括为："双时空重叠的发生场域""数字化编码与展现的中介系统""省思与建构并行的对话方式""以追寻意义为内在驱动""彰显个人化的互动结果"[①]。可见，从网络互动的本质到网络互动的特征，再到网络自我互动的基本特征，学界都在不断地深入研究这一话题。介于学界研究的基础上，现就网络自我互动特征从其内外两个角度分析如下：

（一）网络自我互动的内在交织

网络自我互动的内在交织是网络自我互动的内在各要素之间的相互作用所表现的相互关联。从网络自我互动各要素之间的相互作用所形成的基本形态，可将网络自我互动的内在特征分为整体性、交织性、超越性、认同性以及导向性等。

1. 整体性

网民的网络自我互动的整体性源自人的整体性。人虽然是由人自身内在的各个器官所组成，且这些器官之间组成了相应的功能结构，使人能够形成一个完整的功能结构。无论人内部的任何一个器官如何地完善，如果没有与其他的器官建构起一定的组织结构，那这个器官就不能完成人的任何一个功能。首先，网络自我互动的身心的完整性。虽然网络自我互动中的身心关系可能因为网民的身体缺场，然而这不会影响到网民的心理缺场。但这并不能说明网民没有因为身体直接介入到网络社会空间之中，而忽视网民的身体存

---

① 谢玉进、胡树祥：《网络自我互动——网络实践的主体内审》，人民出版社 2017 年版，第 51—57 页。

在。网民的身体存在是网民生命存在的根本前提。没有网民的身体存在就没有网民的心理存在。网民自我互动的生理与心理之间的完整性，是网络自我互动完整性的基础；其次，网络自我互动的社会结构的完整性。网络自我互动不是仅有网民自我的生理与心理之间建构对应关系的完整性。网络自我互动的完整性还应该包括网络自我互动的动机与行为、事实与价值的社会的完整性。如果没有网络自我互动的社会的完整性，网络自我互动就不可能产生其社会属性。网络自我不是人自然属性的自我，而是人社会属性的自我。只有网络自我互动参与了网络社会的实践活动，网络自我互动的完整性才得以展开；再次，网络自我互动的精神的完整性。网络自我互动是一个从自然属性到社会属性再到精神属性的过程。网络自我互动的自然属性可以称为网民的物质自我；网络自我互动的社会属性可以称为网民的社会自我；网络自我互动的精神属性可以称为网民的精神自我。网络精神自我的互动可以是网络自我互动的真我与假我的完整性。在网络社会互动中，介于网络技术的虚拟性，网民在网络社会中既有真实的自我，也有虚拟的自我。在网络自我互动中，这两者是网络自我的两个侧面，彼此相互依存，对立统一。

2. 交织性

如果说网络自我互动的完整性是从网络自我互动的统一性来思考网络自我互动这一话题，而网络自我互动的交织性则是从网络自我互动的差异性来探寻网络自我互动。网络自我互动的交织性是网络自我互动差异性的具体描述。根据网络自我互动的交织性维度：首先，网络自我互动的生理与心理之间的交织性。网络自我互动的生理就是网民的自然生命的存在。这种自然生命的存在虽然不直接参与网络自我互动，但作为生命的有机体必须要以自我的生命活动参与网络自我互动。可见，网民只有具备了网络自我互动的健康生命，才有网络自我互动的心理正常变化。因而网络自我互动的生理与心理是建构在网络自我互动的身心完整的统一性基础上之。但是在网络自我互动身心完整的同一性基础上，网络自我互动的生理与心理也可能发生矛盾。此矛盾就是网络自我互动的身体缺场，而网络自我互动的心理活动却加剧。此时网络自我互动的心理活动将随着网络技术、网络符号、网络文本、网络图片、网络声频、网络视频等诸多网络要素的变化而发生变化。此变化不再是现实生活空间所描述的生理变化决定心理变化，而是网民自身的心理反作用其生理变化。当网民将心理变化因素集中在网络社会中网络自我互动的变化因素之中，网民就会将自身的血液汇集在自身的大脑之中，进而导致该网民心脏供血不足，这就可能导致网民其他生理器官因缺乏血液循环，而导致其生理疾病。网络自我互动的生理与心理之间的交织是网络自我互动交织性的基础，并有其内在的身心规律；其次，网络自我互动的动机与行为的交织性。网络自我互动的动机与行为的交织性是指网络自我的动机与行为之间的冲突性。在现实社会中，人的自我的动机与行为之间有着内在的一致性，即是有什么样的动机就会有什么样的行为。动机与行为之间可能会形成单向性的逻辑关系。在网络自我互动中，因网络技术的互动本质，同时也因网络技术的虚拟性，因此，网络自我互动的动机与行为之间是存在着多维度的关联性。其互动可能存在着一个动机对应多个行为，同时也有可能因为网络信息的流变性而导致网民的网络自我互动本身具有多重动机。此时网民的多重动机就会导致网民的多维行为。且此行为可以通过网络界面、网络窗口体现出来。在现实生活中，人自我的动机与行为关系就会被网络社会的网络互动本质以及网络技术的虚拟所打破，使网络自我互动的动机与行为之间呈现出了复杂的交织性关系，已经难以厘清网络自我互动的动机与行为之间的内在对应关系；再次，网络自我互动的事实与价值的交织性。在现实社会中，事实是存在，事实的存在就可能包含了事实内在的价值。当然，也有可能事实就是事实，就是事物的暂时存在，不可包含任何价值。但通常情况而言，一定的事实总是包含一定的价值，否则，事实就难以成为事实。然而，在网络社会中，网络自我互动所产生的事件、事实太多，因为网络社会空间是一个自媒体，人人都是麦克风。正因为麦克风的发声，网络自我互动就产生了网络事件、网络事实，而这些网络事件、网络事实却未必包含有任何价值。有的可能就是网民或喜或悲的情绪宣泄。网络自我互动的事实与价值之间的交织性就在于事实与价值的蕴含性，这是网络自我互动的关键。

3. 超越性

网络自我互动的超越性是指网络自我互动的创新性。在网络自我互动中，无论网络自我互动的生理与心理、动机与行为以及事实与价值的对立统一关系如何，其实质都是网络自我互动的内在超越性。互动的本质就是发展。发展就是超越。网络技术互动，网络技术不断超越。当今网络技术的运用与 20 多年前的网络技术运用已经不可同日而语。20 多年前的网络技术主要是网络信息的传送、沟通与交流。而今的网络技术已经深入每个人的生活之中。现在是网民的互联网生存，人离开了手机就寸步难行。网络技术的超越性助推了网民自我互动的超越性。此外，网络自我互动基于网络技术的超越性，其自身的生理与心理、动机与行为、事实与价值的超越性也就更明显。网络自我互动的超越性主要表现为：一是网络技术发展的完善性。这是网络自我互动中最明显的体现。网络技术不是孤立的网络技术，而是人的网络技术。网民在网络社会中发现网络技术的不足而不断地改善网络技术，使网络技术更加便利于网民的生活；二是网络社会更加复杂多样。网络社会是一个技术空间，也是网民的生活空间。当网民自我互动处于极为简单的情况下，其网络社会就显得简单有序，但当网络自我互动处于超越状态时，网络社会的互动就会更加地复杂多样；三是网络社会的新鲜事物将会层出不穷。网络自我互动的超越性就会使网民的各种动机转化为网络行为，并将行为转化为网络虚拟事实。正如网络技术具有虚拟性，网民可以将自己许多虚拟的动机演化为虚拟事实，而使网络社会充满诸多的鲜活事实，并漂浮于网络社会之中。

4. 认同性

认同，即认可，是一种价值关系。人的自我认同是指人对自身地确证，是人自己接纳自己、肯定自己、包容自己、诠释自己。网络自我互动的认同性是指网民在网络自我互动过程中对自己的接纳、认可、包容以及诠释。网络自我互动是一个完整、交织的超越过程。在这一过程中，网民的自我互动不能因为网络自我互动的交织性、超越性而否定网络自我互动的认同性。网络自我互动的认同性是网络自我在互动过程中不断地吸收因其互动所产生的营养以不断地完善网络自我互动的形成与发展的取向性。网络自我互动认同有网络自我互动的身份认同、社会认同、价值认同等。

5. 导向性

网络自我互动是网民在网络社会中网络自我生成的过程。网络自我互动的生成不是一个无序的状态，而是有着特定价值取向的有序过程，是一个朝着社会发展、人类进步的方向性过程。按网络自我互动的发展趋势可以将其方向性界定为：有网络自我互动的横向互动发展，即网络自我互动之中的网民与网民、网群与网群等网络自我的互动关系；就其纵向发展而言，网络自我互动是从生理与心理、动机与行为到事实与价值的互动关系。在纵横互动关系中，网络自我互动的导向性是以网民纵向互动发展方向为其价值导向。因此，网络自我互动的导向性是指在网络社会里网民自我内在互动的价值取向性，是指网络自我从不成熟走向成熟的阶段性，是网民个体的价值取向性，也是网络社会的取向性，更是网络社会的发展取向性。

（二）网络自我互动的外在纷呈

除了内在互动外，网络自我互动还有其外在互动。网络自我互动的外在形式有网络人机互动、网络人际互动。网络人机互动体现了网络自我互动中网民的技术性存在。它反映了人是自己的存在物，是人之所以为人的先决条件。人不仅是自然界的存在物，更是自身类的存在物。网络人际互动反映了网民与网民之间的交往关系，这是因为人是类的存在物。正是因为人是类的存在物，这就确证了人是社会的存在物。在网络社会里，网络自我互动摆脱现实社会的限制，进入到人类社会自身所渴望的理想状态，因而有网民把网络社会称为"乌托邦"。网络自我互动是网民在网络社会的发展，是网民生存与发展的内在动因。网络自我互动在网络人机互动、网络人际互动的驱动下使网络自我互动呈现如下特征：

1. 物质消解，社会凸现

网络自我互动不是完全以有机体的自我物质形态参与网络实践活动，而是以网络自我的符号形式参与网络实践活动。在网络社会里，网络自我互动的自我与他我进行着信息共享、精神共存。网络自我的共享、共存是以网络文本、网络链接等形式驱使网络自我的内在互动，这就削弱了网络自我互动在网络社会中物理因素的依赖，进而增强了网络自我互动的实践范畴。

在网络社会中，网络自我互动首先表现在网络自我外在的物质消解。在现实社会里，自我是以有机体的"我"整体性呈现，是以自然有血有肉的"我"登场。没有现实物质世界的我，也就无所谓自我。然而网民一旦从现实自我沉浸到网络社会之中，其现实的自然有机体的外壳便会逐渐消解，原来高大魁梧的身躯只不过被一个数字或者符号所代替，在网络社会中，网络自我互动的外在形式不再是高大的身躯，而是被赋予生命意义的符号。当然，人的高大身躯的消解并不等于人自我生命的终结，然而人的自我生命仍将存在。只是这时人的生命更多的是被关注其生命价值、意义，是对人生命内在价值的追问，而不是停留于人生命价值的外在形态的描述。

网络自我互动的物质性消解，相反地，网络自我互动的精神性却极大地增强，这就充分展现了网络自我互动的精神性。也正是因为网络自我互动的物质性消解，才导致了一部分人常常蜗居于网络社会的某一空间之中而演变为依靠网络信息消费的"宅男宅女"。

2. 约束规避，自由畅行

在现实社会中，人是现实社会的人。作为现实社会关系的人是由人的各种基本关系所构成。人的基本社会关系又是社会各种规章制度的原始规范，或者说是人的基本关系建构起的人的社会规章制度。这些规章制度对人的生存与发展起到了很强的规范性。因而，现实社会关系中的人总会受到现实诸多因素的限制，进而使人处在制度的牢笼之中，而使人无法摆脱现实制度的困扰。人在人类社会发展的历程中发明与制造了技术。其技术的发明与使用一边使人获得了依赖技术载体的空间拓展；同时又使人陷入技术的囚笼之中，使人成为技术的奴隶。可见，在现实社会中，人总是受到太多因素的制约。为了规避这些因素的制约，人在网络技术拓展的空间中运用技术延伸自己的生存空间，使自己摆脱了现实物理空间的掣肘，使自己感觉到自己是生存于网络虚拟社会这一自由遐想的空间之中。网络社会的虚拟性使网民将自己的动机瞬间地转化为行为，而不需要经过辛勤付出，更不会让网民在网络社会中受到任何制度的制约，好像自己完全沉浸在网络技术的自由空间之中，使网民可以在网络社会将网络信息剪辑、粘贴、复制、链接等，并将自己塑造成一个完全自由自在的"侠客"。

3. 规范淡化，个性张扬

我国是一个有着2000多年封建专制的国家。在历史发展的进程中，我国已经形成了一套具有等级规范的制度。这些规范制度在特定时期具有一定的积极作用，但随着社会的发展，有的规范制度已经失去了自身存在的社会基础，进而成为阻碍人个性发展的藩篱。这就需要消除这些不合理的规范制度。从技术发展视角，作为一个传统的农耕社会，简单的劳作工具，延续的历史绵绵，经济的迟缓推进，制度的缓慢废除，这一渐进历史观念、意识深深地浸入人的大脑之中，禁锢了人的思想，抑制了人的个性，压抑了人的创新。

自从西方航海业诞生之后，世界就不再是孤立的世界，而是联系在一起的世界。英国的工业革命不再是英国的工业革命，而是世界工业革命的开端以及世界工业革命的重要组成部分。英国的工业革命改变了英国的技术发展历史，也改变了世界的技术发展史。从 19 世纪中叶，英国的工业商品进入到我国，改变了我国传统的商品结构，刺激了我国的商品生产，激发了我国商品生产的技术变革。一旦我国开始进行现代化的商品生产与商品贸易，我国就引入了西方先进的工业生产的技术设备，开始工业化的生产。工业生产相对于农业生产而言，工业生产突破传统农业生产的地域性、季节性、分散性等农业种植结构，它充分发挥了人口集中、商品积聚、财富集中、操作规范、观念相通等优势，因而工业化生产是规模化、流水线的生产模式。在工业技术生产的时代，人的观念意识、行为模式不再是传统的"日出而作，日落而息"的自然劳作，而是随着机器的运转不断地改变自己的思想意识、行为举止，并随机器的安置而定居、机器的转速而辛勤、机器的停止而苦恼。在工业技术生产的早期，人被约束在机器齿轮的转动之中，使自己从农耕的时空约束转移到人类自身设计的技术尺度的约束，使人的个性屈服于人类自身生产过程中原始劳作到机器运转的操控之中。

随着人类科学技术的快速发展，人类科学技术已进入到了网络技术时代。在网络技术时代，人虽然在整个网络视域下难以逃脱网络技术的网罩，但在这一网罩内的空间中，人却是一个自由、惬意的"逍遥者"。这个人就是人们常称的网民。网民可以在网络界面开设无数的窗口与其他网民对话；也可以随时关掉任一窗口或者所有窗口而销声匿迹；也可以将自己的情绪宣泄于网络社会之中，而不会被网络社会的谴责。此外，网民可以在网络社会中对网络文本进行复制、粘贴、剪辑等，并将意愿的文本移来移去，而不需要付出过多的代价。这一行为表明网民已经摆脱了现实社会规范的制约，且彰显了自己的个性。

4. 具体淡化，抽象叠加

网络社会中，网络是以计算机为载体的信息社会。信息社会是以信息符号为基本单位所建构的社会。信息是符号。符号是事物抽象的代言词。因此，人在网络社会中的任何实践活动均是以符号为载体的社会活动。人把现实生活的各种实践活动以抽象思维、符号表达运用于网络社会之中。抽象符号表达的自我不像现实生活中的自我是一个相对稳定的物质自我、社会自我与精神自我的统一体，而是一个被抽象的符号概念。在现实生活中，自我的物质属性是人的自然存在，具有鲜活的可观、可感的直观性。现实自我的自然物质属性首先表现为人所具有明显的男女性别之分、身材高矮之别等。人的男女性别之分既有人自然的区分，也有人在社会化过程中所确定的性别角色。因而，在现实生活中，人的自我是实体性存在，即生理、社会等加以固化的感性描述。在网络社会里，网民的身体——自我的物质特性逐渐消解，而自我的社会性逐渐增强。这些被强化的社会属性逐渐失去其原来本身所存在的物质属性，进而被某种特定意义的符号所表达。可见，在网络社会里，网民自我表达的特定叙事是网民自我内在符号化的逻辑关系。网民是以网民自身的生命符号为跳跃，以自身社会关系的符号为拓展，以其自身的成长成才为旨归。

四、网络自我互动的分类

网络自我互动可根据不同网络自我互动的特性将网络自我互动分为不同的类型。谢玉进、胡树祥在《网络自我互动——网络实践的主体内审》一书中将网络自我互动分为：多样自我互动、流变自我互动、异化自我互动、真假自我的互动以及网络自我与现实自我的互动。有鉴于此研究基础，并结合自己研究，现将网络自我互动做如下分类：

（一）网络类自我互动、网络群体自我互动与网络个体自我互动

根据网络自我互动的参与规模及其内在属性，可将网络自我互动分为网络类自我互动、网络群体自我互动以及网络个体自我互动。

互动是人的独自行为方式，是人的特殊实践活动，是人的特有状态表达，是人的独特价值蕴含。无论人的互动是何种境界，其互动必定有特定的实践者。若无特定互动的实践者，其互动仍唯心之关照、纯粹之感应、空洞之言辞。正是基于此，网络自我互动就必然有互动的实践者，根据互动的实践者，可将网络自我互动分为网络类自我互动、网络群体自我互动以及网络个体自我互动。

网络的本质就在于网络的互动。网络互动的本质不仅停留于网络技术的互动，而在于网民在网络社会借用网络技术平台施展了自身的行为活动。这是网络自我互动本质的根本原因。因而，网络自我互动就是网民的互动。网民的互动就是网民行为的拓展。网民的行为拓展，不是单个的网民，而是诸多的网民，因此网民在网络社会中不是个体的存在，而是群体的存在，甚至是类的存在。这就将网络自我互动分为网络类的自我互动、网络群体的自我互动以及网络个体自我互动的缘由之所在。

网络类自我互动诠释了网络社会的自我不是单个自我，而是整个社会的自我。人一旦确立自身的存在，人就不是单个的人，而是类的存在物。类的存在物是人的本质属性，是人的社会属性。网络社会互动就是整个网络社会各个要素的互动。网络社会的类不是机械原始人的类，而是人与自身生存发展要素相结合的类，是人自身演进的整个社会结构的类。科学技术的发展不仅没有拆散这种类的形成与发展，而是这种类的向前推进。科学技术越发达，人的交往就越频繁，人的类集聚力就越强，其类的吸引力就越强。在网络社会类的自我互动就是网络社会与网络外界的相互作用。这就是网络

社会空间与现实物理空间的张力所在。网络类自我互动的频度越强，那么网络社会就越凝聚，对现实社会张力就越大，网络社会与现实社会的跨度越宽。人在网络社会与现实社会中的生活就越艰辛。因此，网络类自我互动是指人的类存在在网络社会中的实践活动，是网络社会存续发展的整体推动力。

网络群体自我互动是指网络社会中网民群聚的实践活动。人是群居性的动物。孤独是人迈向死亡的前奏。人总是可以根据自身的兴趣、爱好、特征寻找到自己群体性的存在。常言道：物以类聚，人以群分，这就说明人是群居性的动物。网络群体性的自我互动是网络社会的主要形式。网络社会中的QQ群、微信群等，这些都是网络群自我互动的表达方式。在网络社会中，网民因学业建群、因地缘建群、因事建群、因情建群等。此类网络群自我互动既有群内在的自我互动，也有群与群之间的自我互动。网络群自我互动是网络自我互动的一种形式。

网络自我互动不仅有网络类自我互动、网络群体自我互动，也有网络个体自我互动。网络个体自我互动是指网民以个体存在的身份参与网络自我互动。网络个体自我互动主要是网民以个体的生理与心理、动机与行为、事实与价值等对立统一的关系参与网络自我互动。此互动推动了网民的社会参与。没有网络个体自我互动，就不会有网络群体的自我互动。没有网络群体的自我互动，就没有网络类的自我互动。因此，网络个体自我互动是网络自我互动的基础。网络个体互动并非是网民个体的冥思苦想，而是网民的实践性活动。网民在网络社会中永远都处于运动之中。网民的每次运动都必然会导致网民内在的自我互动。网民自我互动是网民自身的内在主客体的对话，是网民自我的成长与发展。

因此，无论是网络类自我互动、网络群体自我互动或是网络个体自我互动，都是网民在网络社会的实践活动，是网民在网络技术背景下的成长路径，是网民建构网络社会的重要途径，也是网络自我互动的重要组成部分。

（二）网络物质自我互动、网络社会自我互动与网络精神自我互动

在现实社会中，人的自我可根据人自我的社会化程度分为物质自我、社会自我和精神自我。物质是指客观存在的、可感知的实在。物质是物理学、哲学的特定概念。物理学中的物质是自然界、人类社会化的具体存在，是与运动紧密相连的概念。常言道：物质是运动的；运动是物质的。在哲学里，物质是与意识相对应的概念。这是划分唯物主义与唯心主义的根本标志。坚持物质第一性、意识第二性的是唯物主义；坚持意识第一性、物质第二性的是唯心主义。但此处的物质主要是从哲学视角思考其物质本质内涵。人是自然界的产物。人源自于自然，因此人具有自然的本质属性。人具有自然的生理结构。这是人自然进化的结果。正因为人具有自然属性，所以人是有血有肉的自然存在。人的自然属性反映了人的物质属性，因而人的物质自我是指人自身生理的物质性。社会自我是指人自我的社会性。精神自我是指人自我的精神性。无论网络物质自我、网络社会自我或是网络精神自我，都不是静态的，而是动态的。网络自我的动态演进就是网络自我的实践活动。网络自我互动是网络技术互动本质，是网民主体性的拓展。

无论是网络物质自我互动、网络社会自我互动或是网络精神自我互动都是网络自我互动的实践活动，是网民网络自我互动的社会过程，是网民网络自我互动的逻辑演进，是网民网络自我互动的发展历程。网络物质自我互动是指网民自身生理的内在器官的自我循环系统的运行。网络物质自我互动的基础与前提是人的自我物质互动。人的物质自我互动源自于人自身的物质新陈代谢。马克思认为："人直接地是自然存在物"。[①] 人是由自然的生理结构所建构。人的自我互动首先是人自身内在器官的生理循环运动。正如夏甄陶

---

① 《马克思恩格斯文集》（第1卷），人民出版社2009年版，第209页。

所言："人的肉体组织形态，人的运动的、感受的、意识的、言语的生理器官的结构和功能、都是人作为自然存在物所具有的自然力、生命力，它们作为天赋和潜能，自然地存在于人身上——它们是形成和产生真正属于人的本质力量、活动、特性的自然基础"①。因此，人的物质自我互动无时无刻不在，是人生命存在的表征，正如人每天要吃喝一样，是人的物质自我互动的确证。人的物质自我互动一旦停止，就意味着人自然生命的终结。在现实生活中，人的物质自我互动是人的生命社会实践纷呈。在网络社会中，无论网络技术如何发达，网络技术始终是人的技术，是人主宰技术，而不是技术主宰人。因此，即使在网络社会中，网络物质自我互动仍然是以人的物质自我互动为前提，是人的物质自我参与网络实践活动的生命符号象征，是人的物质自我身体缺场而生命活跃的出场。虽然在网络社会中，网民物质自我互动的部分生理物质逐渐萎缩，但其象征生命本质特征的大脑物质互动却在加剧，因而人的生命活动就以网络符号互动着，而并非是以人的物质自我的全部自然物质生理器官参与网络社会实践活动。因而，网民仍然以生命体符号互动呈现，是在彼此看不清对方的全部物质自我互动基础上的网络物质自我互动的特有情形。网络物质自我互动的物质性逐渐消解，相反的，网络自我互动的社会性却逐渐增强。

网络社会自我互动是指网民在网络社会里不断交往而呈现的社会实践性活动。网民在网络交往中会同时以多个不同的社会自我互动姿态精彩登场。网民在计算机界面上可以开设众多窗口。每当打开或是关闭一个窗口，网民就会在不同窗口中扮演不同的社会自我角色，尤其是在网络社会中，每个网民都可在任何一个网络平台上以不同社会角色的装扮而呈现不同网络社会自我互动。网络社会自我互动是网民自我互动在网络社会中的角色扮演的多维表现。网络社会自我互动是人社会化的多维展现。因此，网民的网络社会自我互动是网民的网络物质自我互动转向网络社会自我互动的深化与拓展。网

---

① 夏甄陶：《人是什么》，商务印书馆 2000 年版，第 92 页。

络社会自我互动是网民自我社会化的集中表现。网络社会自我的逐渐深化后就升华为网络精神自我互动。网络精神自我互动是指人在网络社会中的网络自我互动最终走向的一种自我境界。网民在网络社会中的网络自我互动反映在网民对网络信息的共享；而网络精神自我互动则反映在网民对网络信息共享的精神再生。这就是海德格尔所言的"此在"。

五、网络自我互动的相关概念辨析

（一）网络自我互动与网络虚拟自我互动

网络自我互动是指网民在网络社会中以自我的独特角色参与网络的社会实践活动。根据网络自我互动的外延范畴，可将网络自我互动分为广义和狭义的网络自我互动。广义的网络自我互动是指基于网络技术生存视域下的网民所参加的与网民自我不断走向成熟的网络实践活动。这种实践活动包括了网民自我的外在与内在实践活动。而狭义的网络自我互动是指网民基于网络技术生存视域下的网民自身内在的网络实践活动。就其实质而言，网络自我互动是网民自我成长的实践活动，是网民基于网络技术的自我生成与发展，是网络自我互动的内外自我互动的新形态。网络虚拟自我互动是指网民在网络社会中的虚拟形态。网络常被人称为虚拟网络。这种说法其实并不客观。网络就是网络，是由网络技术所建构的技术载体，并伴有网民在网络技术载体的社会实践活动，因而，网络并非真正虚拟，网络只不过是被网络文本所链接的活动场域，因而网络虚拟自我互动并非指网络的虚拟属性所导致的虚拟，而是指网民在网络社会生存方式下网民对自我内在的精神性的创造与超越。

网络自我互动在网络社会里表现为多层次、多维度的网络自我互动。每一个窗口就是一个网络自我互动的真实描述。网络自我互动不是一个静止的状态表达，而是一个动态诉求。网络自我互动是指网民在网络社会中所呈现的自我成长。它包含了网民自身生理器官的新陈代谢，也包含了网民自我生理器官的社会实践。在现实生活中，网民自我互动是网民身体互动与网民社会互动的自我互动的相互交织。在网络社会中，网络自我互动是网民真实自我互动与虚拟自我互动的复合体。网民真实自我互动是网民在网络社会中以网络技术载体的真实自我的存在与发展的有机形态。网络虚拟自我互动是指网民在网络社会中借用网络文本、网络符号而参与网络自我的互动方式，因而网络虚拟自我互动是网民的抽象性，同时也是网民的超越性。网络虚拟自我互动的超越性反映了网民对客观事物所能展现的主动性与积极性。此主动性与积极性可能跨越原来事物的真实程度，这就造成了网络自我互动的虚拟性。

因此，网络自我互动不等同于网络虚拟自我互动；网络虚拟自我互动也与虚拟自我互动具有差异性，与此类似，虚拟自我互动与虚拟自我也不可同日而语。就虚拟自我而言，华中科技大学谢俊博士在博士学位论文《虚拟自我论》中写道："所谓虚拟自我，就是在表象空间（主观思维空间）或网络虚拟空间存在的虚拟主体及他的生存方式、存在状态和心理表征、心理体验；换句话就是，在表象空间（主观思维空间）或网络虚拟空间存在的虚拟主体（虚拟主我）对虚拟客我在文化、社会和心理等方面的看法和结论"①。谢俊博士认为虚拟自我是虚拟主体的自我，并把虚拟自我界定为精神自我，是在虚拟时空条件下产生的自我，而真实自我是在现实时空条件下产生的自我。他认为现实的自我主要包括生物自我和社会自我。生物自我是由生理自我、实体自我、躯体自我、物理自我所构成。自我不仅有简单的物质自我，还有社会自我。

网络自我互动与网络虚拟自我互动既有联系，也有区别。网络自我互动有真实自我互动，也有虚拟自我互动。网络虚拟自我互动是网络自我互动在

---

① 谢俊：《虚拟自我论》，华中科技大学 2008 年博士学位论文，第 24 页。

网络社会中的虚拟叙述，是网民在网络社会的虚拟性表达。网络自我互动包含了网络技术工具性的使用与网络生存性的诉求。网络自我互动工具性是网络自我互动的客观事实。此时的网络仅是网络技术工具而已，而网络自我互动的网民进化是网民以网络技术作为载体的网民实践活动的历史进程。网络技术是以文本的方式运行，除文本外，还有超文本。网民的网络自我互动正是依赖网络文本的运行，而不断强化网络自身内在的互动。网络虚拟自我互动不是以具体的客观物质载体为互动的表达形式，也正是因为网民看不见这些具体的客观物质形态，因而就会被他人称为虚拟形态。在此虚拟形态基础的网络自我互动就会被理解为网络虚拟自我互动。

（二）现实自我互动与网络自我互动

在研究网络自我互动的过程中，不得不对现实自我互动与网络自我互动之间的概念做一辨析。首先就要弄清楚何谓现实自我互动。人们通常理解的现实自我互动是指人在现实物理空间的自我互动。现实自我互动有广义、狭义之分。广义的现实自我互动是指人在现实社会所实施的与自我互动相关的实践活动；狭义的现实自我互动是指人在现实社会中人内在的自我互动。在此所指的现实自我互动就是狭义的现实自我互动。在现实社会里，人所面对的生活方式是具体的、实在的，是人能感觉到的，具有现实客观的本质特征，人的生存方式是由社会的生产力与生产关系之间的辩证关系所决定。人是自然的人，更是社会的人，人所生存的空间是一个物理空间，人所生存的一切是由所处在的物理空间决定，物理空间是相对稳定的。人的自我互动过程是由其所处的物理空间决定，这就是人们常说的环境决定论。人不同的生理特征适应着不同的自然环境。正因为要适应不同的自然环境，这就需要人具有不同的生理自我互动。然而，人真正自我互动不是在人的生理自我互动上，而是在人的社会自我互动上，即人的社会性互动。人是社会的人。人的自我互动过程是人的社会化进程。今天的自我不同于昨天的自我；现实的自我不同于未来的自我，这就是自我不断社会化的进展。无论现实自我互动的形态如何改变，但现实自我互动的社会化本质始终是不会改变的。

网络自我互动是现实自我互动在网络社会中的延伸与拓展。随着科学技术的发展，人类社会已经历了数次快速的科技变革。在如今的网络技术背景下，人类社会出现了网络社会的新形态。在网络社会里，自我互动就演进为网络自我互动。现实自我互动与网络自我互动有着内在的必然联系，即都是人的自我内在互动过程，也是人的自我内化过程。但有着一定的区别，那就是所生存环境的差异。现实人的自我互动是人生存在现实物理空间的自我互动；网络自我互动是网民生存于网络技术背景下的网民自我互动。网络自我互动就在于网络技术互动的本质催化着网民自我互动。这就说明了人不仅发明、使用技术，相反地，技术也在塑造人。人不是人自身自然的产物，更是人的技术性产物，是技术的社会化与社会的技术化之间相互作用的结果。网络自我互动是现实自我互动经过数字化、符号化、文本化在网络交往互动中所确定的自我。网络自我互动与现实自我互动里都包含了真实自我互动与虚拟自我互动，因此网络自我互动与现实自我互动是相互补充、相互影响和相互促进的。

| 第三章 |

网络自我互动：网络思想政治
教育人的静态生存

  网络自我互动是网民在网络社会中生存与发展的动态描述。网络自我互动虽然是网民发展的动态过程，但为了深刻剖析网络自我互动的内在结构，可以摘取网络自我互动的特定片段，将网络自我互动聚焦到特定的静态。或许只有将网络自我互动嵌入到网络社会的特定静态之中，才能更加深刻与细致地分析网络自我互动，才能更好地把握网络自我互动的内在规律，才能更有利于推进网民网络自我互动的健康发展。

  在人类历史岁月之中，人无时无刻不在关注自身内在的发展，尤其是对自我内在互动的微观探究。在哲学里，笛卡尔对人自我内在互动的身心要素以及身心关系进行了基础性探究。在心理学里，詹姆斯从人自我互动的物质自我、社会自我、精神自我、纯粹自我的要素及其关系展开了深层次地思考。在社会学里，米德从人自我互动的主我、客我的要素及其关系开展了对象性的思考；皮尔斯从主我——你——客我的要素及其关系迈进了媒介环境的思量；科拉彼得拉从符号——客体——解释项及其关系推进了符号化的思索；威利从当下—过去—未来的要素及其关系了创新了时间向度的追寻。在网络社会里，网民网络自我互动的内在结构要素以及其运行模式，这就需要大胆地深度思考。

一、网络自我互动的构成要素及模式

网络自我互动是人生存于网络社会的实践性活动。到底网络自我互动是如何生存于网络社会的，这就需要思考网络自我互动的内在构成要素以及其内在结构的建构。网络自我互动的构成要素是网络自我本身构成要素所延伸。网络自我的建构源自人的自我建构。人的自我建构要素是源自于人、自然、社会等要素。而具体人的自我构成要素是指人的自然生理及社会心理、动机、行为、事实、价值、真我、假我等，且这些要素要根据其内在逻辑关系而建构其相应的逻辑结构。根据人自身生存与发展的逻辑关系，人的自我可建构为生理与心理、动机与行为、事实与价值、真我与假我之间的逻辑关系。当现实自我延伸到网络社会时，现实自我便演化为网络自我。现实自我的建构也就为网络自我建构奠定了基础。网络自我在网络社会不是抽象的自我描述，而是基于网络技术互动本质基础上的网民自我内在互动的动态实践。为此，在网络社会中，网络自我互动的构成要素仍旧可以借鉴现实自我互动的构成要素，即网络自我互动的生理与心理、动机与行为、事实与价值、真我与假我等关系模式。

（一）网络自我互动的生理与心理构成要素及模式

网络自我互动的生理与心理之间的互动关系是网络自我互动的逻辑起点，也是网络思想政治教育中网民的生存与发展的逻辑基点。为了研究网络自我互动的生理与心理关系，这就需要厘清现实生活中人自我互动的生理与心理的内在关系。

在现实生活中，人的生理与心理关系，简称为人的身心关系。人的身心关系是人自身存在的基本关系。生理是人生命的物质载体。任何一个人的生命都来自人的父母，是人自然性的发育过程。人的自然发育过程是人自身存在与发展的基础话题，是人与自然、人与社会进行物质、能量交换的互动过程，也是人在与自然、社会的物质、能量交换过程中发明技术、制造工具的创造性过程。因而，人的生存关系也不是简单的生理、社会关系，还包含了深刻的技术关系。正是因为人生存与发展的技术性，这才使网民通过网络技术平台实现了人的技术化、网络化的网络自我互动。

网络技术是从电子元器件开始的。从电子元件到计算机的组装，再到如今的网络时代，人已经从一个发明技术、制造工具的人演变为人被技术化、数字化、信息化的人。人不再是单纯的自然生理、复杂社会的人。在网络时代，人已演变为与计算机"联婚"的复合体，人在自我存在与发展过程中不再是自然生理、复杂社会的存续，而是与技术同向同行的携手前行。技术也不是人们常言的"双刃剑"，技术从一开始就与人的发展保持紧密联系，只是在后来的使用过程中，人自身的能动性超越了技术本身的同质性，使技术处于被异化的状态。因此，技术本身的发展是人与自然之间相互作用的必然结果，是人与人之间基于共同利益所形成的相互交织的必然趋势。技术的使用在本质上是人自己解放自己，这并不是因为技术工具是人肢体的延伸，而是因为人通过自己智慧制造工具时已经把人自身肢体的功能演绎出来，让自身肢体功能得到和谐发展。

人自我互动的首要话题是人的生理（身体）议题。人的身体是人自然界的有机体。人在与自然界进行物质能量交换的过程中逐渐解放自己、塑造自己。人解放、塑造自己的过程就是人自我的生理与心理的互动过程。在网络社会中，网络自我互动的过程不是单纯的自然生理过程，而是一个技术化的社会化的生理过程。

在人的自我社会化进程中，自我是一个生命有机体的自我，而不是一个抽象的自我。自我有机体就是人的生命存在。社会心理学家米德曾明确地指出自我是人社会化的有机体。此有机体就是人的身体。人的身体是物质化的存在，是人可以感受到的东西，是客观的存在。自我的有机体在现实生活中有二种状态：一则是有机体的诞生。有机体的诞生在科学技术不发达的情况下是一个纯自然的过程，即两性的自然结合。在现代科技下，人的身体已经被烙下技术的痕迹。现代试管婴儿的诞生已经深深地嵌入了科学技术的滋养。二则是有机体的延伸。从人生命诞生之日起，人的生命就处于成长发展的过程之中。人的有机体逐渐地由发育到成熟，由成熟到衰老，这是人自然生命的宿命。然而在医学技术发达的今天，人类医学技术的发明成果对人的生命起到了延年益寿的功效，这就是人自身生理与技术相互作用的印证。

网络自我互动是实现人的自我互动在网络社会中的技术诠释。现实人的自我互动生理与心理关系是网络自我互动生理与心理关系的坚实基础。网络自我互动的生理机能在网络空间里逐渐被网络技术所消解，而其心理的功能却因技术赋能而逐渐复杂。人在计算机面前所见到的是人生理机能的一帧图像、一个数字、一串符号等建构的文本。网络文本描绘了"镜中的人"。正是"镜中的人"在其模式上是一个随时变化的符号，而与这个符号相对应却的是人自我互动的内在心理变化。"镜中人"内在心理是其内在以数字、图像、符号等呼应的机能表征。

1. 网络自我互动的生理要素

网络社会是人类现实社会的延伸，是人类技术发明、工具制造、社会发展的必然结果。人的身体延伸是从人肢体器官——手、脚开始，然后逐渐拓展到人的大脑。计算机是对人手、脚、大脑等生理器官的全方位、多层次、多维度的拓展。网络空间不仅是人自身的生理延伸，更是人自身生存的价值延伸。

网络自我互动的生理是相对于网络自我互动心理的对应关系。人的生理是人之所以为人的最基本的生命有机体，是人类历史文明发展的物质基因，是人类历史进步的社会化产物，因此，人的生理是人与自然、与他人相互作用的和谐产物。这是人类自然进化的趋势，是人类社会演化的必然，是人自身发展的进程。它好像是一台天然的、永恒的永动机，这是因为人的生命一旦产生，就会按照自身与其社会之间的关系进行物质和能量的交换而生存，哪怕是历史的一瞬间，也会因人的生理在人类自身的历史长河中永恒的存续。

在现实生活中，人自我承载的有机体就是人的生理。人的生理来自父母之精血，这是人自然属性的传承。在人类历史的发展过程中，人的生理变化总是随着自身生存方式的改变而逐渐变化。当原始社会的物质需求不能满足人自身生存的需要时，人为了自身的生存发展就导致了人自身的手脚分工，这种分工使人逐渐地远离人原始社会的动物饮血状态，而逐渐地走向自身解放的独立性。在人的手脚分工后，人为了更好地独立生活，越来越需要摆脱动物原始的生存状态，因此，人发明了"钻木取火"。这种发明使人脱离了人的饮血而生的生活习性，使人走向真正独立的解放之路。在人的解放之路上，人发明了铁器、青铜器等工具进而拓展了自己生存与发展的空间。因此，人的生理并不是固定不变的，而是随着外界环境的变化而随之发生相应的细微变化。此变化是人的生存、发展与外在生存环境时刻保持彼此协调的有机联系。

第一，生理的延伸化

人的生理是人个体存在与发展的有机体载体，是人的自然物质属性。人的生理变化是一个自然史的发展过程。此过程是人的自然周期性过程。在此周期过程中，人的生理是从无到有、再由有到无的循环过程；也是一个由弱到强、再由强到弱的周期过程。在此过程中，人生理的内在结构几乎没有根本性变化。人的生理变化是通过人的生理功能来完成其生理变化。

人生理器官的功能变化主要体现在人的手、脚、大脑等器官功能上。这些器官功能的变化是一个自然进化的演进过程，是人在生存、发展过程中与外界物质世界相互作用的过程，是人在无法改变外在物质世界而只能改变自身内在器官功能以适应外在世界变化的过程。此过程既是人自身生理功能日趋完善的过程，也是人发明技术、制造工具的过程。因此，人的技术发明、工具制造折射出人自身内在互动的生理变化过程。

石器工具的使用。石器原来是自然的存在物，是人自身之外的存在物。但当人将其自身的肢体作用于石器时，石器就已经被深深打上了人类劳动的烙印。此时，石器就不再是纯粹自然的存物，而是作用于人类进步与发展的人化存在物。这一人化的存在物不仅是人对象化的存在物，更是人自身身体器官对象化的延伸与拓展的发展物。当人的手器官功能在石器自然物中得到人化后的延伸，人的生理就不是原来人自身的生理存在，而是人的对象化存在。此时，人手的延伸使人的生理功能得到了极大的拓展，已经冲破了人自身原始的生理结构功能。然而，人的生理器官功能的对象化并非到此完结，而是随着人生存技术化程度的加深而逐渐精细。

铁器的使用。铁器的使用使人改变了人自身生存环境的广度与深度。在人使用石器时期，人对自然环境的作用是非常有限的，但是当人使用铁器之后，人对自然界、人类社会作用的广度、深度就增强了。此时，铁器是在原来石器工具的基础上强化了人类技术化的成就，加剧了人对自然界、人类社会作用的厚度，尤其是蒸汽机、发电机等现代技术的广泛使用，人对自然界、人类社会的作用就更加凸显。这一显著变化反过来又对人生理功能的发挥起到相应的功效。

电子产品的使用。在电子产品使用之前，人在光学的研究与使用过程中发明了望远镜。望远镜的使用延伸了人的视力，突破了人自身眼睛视力的局限。随着对电磁场技术的发明与使用，人发明了发报机。发报机的发明与使用弥补了人听力的不足。随着人对电子技术的综合使用，人发明了收音机、录影机等技术。这些技术的出现使人的听觉、视觉等生理功能得到了整体推进。电视机的出现更是将人诸多生理功能进一步延伸。到了网络技术时代，随着网络技术的全面发展、进步，网络技术已经将人的整体生理功能综合性的提升。有人认为计算机硬件就是人身体的骨架，而计算机软件就是人内在的组织。甚至有人进一步说，人就是一台计算机，反观，计算机就好像人的翻版。其实，这一观点，卡西尔早意识到。卡西尔认为，人就是机器。赫胥黎认为人是一架有意识的机器。可见，随着技术的发展，人的生理功能逐渐地被技术化所拓展。

语言文字的使用。如果说石器工具、铁器工具、电子产品是人的手、眼、耳等器官功能的延伸，那么语言文字则是人的思想、意识、观念等精神外在反映。语言是人思想、意识、观念的直接体现，是人逻辑思维方式的直接展现。事实上，随着人活动范围的扩大，人的生存空间发生了根本性变化。为了适应这种变化，人就发明了文字，建构了语言。人类的语言、文字在不同技术背景下具有不同的语言、文字的表达形式。在网络技术背景下，网络社会涌现了许多新型的网络语言。这些新型的网络语言强化了网民的彼此沟通。

第二，生理的符号化

生理的符号化指是人生理结构的符号化和生理表情的符号化。生理结构的符号化是指网络自我互动中网民生理机体在网络社会里由原来健硕的躯体被网络比特符号所取代。网络社会在本质上就是网络符号所建构的社会。亚里士多德最早认为人是符号。之后，卡西尔也认为人就是符号性的动物。可见，在网络社会里，人的生理就被符号所代替，人就被视为是符号性的动物。

生理表情的符号化。生理表情的符号化是指人已经将自身在现实生活中的各种表情以符号的形式反映于网络社会之中。人的表情是人在现实生活中应对与他人交流的各种场合的表达方式。人的表情是非常复杂的。一个人在不同的场合就会有不同的表情。人的表情具有深刻的社会意义。一般说来，在现实社会中，人难以把各种不同的表情汇集一身。在网络空间里，人可以将诸多表情汇集于人自身的生理反映之中，使网民成为各种生理反映的集合体。

第三，生理的格式化

网络空间的生理格式化是指人在网络社会中自身生理的标准化、模板化。在网络社会中，网民会将身材标准的帅哥靓女图片置入网络之中。这些图片就会给其他网民以标准化的生理模式，就会导致其他网民按照这种标准图片来塑造自己的生理结构。然而，一些人并没有认识到这种标准化的图片是经过具有利益化的携带者在网络社会中对图片进行格式化的结果，这就会导致现实生活中的一些涉世未深的少男少女按其标准来塑造自己的生理结构，进而导致其在现实生活中过分地扭曲自己的生理结构，从而导致其生理结构的畸形发育。

第四，生理的扁平化

在实现生活中，人的身体是一个完整、独立的有机体，在网络社会里，人是一个在网络社会里进行网络实践的网络符号。此时网民是一个身体缺场的人。人在网络社会中可以被网络分割成不同的碎片，不再是以一个完整的整体呈现。根据现象学的理解，人仅为一种附呈现象。此外，网民的身体还可以文本的超链接方式链接，并向超链接方向纵深推进。因此，无论网民的身体在网络社会里是以何种方式呈现，网民的生理结构已经被扁平化、碎片化。

第五，生理的信息化

网络社会的实质就是社会的信息化。网络社会的任何存在均是通过符号化、信息化所表达，网民的生理信息也不例外。网络信息不是线性信息，而是非线性的爆炸性信息。当网民生理变化以信息描述传达，网民生理信息就不是孤单的信息，而是信息的超级链接，是可溯源到网民自诞生以来所有信息的数据库。当然，一旦网民的生理变化被信息化之后，网民所觉察到的信息不是单个信息，而是一个随手可触的信息库。

2. 网络自我互动的心理要素

所谓心理，就是指人大脑对客观事物的内在感知。人的心理是人在客观现实作用下由人的大脑产生。人脑是接受、加工和重现各种信息的器官。列宁曾认为，心理的东西、意识等等是物质的最高产物，是叫做人脑的这一块特别复杂的物质的机能。心理是人自我互动的特殊现象，是人自我互动的心理要素进行自我建构的内在社会要素的反映。人自我互动的内在心理反映是伴随着人类社会自我互动的演进以及人个体自我互动的成长、成熟，是人的生理要素迈向社会要素的逻辑起点。

第一，网络自我互动的心理内涵

在网络社会里，网民现实存在的生理肌体悄然退场。网民不需要用自己身体的物质外壳参与其心理同步反应的网络社会的实践活动，并能使网民内在心理反应摆脱了网民自身肉体物质约束，且借用网络技术互动机能而激活网民内在的心理快感。网民的心理反应是网民生命实践的重要表征，是网民社会实践的重要象征。在网络社会中，网民的心理反应有感觉、知觉等。

首先，感觉。感觉是人的感官器官对外界事物的刺激反应。人有五大感觉器官。触觉器官是人依靠自身身体的触觉来感受外界事物的刺激而得到的内在反应。在网络社会空间里，网民依靠手与屏膜、界面、键盘、鼠标等接触来触动网络社会空间的信息符号变化。当网民用鼠标点击屏幕上任何意义符号时，网络社会空间中任何内在软件程序都会给网民一个诉求的相应反映。此时，网民只需轻轻点击满意或不满意的对话框，以期与网络社会空间中的任何网络符号进行人机对话。随着计算机技术发展，网民已省去了鼠标，可以直接用手触摸视屏界面以求网络社会空间界面的回应。网民在轻轻抚摸计算机、手机的界面，就好比在轻轻抚摸他人的"脸面"。因此，网民此时所感觉到的是自我心理与计算机程序之间的信息交流。网民除了运用触觉外，还可以用视觉、听觉等感觉方式。网民总是想站在界面外去直接占有或控制网络"他人"的所有信息，以达到其价值的控制与引领。在现实生活中，多数情况下界面外的网民总是被界面内的信息所吸引，并被其牵引，这就使现实的人成为网络社会空间中的信息"奴隶"，而使现实社会具有鲜活生命力的人失去了自身独立发展的根与魂。

其次，知觉。知觉是人认知事物发展的阶段过程，具有哲学、社会学、心理学的特定内涵。在此谈论的知觉是从心理学视角思考。心理学认为知觉是人对事物存在的感觉的整体性描述。知觉是人的体验过程，是人的抽象过程。知觉在抽象过程中具有一定的选择性，并是朝向理性阶段的概念化过程的中介环节，是人自我互动的心理发展的重要组成部分。网络社会空间中，网民的网络自我互动的知觉源自网民的网络人机互动、网络人际互动中的感觉体验。网民在网络社会空间的感觉体验起源于网民与计算机硬件的触摸以及网民与计算机软件的界面、窗口、对话框的点击。每当网民点击任意一个具有知觉的界面时，都会给网民一个模糊的知觉反映。这些画面、图景的知觉反应就会将网民吸入其中，并将网民牢牢地粘附其中，使网民失去自身对现实生活的原本存在事物的知觉图景，而将网络社会的图景与网民心理的图景与之匹配，使网民沉浸于此图景的快感之中。这种快感的愉悦为网民进入理性阶段的概念界定奠定坚实的基础。

第二，网络自我互动的心理过程

网络自我互动的心理过程是网民进入网络自我互动的心理开端到其终止的漫长而又短暂、艰辛而又快乐的复杂过程。人的心理活动是一个复杂的活动，既有网民自身生理因素变化导致的心理活动；又有网民生存的外在环境因素变化所导致的心理活动，更有这两者相互交织而导致的心理活动。网络自我互动的心理过程是网民生存于网络技术背景下自我内在互动过程的感觉、知觉的演绎过程。网络自我互动的心理过程包含了网络自我互动的感觉过程和知觉过程。这两个过程没有明确的界限，是网民网络自我互动的心理体验。网络自我互动的感觉过程是网民的网络人机互动、网络人际互动的外在过程。网络自我互动的知觉过程是网民网络自我互动的感觉迈向理性阶段的抽象的初始过程，是对网络自我互动心理的整体性、选择性、抽象性描述。网络自我互动的心理过程是网络自我互动的感性知识的重要组成部分，是网络自我互动理性阶段的基础与前提。没有网络自我互动的心理过程，就没有网络自我互动的理论形成与发展。因此，网络自我互动的心理过程就是网络自我互动研究的基础。

第三，网络自我互动的心理特征

网络自我互动的心理特征是网络自我互动在网络社会空间中呈现的心理感觉、知觉的对象性描述的心理表征。此表征在网络自我互动中表现为心理满足与心理焦虑等。

首先，心理满足

网络自我互动中，网民的心理满足是现实人自我互动的心理所无法比拟的，这是因为网络自我互动的信息是现实生活信息的几何倍增。网络社会中的信息具有极强的穿透性，弥漫了整个网络社会，因而网络自我互动是网络信息爆炸时代信息流的自我互动。网络自我互动的网民在信息互动中获得了无限满足的心理快感。此心理快感是网民在网络社会中找到了自己所获猎的信息之源，冲破了原来物理空间对信息的禁锢，并将自己完全嵌入信息的节奏感之中，感觉到自己就是信息的主人，自己可以主宰信息，并将信息呼来唤去，而自己从不受任何的阻力和障碍，并认为自己是这个信息世界的至高无上的主人。

在网络自我互动中，网民的满足源自网民的感觉、知觉的满足。网民的感觉满足是网民的视觉、触觉的满足。网民触及到计算机的界面就好像感觉到他人的脸面，尤其是当网民触及计算机界面的窗口关闭时，这就意味着这个界面即将消逝，接着就要打开下一个计算机界面；同时，在计算机界面上对其界面放大或是缩小时，这都会给网民带来不同的视觉和心理的感知。而且，每一界面上都标明了网民需要操作的功能。这些操作功能是每一个网民进行自我互动的具体化过程，每一个网民具体化的过程均会给网民的视觉、感觉带来心理的满足。网民心理满足是网民自身成长过程的内在体验。网民内在自身成长过程是网民内在自我的主我与客我的互动过程。网络自我互动的主我与客我的互动过程是网络自我互动的主我与客我的满足与被满足的关系。

网络自我互动的主我与客我是一对主客体关系。主我是以主体的身份呈现；而客我是以客体的身份存在。自我这一社会载体是其内在主我与客我所建构的主客体之间的对应关系。此对应关系是自我自身内在发展的对话。但究竟如何界定其主客体关系，这是网络自我互动的根本。网络自我互动的主我是网络自我互动的原始自我，是网络自我互动的潜在自我。此自我不是固定不变的自我，而是自我发展变化的自我，是一个不断向前的自我，是一个以先前存在的主体角色呈现的自我，因此被界定为主我；而客我就是满足主我需要而存在着的自我。此自我是一个对象性的自我，是基于先前主我而存在的自我，是满足主我需要的自我，因此就是一个客我。网络自我互动中网民的心理满足在本质上就是这两者的心理满足。

一方面，主我的心理满足。网络自我互动中的主我就是以网络自我互动的信息获取者的姿态呈现，并渴求得到网络自我互动中客我所给予满足的对象性关系。在此的客我也不是消极被动的自我，而是以主体性存在的自我。这具有内在主体性的客我在网络社会中常以网络数字、网络符号、网络图像等网络文本形式呈现。无论客我的形式如何，但它都能折射网络自我互动的主体能动性，能与网络自我互动的主我建构其独特的主客体关系，并给予网络自我互动中主我的心理满足感，且能不断地刺激其主我的内在需求，促使主我内在的欲望得以扩张，刺激主我内在主体性的彰显。这一主体性的彰显加剧了网络自我互动中主我的心理快感。

另一方面，客我的心理满足。网络自我互动的客我是指网络自我互动中能满足主我内在需要的对象性存在，是网络自我互动中主客体关系建构的重要组成部分，是以网络自我互动中的界面、网页、链接以及网络数据、网络图像、网络音频等网络文本客观实在。网络自我互动的客我本身并不是纯粹的客我，而是网络社会中的一个个细微自我存在，是建构若干网络自我互动关系的重要组成部分，是游离于网络社会中的角色存在，是孤独又缄默的"自由者"。在网络自我互动的关系建构过程中，网络自我互动的客我是基于网络自我互动的主我而建构起内在自我的主客关系，仅因为网络自我互动中的主我对象性而将其演变为客我。网络自我互动的客我不是永恒的客我，它既可以主体的身份角色与其他对象性关系建构为自身的主体角色，也可以网络自我互动的客体角色与其主体内在的关系转换而为网络自我互动中的主我。每当网络自我互动的客我需要得到满足，同时，也会给主我带来满足，客我就会因主我的满足而使自身获得心理的满足，这就建构起了网络自我互动中的主我与客我的共建共享关系。

其次，心理焦虑

心理焦虑是人的心理担忧，是人心理的恐惧，是人受到外界事物刺激所产生的心理反映。人的心理焦虑是人心理内在的不平衡，是人的心理承受能力与外在刺激物所产生的失衡。通常情况下，失衡的幅度大，其心理焦虑就越大；失衡的幅度小，其心理焦虑就越小。人在现实生活中会受到各种因素的刺激，因而人在现实生活中随时都可能因为受到外界因素的刺激而产生心理的失衡，进而导致心理焦虑的产生。信息是其外界因素的有机组成部分。信息是人类社会的精神财富，是人与社会进行能量交换的桥梁，是人脑与外在社会对接的载体，是人脑对象化的客观存在，是人脑进行精神创造的能量源泉。人要精神创造，离不开信息，尤其在信息时代，信息更是一种资源，一种永不衰竭的再生资源。信息是社会发展的历史产物。科学技术越发达，信息也就越丰富。在科学技术不发达的时期，信息生产的缺乏以及信息传播的乏力，因此，人因信息的匮乏而焦虑。在网络社会里，网络技术所导致的信息生产的迸发，信息的生产不再是线性生产，而是非线性生产，是信息爆炸的时代，且外加网络信息的传播不再是传统的有线传播，而是现在的无线传播，因此，人现在所生活的社会不再是信息缺乏的社会，而是信息爆炸的社会。网民不再因为信息的匮乏而焦虑，相反的是因为信息的泛滥而焦虑。

一方面，网络信息的过犹不及。在网络社会里，人人都是麦克风，人人都可以在网络社会里发表自己的言论。这些言论就会成为了网络社会的信息之源。网络社会有官方发布的各种信息，也有网民自身传播的各种信息。网络社会的信息不是单一信息，而是复制、传递、再生、链接等信息，也即网络社会的信息是可以通过剪接、复制、粘贴等方式创造新的信息。这是因为网络社会的信息是无纸性、低成本、快捷性等特征，因此网络社会的信息是永恒存在、永无止境。这时网民所焦虑的不是信息的不足，而是信息的泛滥，而使自己无所适从，尤其是在人工智能的智能算法背景下，网民不需要过多的涉及信息，只需要关注过某一信息，人工智能就会不断地推送这方面信息，使自己处于该类信息的包围之中，进而使自己无法逃脱。另外，就是信息的超级链接也使网民处于焦虑之中。每当网民浏览一信息，这个信息相关的信息也将呈现，然后网民将紧随这一信息而无限地链接下去，让网民获得无穷无尽的信息，这也让网民陷入无底的"黑洞"。这个"黑洞"是无限的，也被称为洞穴之谜。这些源自洞穴的信息可能与网民自身所需要的信息有关；也有可能这些信息与网民毫无关联。但是，无论这些是与网民有关或是无关的信息，在实质上都将把网民紧密地依附在网络信息的粘连之中，使网民感觉到自己难以自由呼吸。

另一方面，网络信息的良莠不齐。网络是信息的海洋。网络社会充满了丰富的信息源。既有传统，也有现代；既有官方，也有民间；既有高雅，也有低俗；既有自然；也有人文；既有文字，也有图片；既有音频，也有视频；既有比特，也有文本；既有鲜活，也有呆滞，等等。网络社会不是简单的空间，而是复杂的空间；不是个体空间，而是群体空间；不是静止空间，而是动态空间；不是单维空间，而是多维空间；不是封闭空间，而是开放空间，等等。正是因为网络社会的特殊性才使网络社会的信息蕴含着丰富的内涵。正因为这丰富的内涵就难以在网络社会中增设信息过滤，疏通信息渠道，建构信息壁垒，精准信息定位，服务信息到位。这就会给网民自身发展带来心理的多重焦虑。此焦虑既有网民自身的焦虑，也有网民他人的焦虑。正因为网络信息的良莠不齐，导致了网络社会的心理焦虑不是单个网民的心理焦虑，而是网络群体的心理焦虑，更是网络社会的心理焦虑。

3. 网络自我互动的身心模式

人是现实世界的矛盾统一体。人这一矛盾统一体的基础矛盾是人的生理与心理之间的矛盾，简称"身心关系"矛盾。在网络社会中，网络自我互动是现实自我互动在网络社会的延伸。网络自我互动中最基本的矛盾就是网络自我互动的生理与心理之间的矛盾。

（1）网络自我互动的身心和谐模式

在现实社会中，人自我的生理与心理关系通常而言是一致、和谐的，尤其是在人自我意识开始萌芽之初，人自我内在的生理与心理之间就发生着原始的互动作用。人身体发育的生理变化就必然带来人心理的内在变化，反之，人心理的变化又影响人的生理变化。这两者之间必然相互协调。戴维森认为，"精神（即心灵）活动即生理（身体）活动。"① 这说明了生理与心理互动的一致性。人的生理与心理之间的矛盾剧烈差异的特定时期是人在青春期或老年期，当然，在关注人生理变化的特定时期，也应特别关注，在遇到极为特殊事件刺激情况下，人的生理与心理之间的矛盾可能呈现差异的对立关系。此外，焦国成在他的博士论文《中国古代人我关系论》中还从道德视角梳理了我国古代关于人自我内在的生理与心理之间的互动关系。

在网络社会中，网民通过网络社会实践反映着其内在的生理与心理的一致性。虽然人们常言网民在网络社会是身体缺场的社会实践，但这种身体的缺场并不否认网民在网络社会中的社会实践活动。正是因为网民的社会实践活动，这就充分说明了网民在网络社会的生理与心理的存续。如果没有网民的生理存续，就没有网民的生命绚烂，也就没有网民的网络社会实践活动。也正是因为网民在网络社会的身体缺场，因而网民在网络社会的社会实践就不再受其身体之约束，此时网民的生理与心理之间的和谐关系会更加协调。网民有什么样的生理变化，就会有什么样的心理反应与之匹配；与此类似，网民有什么样的心理就会有什么样的生理反应与之对应。可见，网络自我互动的生理与心理之间的关系在网络社会中通常是和谐的、一致的。

（2）网络自我互动的身心对立模式

通常情况下，人自我的生理与心理的内在关系是一致的，但在某些特殊下，人自我的生理与心理却会表现出背离的现象，甚至还可能是错位的现

---

① 「英」彼得·J. 金：《大哲学家100——世界上最伟大的思想家生平及成就简述》，戴联斌、王子因译，生活·读书·新知三联书店2007年版，第160页。

象。就人自我生理与心理关系的错位现象，主要表现为夸大其中一方，而降低另外一方。人自我的"身体性就是表达，无声的表达，它像一个符号，就连黑格尔都惊奇过身体作为个人气质表达着精神体验，生存沧桑的一切丰富性"。① 古希腊哲学家柏拉图详细的把肉体与灵魂的区分发展为身心二元论，率先试图证明灵魂不朽，并指出身体是虚幻的，灵魂才是实在的，身体是灵魂的符号，身体没有自在性，灵魂对身体有绝对的支配权。近代哲学家笛卡尔提出著名的"我思故我在"，从而确定了自我的中心位置。笛卡尔把自我与身体看作两种不同的实体。人的肉体存在于空间之中，并服从于支配着空间中存在的其他一切物体的机械法则。人的精神或灵魂是和肉体完全不同的。我之所以为我的那个东西，它可以没有肉体而存在。在现象学中，胡塞尔把身体与躯体作了严格的区分。他认为"躯体"是专门指人的躯体，即人的物理组成部分。"身体"一方面是与"躯体"相对应的概念；另一方面又是与"心灵"相对应的概念，它构成"躯体"与"心灵"的结合点。"身体"的构造同时也意味着他人或他我的构造。身体"不仅仅只是一个事物，而是对精神的表达，它同时又是精神的器官"。②

在网络社会里，网民在网络实践中其自身的生理变化是相对稳定的，这是因为网民是以生命的符号呈现在网络社会之中，而网民的身体是处于缺场状态，参与网络实践活动的是网民的眼、手以及面部表情等。网民的眼可以参与网络社会的各种信息浏览；网民的手可以触摸计算机、手机等媒介的界面，触发网络界面的多种反映。网民的手是人脑与电脑的桥梁，是将人脑与电脑联结的中间环节，是人脑与电脑建构内在心灵对应关系的介质。计算机界面不仅具有触摸的感觉，同时还具有人脸识别功能，这就导致了人脸与电脑界面之间的对应关系。人脸不是简单的生理机能，而是具有某种特殊的社会属性，是人自身独特标志。人脸已经不仅是人的面部表情，而且还具有自

---

① 张文喜：《自我的建构与解构》，上海人民出版社 2002 年版，第 137 页。
② 倪梁康：《现象学的意向分析与主体自识、互识和共识之可能》，《中国现象学与哲学评论》（第一辑），上海译文出版社 1995 年版，第 67 页。

身的特殊社会身份象征，尤其是将人脸识别作为自身的身份识别时，人脸就具有了独一无二的象征意义。这种新型的象征意义与网民的心理关系具有明显的差异性，因为在现实生活中，人的心理是基于人的生理变化而发生相应的变化，其外在的环境刺激也是通过其生理的反应而导致其心理的变化。但在网络社会中，网民的生理就难以决定网民的心理变化，这是因为网民的身体缺场，因而网民的生理变化是非常微妙的，仅为眼的关注、手的触摸以及面部的表情等。这时，网民的心理变化主要是源自于网民所处的网络环境刺激网民的心理所导致的网民心理变化。然而，网民的心理变化却是难以把控的，这是因为网民在网络社会的心理变化是随着网络信息的穿梭而瞬息万变。因此，网民在网络社会的心理变化是随着网络信息的裂变而呈现非线性的变化。这就导致网民在网络社会中生理与心理之间的关系是不一致，甚至是对立的关系。

（二）网络自我互动的动机与行为构成要素及模式

网络自我互动的生理与心理之间的互动关系是网络自我互动的基础关系。网民自我互动的生理与心理的关系是人在现实社会中的生理与心理之间关系的延伸与拓展。在此基础上，网民的自我互动还会进一步地上升为网民自我互动的动机与行为之间的关系。

1. 网络自我互动的动机与行为要素

人的行为是人身体器官功能的转化活动。其活动有指向性与非指向性的活动。非指向性的活动通常是人身体机能的舒展；其指向性活动通常是人对象性的实践性活动。人的活动通常是具有目的性、针对性等，因而，当人在论及其动机与行为时，其活动通常是指人的指向性活动。

人的行为是因人自身的内在动机而产生。人的动机是人的内在需要，因为人的需要而产生动机。人的需要是人自身成长、成熟的渴望，是人自身的内在弥补，是人内在发展的平衡。人的动机是人根据自身需要并能满足其需要所产生的内在期盼，是人从心理感觉到知觉的理性需要。需要是人外在满足的描写；而人的动机是人内在满足的描述。人的需要只有通过人自身的自我互动才能转化为其自我的内在动机。人的动机是人在生理、心理基础上所产生的欲望。人的动机是支配人行为的内在机理。人在内在动机的作用下产生相应的行为规范。人的内在动机在于人是一个自然与社会有机结合的生命体，正是因为人生命体的存在，所以才导致人自我的行为产生。

在网络社会里，网民仍然是以人的生命体参与网络实践，在因此网民依然具有其内在的动机与行为之间的辩证关系。然而，网民此时却是以身体缺场而生命活跃的生命体参与网络实践活动。实现生活中，人的自我动机与行为之间的关系是以人身体肢体的直接需要外化为其行为方式的关系。人自我互动的动机可能因为现实的客观因素的制约，而使其动机难以转化为其行为，因此，这就出现了动机与行为之间的对立关系，即动机是动机；有动机而无行为，使人的动机成为空洞的想象。这就是人们常说的言过其实，或者是夸夸其谈。在网络社会中，网民自我的内在动机与行为关系是网民内在需要借助网络文本而实施其内在的行为。这种动机转化为行为是借助于网络技术的虚拟性，因此就可能是网民有什么样的动机，就有什么的行为与之匹配。网民有无数的动机，网民就会有无数的行为与之匹配。正因为网民的动机与行为的可行性，就产生了网络文本的无限性。

（1）网络自我互动的动机要素

网络自我互动的动机是网络自我发展的内在冲动，是网络自我发展的内在趋势，是网络自我与外在他我进行物质、能量交换的基质。没有网络自我互动的动机，就没有网络自我互动的行为产生，也就没有网络自我的发展。

第一，网络自我互动的动机内涵

网络自我互动的动机是指网民在网络技术背景下的自我内在需求的冲动。人的需求是多方面的。根据马斯洛的需要层次论，人有七个层次的需要，其中最基本的需要就是人的生理需要，随后逐渐向人的高层次需要发展，而人的最高层次需要是人的自我价值实现。在网络自我互动中，网民自我互动的需要更重要的是集中于网民自我实现的需要。网民自我实现的需要就是网民的自我解放，释放自我，做一个自由而全面发展的人。网络世界是开放的世界。网民在网络社会中共建、共享网络信息。网民会在共享的网络信息刺激下产生层出不穷的欲望，这些欲望相对于网民的网络行为而言便是网民的内在动机。

第二，网络自我互动的动机特征

网络自我互动的动机是网民的自我内在需求的冲动，具体而言，网民在网络社会中基于网络信息相互交织而释放出自身的潜在欲望。此欲望是网民在网络社会中多元化、多层化、交织化的信息互动而迸发的原始性欲望。网络社会信息化的程度越高，网络自我互动的动机欲望就越强。费希特认为，自我不是通过其潜在的自我意识来获得知觉的统一性，而是通过主动地创造自我而获得。正是因为在这种互动性的创造过程中网民才在网络社会中不断地创造自我，并在创造自我过程中展现自我的特征：

首先，随意性。在网络自我互动中，网民的内在动机是网民在网络信息的共建共享中萌芽，因此网民可以完全沉浸在网络信息滋润下萌生自身的任意动机，以此彰显网民动机的随意性。网民在网络社会的随意性不是单向、单维的随意性，而是多向、多维的交织性。

其次，强占性。网民网络自我互动动机的强占性是指网民在网络社会中面对网络海量信息时总是希望把其海量信息据为己有，并将其信息演变为自身动机的信息之源。网民在网络自我互动中总是想将网络社会中强大的信息量融入网络自我互动的范畴之中，使自身成为对网络社会最具有信息占据、控制、支配的强大欲望的人。网络自我互动的强占性是网络自我互动中网民自身内在动机的基本属性。网民在网络自我互动中总是像雪球在雪地里滚动一样越滚大，越滚越厚。网络自我互动有时也像一个滚动机一样将自己所能涉及的信息都搅拌在自己的控制之下，使自己成为越来越大的一个庞然大物，而网络自我互动的动机就是这个庞然大物的内在永动机，这个永动机就成为占领、控制和支配着整个机器运行的内在动力。

再次，层次性。无论网络自我互动的动机如何，网民的动机毕竟是自主的、积极的、创造性的。网民在网络社会中自我互动的动机与现实生活人的动机具有某种相似性。根据马斯洛的需要层次论，人的动机是有一个层次的发展秩序。与此类似，网民在网络社会中其自我互动的动机具有其内在发展的层次性，这是人自身生存与发展的逻辑层次，也是事物发展与前行的层次性，更是技术生存背景下的网络信息运行与演进的层次性。网络自我互动的动机层次性源自于网民在网络社会中自我互动的信息层次性。网络社会的信息不是无序的信息，而是有序信息的层级结构。在表面看来，网络社会的信息是一个无序、无层次的信息，事实上，这恰好相反，网络社会中的信息具有信息自身运行的规律性。信息运行的规律性是基于信息自身建构的逻辑性。信息建构的逻辑性源自信息自身发展的关联性。信息发展的关联性是信息来源的层级性。其信息的层次性源自于网民自身信息取舍的价值性。网民按何种价值结构进行信息互动，这就决定信息自身建构的层次性。因此，网络自我互动的动机层次性是网络自我互动内在外在相互价值作用的确定性。

最后，潜在性。网民网络自我互动动机的潜在性是指网民网络自我互动的内在动机不是直接展现在他人面前，而呈现出一种潜伏的姿态。动机就是行为之前的趋向，是隐藏在网民内心的冲动，是网民面对对象性行为的期望姿态，是网民的心理反映，是相对任何事物的对象性关系，因为是潜在于网民自我内在的驱使状态。既然网络自我互动的动机是隐藏在网民内心之中，因此网络自我互动的动机就具有潜在性。

第三，网络自我互动的动机类型

网络自我互动的动机类型实质就是网络自我互动的分类。网络自我互动的分类可以根据网络自我互动的不同标准进行不同的分类。而网络自我互动的标准又不是一个随意的标准，而是基于网络自我互动不是什么别的互动，而是网民的互动，因为网络自我互动的根本就是网民自我的互动。而网民的互动实质也是人的互动。

　　首先，根据网民需求的物质性或是精神性，可将网络自我互动分为物质性与精神性的动机。网络自我互动的物质性动机是指网民借用网络信息以谋取最大化的物质性欲望。网络技术不仅是一种技术生存价值，也是一种技术生存工具，网络技术也是网民获取物质利益的手段。网络信息不仅是网民一种信息愉悦，也是网民获取物质利益的重要渠道，因此，在网络社会，网民作为网络社会的活动者，是现实生活中有血有肉的自然个体，因而网民首先要生存，要生存就需要获取物质利益。这就彰显了网民网络自我互动的动机中的物质性。人不仅是物质性的人，人还是精神性的人。人是物质和精神的有机统一体。作为网络社会的人——网民同样不仅具有物质性的需要，也有精神性的需要。其精神的需要就是网络自我互动的精神动机。在网络社会中，网民的精神性动机多于物质性的动机，因为在网络社会中网民更多的是获取信息中的精神性需要。在网络社会里，网民更为主要的是信息的精神性的生产、消费等，因而网络自我互动的动机就是精神性的网络自我互动。

　　其次，根据网民信息的获取或是释放，可将网络自我互动的动机分为获取信息动机与释放信息动机。在网络社会中，网络社会存在着海量信息。而网络的信息不是简单的信息符号，而是网民的信息生存。在此生存基础上，网络自我互动一则是网民从网络社会中获取海量信息，吞噬信息，消化信息，内化信息，将信息转化为自身发展的营养；一则是网民释放自身内在互动过程中所产生的大量信息，以确证网民自身的生命存在、社会价值。无论是网民获取信息或是释放信息，这都是网民自我互动的主体性、能动性的存在，这也充分证明了网民不是被动的存在，而是主动的存在。当网民在网络自我互动中不断地从网络社会中获取大量的信息，并对这些信息收集、整理、加工，并在此基础上又产生新的信息，这些信息的产生不仅是网民自我互动的内在自身需要，而且也提供给了网络社会其他人的需要。这一需要是网民与网民之间相互交流、彼此发展的共在。没有此共在，网民与网民之间就缺乏共生的基础。无论是获取信息的动机或是释放信息的动机，其实质都是网民在网络社会中的内在动机。没有获取的信息，网民在网络社会中就无法成长，因为网民是社会的人。网民的成长不仅有生理的需要，更为重要的是有网民成长的社会需要。网民成长的社会需要就必须要有网民对社会信息的获取。没有此信息的获取，网民将是纯自然人的生长，而不是社会的生存与发展。既然网民是社会存在的人，那么网民就必然要与社会的其他人发生关系。网民与网民之间发生关系的载体就是信息。信息不是单个、孤立的符号，而符号的意义建构，是由符号自身内在逻辑结构所建构的文本，即网络文本。网络文本不仅是比特数字，而是在于文本的价值与意义。网民与网民之间的关系就是依赖于这种价值与意义，并以此加以维系，且彼此相互粘连。因此，网民在网络社会中的信息动机不是简单的信息获取或者信息释放，而是网民在网络社会中的信息生存与发展。

最后，根据网民自身的规模来划分其动机，可将网络自我互动的动机分为网络自我个体的动机、群体的动机和类的动机等。在网络自我动机中，可根据网络自我互动的规模将其分为个体网络自我互动的动机、群体网络自我互动的动机和类网络自我互动的动机。网络个体自我互动是指网络社会中以个体为单位的自我互动形式。网络个体自我互动的动机是网络社会中的网民个体以获取信息、发布信息的方式而存在的欲望，是网民个体的自我发展与自我塑造。网络群体自我互动的动机是指因血缘、地域、学业以及利益团体等关系所积聚而成的群体性动机。此动机不是单个网民的动机，而是群体的动机，具有群体性特征，反映了该群体的整体利益与意志。网络社会是开放的、无边的社会，因此，网络社会漂浮着无数的网络群体。这些群体就像天空中漂浮着的云朵。这些云朵看似没有联系，但却又被无形的气流牵引着，好像是有根，却又像无根似的漂移着。因此，网络自我互动的群体性动机就是这些网络群体自身的内在利益所在。无论这些关系是暂时的，或是永久的。网络群体自我互动不仅要探究网络群体内部之间的自我互动的动机，也要探究网络群体的整体自我互动的动机。无论这两者动机表现如何，在本质上都是一个极为复杂的利益动机系统。网络类自我互动的动机是指网络社会的人以类为单位的自我互动动机。人不仅是单个存在的人，也是群体性存在的人，更是以类为属性的存在的人。人的生存与发展历来都是类为终极目标的。人以类为单位是人将自身生存与其他动物生存区分开来的根本标志。这种标志是标明自身的存在，更是人自我确证的标志。因此，人在此类为单位的动机不是单个人的动机，也不是群体的动机，而是人的类的动机。在网络社会里，网民的生存与发展的方式发生很大的改变。网民不再是以来纯自然的生存与发展，而是依赖于网络技术的生存与发展。网络技术不是单个人发明、创造的技术，而网民是以类的生存与发展来发明与创造技术。可见，网络类自我互动的动机实质是整个网络社会中人的类的生存与发展的动机。此动机具有人类社会发展的超前性与前瞻性。

（2）网络自我互动的行为要素

在网民自我互动中，网络自我互动的动机与行为是一对关系范畴。通常情况下，有什么样的动机，就会有什么样的行为；有什么样的行为，就会有什么样的动机。在网络社会里，因网络技术的虚拟性，因此网民可以将网络自我互动的动机转化为行为，而不会像在现实生活中那样，因为现实因素的制约却不能将其自身的动机转化为相应的行为。

第一，网络自我互动的行为内涵

网络自我互动的行为是指网民在网络社会里将其自我互动的内在动机转化为相应的实践活动。网络自我互动的行为是网络行为。网络自我互动的行为是基于网络技术载体的行为，是以技术为载体的行为，是蕴含技术要素的行为。网络自我互动的行为有个体的行为、群体性行为以及类的行为；网络自我互动的行为有点击、触摸、敲打等行为；网络自我互动的行为有一对一、一对多、多对多等行为；网络自我互动的行为有 QQ、微信、微博、博客等行为；网络自我互动的行为有语言、文字、符号、图像等行为。即是网络自我互动的行为可以根据不同的标准对网络自我互动的行为进行不同的分类。这些分类都会对网络自我互动的行为予以一定地揭示，同时也诠释了网络自我互动的基本意蕴。

第二，网络自我互动的行为特征

在网络社会中，网络社会既是网络技术空间，也是网络信息空间；也是网络信息流动空间；也是网络符号互动空间；也是网络互动行为空间等，因此对网络社会的理解不能固化在网络技术这一基本议题上，而应该将网络社会理解为网络互动这一实践范式。既然网络社会是网络的互动空间，那这就需要探究网络互动中网络自我互动的行为特征：

首先，技术性。技术是人类智慧的产物，是人在社会实践中的精神现象。人自从揖别动物以来，人就被打上了技术的烙印。技术是人的技术；人就是技术的人。人在社会实践中的任何行为都不再是人单纯的肢体的自然行为，而是人的行为是被技术化的技术行为。人在面对自然界的任何对象性存在物都不可能是纯自然的存在，而是人技术化的行为存在。网络技术更是人类技术发展到一定阶段的产物。网络技术不是人的单向技术，而是人的综合性技术。网络技术不是人自身器官功能的简单延伸，而是人自身器官功能的全面模拟。因此，在网络技术里，网民与网络技术不是对立关系，而是统一关系，人在网络技术中可以发现自身器官功能的模拟再生。因此，在网络社会中，网民的自身身体器官功能已经被网络技术所代替，网民的身体器官功能被网络技术所模拟，这就是网民身体的技术化。在网民身体器官功能被技术化的同时，网民的思维方式也被技术化。计算机不是纯粹的机器，而是人脑功能的拓展，因此电脑与人脑之间具有内在一致的思维方式。电脑的启运程序是根据人脑思维模式所模拟的，因而，人的思维模式与电脑技术的运行程序几乎是一致的，这就导致了网民行为的表达与电脑网络技术的运行方式的吻合。由此可见，网民在网络社会的行为是具有技术性的，是人脑付诸于电脑行为的特殊表达。既然网民行为是被技术所滋润的行为，那么网民的网络自我互动行为也应是具有技术性的。网络自我互动从网民生存的技术性、思维的技术性、表达的技术性等都可以论证网民自我互动的整个行为都是与技术紧密相连。

其次，突发性。网络自我互动行为的突发性是指在网络自我互动中所发生的行为具有不可预测性。此不可预测性是因网络社会中网络信息的裂变性所导致。网络社会中的信息是不可控的信息，这是因为网络社会是一个开放的空间，是一个自媒体的空间。网民只需要凭借一台电脑、一根网线或者一部手机就可以将自己的思想、意识、观念、观点等若干信息传入到网络社会，使网络社会充斥无数的网络信息。这些信息不是固定信息，而是突变性的信息。其突变性源自于：一是外界事件的突发性。世界不是平静的世界。虽然世界目前没有大的战争，但局部战争连绵不断。这些连绵不断的地区冲突给世界带来了诸多新的信息；同时世界上每天都在发生新鲜的事件，这些不同的信息传入到网络社会就变成了网络信息；二是网络社会信息的内在爆炸、裂变等所演变的新的信息。网络社会的信息不是固化的信息，而是信息相互撞击而形成的新信息。当网络社会有一新消息呈现后，不同的网民就会对这一消息进行不同的诠释，就会形成不同的信息源。原来的消息只是一个信息源。这个信息源所演变的信息圈就会围绕其信息源逐渐地扩散出去，形成巨大的信息波，就如同一颗小石子掉入水中所形成的水波一样逐渐向外扩散。不同的信息源就会形成不同的信息波，而不同的信息波就会相互叠加而形成新的信息源而弥漫整个网络社会。这些信息源或是信息波都不是固定的，而是变化的，因此这就导致了网络社会信息的突变性，此突发性就会导致网络自我互动行为的突变性。因为网络自我互动的基质就在于网络信息的突变性，网络自我互动的内在根基就是网络信息的交织。

再次，重复性。网络自我互动的行为是网民自我互动动机的实践活动。网络自我互动的行为既可能是网民自我互动的动机转化的行为；也可能是网民自我互动的技术性行为；也可能是网民自我互动中网络信息的剪辑、复制、粘贴等行为，是网民对网络信息不断重复加工的行为过程。网民在网络社会中不断地将网络信息移来移去，用网络信息来填补自己内在的缺失，使自己在网络信息的移来移去中寻找无限的快乐。网民在网络信息的重复处理过程中从来不会感觉到困顿，哪怕网络信息能给网民带来哪怕是一丁点的喜悦，网民就会不断地演绎着网络信息那从不间断的重复的信息行为。

最后，链接性。网络是若干网络节点所建构的网状行为。网络自我互动行为就是依赖于网络节点所演绎的网络技术行为。网络节点不是单个比特数字节点，而是不同的若干网络节点的链接而联结的网状结构。网络节点不是线性的比特节点，而是非线性的比特节点，是一个个超级链接的比特节点。每当网民网络自我互动的行为发生时，网络自我互动的行为就是诸多超级网络节点所联结的链接行为。由此可见，网络自我互动的行为不是单个的比特数字、符号行为，而是由数字、符号、图像等超级文本所建构的链接行为。网民在网络社会中总是一个行为接着另一个行为的演绎，这是因为这些行为是通过网络链接而联结的超级行为。网络自我互动的链接行为有若干类型：有网络界面的链接行为；有网络媒介的链接行为；有网络介质的链接行为；有网络文本的链接行为等。无论网络自我互动的链接行为以何种方式呈现，都是网络自我互动的行为表达。

第三，网络自我互动的行为分类

网络行为是网民在网络社会的实践表达，是网民将自身大脑神经活动的潜在思维转为现实网络技术程序的显性表征，是网民大脑神经逻辑与计算机程序运行的有机对接。网民的网络行为可以根据网民在网络社会中所表现的形式不同而分为若干类型。根据网民网络自我互动行为的性质可分为经济行为、政治行为等；根据网络自我互动的规模可分为个体、群体和类的网络自我互动行为等；根据网络自我互动行为的价值标准可分为网络自我互动行为的真实行为与虚假行为等；根据网络自我互动行为的存在方式可分为真实行为与虚拟行为等。

2. 网络自我互动的动机行为模式

网络自我互动的动机行为模式是指网络自我互动的动机与行为之间的内在逻辑关系。此关系根据网络自我互动的动机与行为之间是否具有一致性可分为统一性与对立性的模式。

（1）网络自我互动的动机与行为统一性模式

人是关系存在的统一体。人在社会化过程中蕴含诸多关系。在这些关系中，人自我互动的动机与行为关系是最为直接的关系。在一般情况下，人自我互动的动机与人的行为是一致的。然而，在现实生活中，因时空限制、社会因素制约等，人自我互动的动机并不能完全转化为相应的行为，从而使人的动机与行为并不一致。事实上，人的内在动机与行为之间存在着统一的潜在性。

在网络社会里，网民是生存于网络技术建构的网络社会之中。网络社会是网络技术建构的空间。网络技术是由比特数字所建构。比特数字可以将现实物质世界的客观实在虚拟为特殊的数字表达。可见，网络社会是比特数字虚拟化的社会空间。在这个社会里，网民的所有实践活动都可以用比特数字化的符号表达，因此，网民一旦在网络社会中进行网络自我互动，并在自我互动中产生什么样的动机，且在自我互动中将其内在动机通过网络社会的比特数字转化为网络行为，即网民可任意地将自身动机转化为相应的行为，而不会受到网络社会中的任何阻碍。网民也可以在网络自我互动中将其动机放大或缩小，那么网民网络自我互动的行为也将会被放大或缩小。在此网络技术符号生存的空间中，可以将网民网络自我互动中网民的动机与行为通过网络技术手段使其完美地被保持在同一水平上。

（2）网络自我互动的动机行为对立性模式

人的潜在动机与行为关系是对立统一的关系。统一关系是对立的基础；对立是统一的发展。人的对立统一关系具有多元的对立统一关系，而人的动机与行为关系只是多种关系的一种。人的动机与行为的对立既有人自身内在动机与行为的对立；也有因为现实客观因素制约所导致的动机与行为的对立。虽然网络技术的虚拟性克服了人的动机与行为因现实客观因素制约所导致的动机与行为的对立，却又可能因为网络技术的虚拟性带来网民的真实动机与虚拟行为的对立。网络自我互动的动机与行为的对立关系就被称为网络自我互动的对立模式，是网络自我互动中网民的动机与行为的一种存在与发展模式，是网络自我互动的运作模式。

（三）网络自我互动的事实与价值构成要素及模式

在现实物理空间中，人的生存与发展总会纠缠于人的事实与价值之中，这因为人自我发展的关系不仅有生理与心理、动机与行为关系，还有人自我互动的事实与价值关系。自我不仅有生理、心理、动机、行为的存在，还有人自我的事实与价值关系存在。人自我互动的事实是人自我互动的动机转化为行为的客观存在，这是人自我互动行为的事实储存，是人的语言、符号、事物等客观载体的行为积淀。网络自我互动的生理是网民自我互动的有血有肉的物质载体；网民自我互动的心理是网民生理受刺激的机能反映，是人自我互动由物质转向精神的启蒙阶段，是网民自我互动社会化的初始发展；网民自我互动的动机是基于网络心理变化的定向性、自为性的转向，是网民自我互动的心理向社会化发展的新阶段；网络自我互动的行为是网民自我互动的动机的现实呈现。网络自我互动的行为的现实呈现被符号所表达，是网民自我互动事实存在的源泉。网民网络自我互动的事实是基于网民网络技术的现实表达，是网民基于网络自我互动行为的客观描述。只要有网民的网络自我互动，就必然有网民自我互动的事实存在。网络自我互动的事实存在有网络界面、网络文本、网络图像、网络链接等；也有网络 QQ、微信、微博等；也有网络政治、网络经济、网络文化等；总而言之，网络自我互动的行为可以根据不同标准分为若干类型。网络自我互动事实不是假定事实，而是网络自我互动的现实体现，是网民网络自我互动的实践反映；是网络自我互动生命活动的发展轨迹。没有网络自我互动的事实存在，网络自我互动只能是形而上学的观念存在。因此，无论是网民网络自我互动的生理与心理关系，或是网民网络自我互动的动机与行为关系，在其本质上最终还是要指向网络自我互动的事实与价值关系。网民的网络自我互动的生理与心理、动机与行为的活动轨迹无疑都是通过网民网络自我互动的网络事实所承载。事实是存在；存在就是事实。事实蕴含价值；价值维系事实。事实不是简单符号的堆砌，而是价值贯穿的逻辑建构。此价值的取向源自网民自我发展的向上、向善的趋向性。网民的网络自我互动不是漫无目的，而是有着特定的人与技术交织发展的使然。此使然就是网民自我互动的内在价值，正是因为网络自我互动的这一内在事实与价值关系，才推动了网民网络自我互动的社会发展。

1. 网络自我互动的事实与价值要素

网络自我互动的事实与价值的构成要素是在研究网络自我互动的生理与心理互动、动机与行为互动的构成要素基础上对网民网络自我互动的深层思考。网络自我互动的生理是网络自我互动存在的生命；网络自我互动的心理是网络自我互动存在的感觉，是网民由自然属性向社会属性转向的逻辑起点；网络自我互动的动机是网络自我互动存在的感知；网络自我互动的行为是网络自我互动存在的表达；网络自我互动的事实是网络自我互动存在的辨析；网络自我互动的价值是网络自我互动存在的发展。正是基于网民网络自我互动的这一发展的内在逻辑关系，要探究网络自我互动的内在发展就必然要探寻网络自我互动的事实与价值之间的辩证关系，以便在网络自我互动的事实基础上追究网络自我互动的价值趋向，把握网民网络自我互动的发展规律。

因此，需要我们重点厘清网络自我互动的事实要素与价值要素以及两者的关系。

网络自我互动的事实与价值是网民内在自我互动的自我判断、自我反思、自我革命、自我成长、自我成熟、自我发展等潜在的主我与客我之间的相互作用的实践表征，是网民网络自我互动的现实与超越、守正与创新、维持与发展等内在彰显，是被网络技术所承载的事实与网络技术所传承价值之间的历史演进的生成与发展的关系。网络自我互动的事实是网络技术所实施并被网络技术所裹挟的网络事件的叙事。网络社会是网络技术支撑网民平等参与所建构的扁平化的社会空间，是一个既基于网络技术端口的同等介入而自设的平等关系，是网民在网络社会基于网络语言所建构的网络自身具有的等级层次的社会关系。正因为网民的网络自我互动是基于网络社会的行为事实的存在，这就会导致网民网络自我互动的事实是既有平等逻辑的事实存在，也有基于网络话语建构的社会层级的事实存在，因此，网络自我互动的事实是由网络话语所呈现的多维度、多层面的网络事实所建构的事实体系。

第一，网络自我互动的事实要素

网络自我互动的事实是网络自我互动行为的产物，是网民网络自我互动行为的技术表达，是网民网络自我互动行为的直接彰显，是网民网络自我互动行为的现实积淀。网络自我互动的事实究竟有哪些？经过仔细推敲，认为网络自我互动的事实应该包括技术事实、时空事实、信息事实等。

首先，技术事实。技术是人的技术；人是技术的人。自从人与动物揖别以来，人就与技术结下了天然联系。正是这天然联系，使技术成为了人的生存方式。在不同的技术生存方式下，人的自我所呈现的方式就会不同。在人对自然界依赖时期，人依靠简单的石器、铁器等工具维持自身的生存，人就会受到自然界地主宰，人不是自我独立的人，是自然界的重要组成部分，此时的人还没有完全摆脱自然界约束。当人进入到工业时，人逐渐走向独立。但在资本主义工业生产的过程中，因生产资料的私有制，人与人之间的关系是不平等的关系。一部分人利用自身对技术的所有权而对另一部分人进行剥削，因而，此时的技术不再是所有人共用的技术，而使技术走向了与一部分人自身独立的对立面，进而使一部分人就处于被他人所拥有技术而奴役。此时的技术发展与人类共同希望的技术发展——促进人类的共同进步的最终目的相悖。在网络技术里，网络技术除了极为关键的核心技术是被他人所独特的占有外，在使用过程中也具有网络技术的共适性。网络技术的共适性是商品的一般属性，是商品可以满足他人使用的共性。正因为此共性，才使网络技术得以被全社会所接受。也正因为这种共性，才使网络技术被只需要能敲动键盘的人所使用。网络技术的使用是基于网络键盘的敲动，这就好像是人在动用他的手指那样的自然、轻松、愉快，因此，每个进入网络社会的人都不需要具有什么高端技术，也不需要什么技术门槛就可以自由地像伸缩手指那样普通、简单的敲敲键盘。这就意味着网络技术不是某个人独有的技术，而是网络社会所有使用者的技术。因此，在网络社会里的人都是生存于网络技术之中。网络技术作为人类智慧的产物，与人的关系不再是孤立的，也不是彼此毫无关联的，而是人自身功能的"复制""克隆""翻版"，是人天然的自我改造物，是与人自身功能相融合的再生发展。这就可以说网络技术不再是人征服自然并改造自然的工具，而是人自身生存与发展的内在渊源。此渊源是人自身生存与发展的技术事实存在。正如海德格尔所说："人们的印象却认为人是语言机器的主人。但事情的真相也许正相反，语言机器把语言统管起来，因而也就控制了人类的本质。"① 技术是社会的主宰物，人的自我是技术的产物。因此，网络自我互动的事实首先就表现为人自身存在的技术事实。

其次，时空事实。时空就是时间与空间的简称。时空不是虚无缥缈的概念，而是客观实在的存在，是现实具体的物理概念。时空的客观属性圈定了人的活动场域，也确定了人的自然属性，甚至也烙上了人的社会属性。时空概念具有时空的自然属性，也有时空的社会属性。时空的自然属性源自人自身存在的自然物理空间，是自然界的特定时节、场景所确定。时空的自然属性源自人生存地球的宇宙观。因此，根据经典物理学家的观点：在现实基础上，人是特定时空的产物，是在特定时间、空间上的确定性产物。正是这确定性的时空存在，使人的活动具有特定性、明确性、记载性、存在性、意义性的痕迹，也是因为这些因素的存在，才使人不是一个空洞、无味的存在，也才使人被定位到特定的时空存在，也才使人被赋予特定的内涵，也才使人感觉到自我存在的社会意义的反思。只有人具有其内在的反思，人才具有自我意识地产生。否则，就无人的时空生存的特定概念。当人类社会一经产

---

① ［美］迈克尔·海姆：《从界面到网络空间——虚拟实在的形而上学》，金吾伦、刘钢译，上海科技教育出版社 2000 年版，第 6 页。

生，人就与时空紧密地结合在一起。人确定了具体的时空，而具体的时空塑造了人。在科学技术不发达的情况下，人生存的时空是物理时空，是自然的时空。人自我的许多活动就只能在此时空中活动，因而无法超越此时空界限。但随着科学技术的发展，人的自我生存与发展已经超越了此时空的界限。人的实践活动可上九天揽月，可下五洋捉鳖。此时，人的自我互动不再是简单的天地悠悠的实践空间。当网络技术的呈现，人通过自身的技术实践活动，重新开拓了人自身生存与发展的新型技术空间——网络社会空间。此时空是人自我生存与发展的空间，也是人自我互动的空间载体，也是人自我互动的可塑空间。现实物理时空的时间是一维的；而空间是三维的。但网络社会空间的时间是多维的，是全域的。人现实物理的生存与发展是线性的；而网络社会空间中人的生存与发展是非线性的。因此，此时空是建构网络技术事实基础上的新型生存空间，是网络社会空间中人自我互动的时空存在，也即时空事实，是网民网络自我互动的基本生存方式。在此生存方式下，网络自我互动的生理与心理、动机与行为的关系已经发生了重心转移。网络自我互动的生理与心理互动关系已经由原来物理空间的生理层面转移到网络社会的心理层面；网络自我互动的动机与行为的关系由动机层面转移到行为层面。此重心的转移已经改变了网民自我互动的内在生存与发展模式。这一模式的演变使网民自我互动从原来重物质的生存演变为重精神的生存。这一生存关系的演变重新赋予了网络技术时空的新内涵。

再次，信息事实。信息是语言、符号组成的，并赋予人类某种生存与发展需要的某种意义。符号是具有价值意义的抽象表达。人的自我互动不是人纯粹的生理、心理的互动，而是人社会价值的抽象性符号互动，是人社会性发展的互动。正因为人的符号性互动，因此，人的互动是离不开符号的，这就需要人自我互动借助于符号内部系统所进行的信息、能量交换。这种信息能量交换就是人自我成长的过程。信息也可能是语言。语言是符号建构的意义表达。语言不是简单的语音符号，而是具有独特、连续复杂意义的整体表达。语言是人独有的意义表征，是人与人之间彼此交流的工具，是人社会化发展的必要手段。语言具有复制性、转换性、重组性等特性，因此人类自身在社会实践中形成的语言就可以被转化为计算机的语言，特别是在计算机广泛使用过程中，人就源源不断地把原来的口语、文字等语言转化为计算机语言，使人原来的社会化语言演变转入到网络计算机语言的进化之中。计算机技术越发达，计算机语言就越丰富。计算机语言越丰富，也就越能建构计算机的网络信息。计算机的网络信息越复杂，网民网络社会化的信息事实也就越丰富。可见，计算机语言是网民在网络社会中进行自我社会化的语言。这种语言是网民在网络计算机技术条件下生存与发展的技术性语言，是网民自我互动的需求与发展，是网民技术语言史的发展产物。在不同语言背景下，人生存的时空充满了不同时代技术的语言信息。正因为不同的生活语言信息被不同技术发展信息所侵染而被划分为不同的语言信息时代。在现实的物理时空中，因地理位置、自然环境等因素影响，人生存的语言信息非常有限。在农耕时代，人生存所面对的语言信息是农耕时节的语言信息，因此人自我互动就是区域性的语言信息互动。在工业时代，随着工业技术的发展，人逐渐迈出田野，走向工厂。通过工厂的流水操作线联结，人所使用的语言信息就是线性的语言信息。这种信息突破了农耕的区域语言信息，而是呈现出技术性联结的规范性的语言信息，是随着机器隆隆的运作语言信息代替了鸟语鸡鸣的炊烟语言信息。网络的计算机语言信息使网民获得了更为丰富的信息，使网民自我互动更加频繁，促进了网民的自我生存与发展。

在如今网络信息时代，信息不再是简单的资讯，不是让人一时高兴或是忧伤的消息，而是资源性的事实存在。信息就好比人生存的空气一样。或许是看不见、摸不着的东西，但它确实是客观实在的，是人的生命不可或缺的资源。网络社会的网络信息就如同人生存的空气一样，充盈了整个网络社会，让网民整天沉浸在网络信息之中。这些信息就是网民自我互动所需要的事实存在，而不是可有可无的消息传递。在网络社会中，人人都是自媒体，人人都可以发声，人人都可以创制或转发信息，因而，生存于网络社会中的网民所获得的信息是无限的信息。此信息是海量的，是全域的，是纵深的，是裂变的。网络社会的信息几乎包括了人类社会发展中的所有信息。网络社会与现实社会是一个彼此平行且又彼此兼容的一个无边的信息源泉。此无边的信息源是因为网络信息是一个裂变的信息节点，即一个现存的信息源可向外无限荡漾的信息圈。这样的信息圈将网络自我互动永远的圈定又永远地抛开，使网民网络自我互动既是有根的连结却又是无根的漂浮。

网络自我互动的事实最终归结为网络社会中网民自我互动的信息事实。无论是网络社会的技术事实，或是网络社会的时空事实，最终都是要建构网络社会的信息事实。信息是人自身互动的产物。信息的本源是信号、数据等。此信号、数据是人与自然界、人类社会、自我相互作用的产物。人是信息的创建者；同时又是被信息所塑造的接受者。人是在不断地吸收信息、消费信息、内化信息、生产信息等过程中使自己不断地成长。如果人没有被信息催生、营养、滋养等，人仍将处于自然的蒙昧状态。人是通过信息与他人交往，并将他人信息内化为自身的主我或客我的互动成长关系。因此，网络信息的事实存在是网民网络自我互动的丰富营养。若无网络信息的存在，网民的网络自我互动将空洞无物，就好比一台机器的空转，不会导致机器工作时自身价值的增值，或许是因为网络信息的事实存在，才为网络自我互动提供了源源不断的营养。

第二，网络自我互动的价值要素

网络自我互动的价值是指网民在网络社会中自我互动的内在价值，即网民的内在生存。就人的价值而言，正如张曙光所言："价值本质上是人自己的对象性活动及其产物对于自己生存和发展的意义，是人通过自己的活动而使对象对于人自身生存和发展的肯定，是物为人而存在、人为人而存在、人为自身而存在。"[1] "人的本质力量的对象化以及对象的主体化——对象化的

①　张曙光：《人的世界与世界的人：马克思的思想历程追踪》，北京师范大学出版社2009年版，第320页。

扬弃——是价值的源泉。"① 因而，人是按照任何一个物种的尺度和自己内在尺度改造自然、塑造对象、创造属于自己的对象世界，并在自己的对象世界里进行自我确证与自我发展。人在给自己创造一个对象世界，同时也创造同自然界的本质和人的本质的全部丰富的相适应的人的感觉、激情，且把整个自然界变成人自然的身体，这样，人就把自身变成整个自然界的有机大脑。

事实蕴含的哲学术语是价值。价值是事实发展中的深度抽象。事实不是杂乱无章的事实，事实总是包含一定的价值因素，否则，事实将被现实无情地抛弃，而不可能成为被人们所保留的事实。而价值是一种意义以及取舍，总是寄生于一定的事实之中。没有价值的事实与无事实的价值都是不存在的，因此，事实与价值之间总是相互依存。网络自我互动不是抽象的形而上学的运动，而是网民自我成长的互动，是网民自我健康发展的历程，因此，网络自我互动一定是具有事实、价值的自我互动。价值关系不是简单的满足与被满足的关系，而是人的自我对话、自我反思、自我挫折、自我发展以及自我成长的内在机能。网民在网络社会发展的价值驱使下不断地向网络社会获取能量，并内化为自身不断成长的营养。如果没有网络社会发展的价值需求，网民就不可能从网络社会中获取丰富的营养以满足网民自我发展的精神需要，以推动自身的快速成长。与此类似，如果网民没有自身内在的价值诉求，网民也难以向网络社会获取能量，并完善自我互动的确证与发展。网民在进行自我确证与发展的过程中总是不断寻求自身的最高价值取向。此价值取向就是网民的自由自觉活动。

在网络社会里，网民虽然摆脱了物理时空的制约，也解脱了自身肢体机能的约束，因而网民在网络社会的价值追求不再是过多的物质追求，而是永远无法满足的精神愉悦，并将此精神愉悦的内涵价值付诸于网络文本之中，

---

① 张曙光：《人的世界与世界的人：马克思的思想历程追踪》，北京师范大学出版社2009年版，第320页。

并通过网络文本传递于网络社会之中。这些网络文本所内含的价值包含了技术价值、时空价值、社会价值以及精神价值等。

首先，技术价值。技术是人类智慧产物，是人类社会发展的阶梯。技术每向前推进一步，社会就向前跨越一步。技术不仅是人与自然界、人类社会以及自我的工具性存在，更是人与自然界、人类社会以及自我的价值性存在。技术价值就是技术能满足人自身发展需要的关系。技术价值不是单纯的技术本身，而是对人的生存、发展具有鲜明的价值属性。技术只有在作为基本使用的载体情况下，技术的价值性才会被忽视。但如果技术与人的生存与发展结合在一起，且与一定的阶级、社会、国家紧密相连时，技术的价值属性就会被明显地反映出来，因而技术是具有鲜明的价值属性，此价值属性是人的价值属性的直接反映。人的技术化是技术价值的直接体现，是人自身价值的技术延伸，是人内在价值的重要组成部分。因此，技术不是凭空产生的技术，是人自身价值的外在物质载体的具体体现。技术是人自我意识发展的外在载体，是人改造自然、塑造自我的重要手段。技术是人的产物，是人与他人之间交流的桥梁，也是人自我塑造、自我发展的技能。人没有技术，人将永远处在极为原始的状态，也正是因为技术不断地催化着人的自我发展。因此，在此处所言论的技术价值不是单指技术本身所蕴含的价值，而是技术能满足人的自我内在生存与发展的价值。技术价值的历史渊源是与人自我生存与发展紧密联系在一起的。在网络技术里，网络技术的发展是由单向的计算机界面到双向互动的互联网，由多维交织的互联网到复杂多维的网络空间，由全员互动的网络空间到整体多维的网络社会历史演变的过程。网络技术是网民在网络社会的生存方式。没有网络技术的发明与使用，网民还将处在现实物理的狭小生活空间之中，遭受着现实物理空间各种要素的困扰与煎熬，使人难以破茧重重藩篱。正是因为人发明了网络技术，营造了网络社会，这才使网民在网络社会中加快了社会化的步伐，奏响网络自我互动的节奏，充实了网络自我互动的内在价值。

其次，时空价值。时空不是简单的物理概念，也不是一个地域或者区间描述，而是人生存与发展的必然要素，是人类社会历史与文化诞生的必要因素，是人类社会延续与发展的重要组成部分，是人类社会生存与发展的价值确证。没有特定时空，人就无法生存。当然，也就谈不上人的发展。在科学技术不发达的时期，时空是机械的、相对稳定的地域范畴，是基于自然界自身所确定的物理概念，是形而下的时空。但随着科学技术的发展，时空不再是单纯的自然界所界定的时空，而是随着人类自身发展而重新界定的时空，是人类社会自身生存与发展而重新界定的时空。时空被赋予了新的内涵，时空可以被人类自身的智慧与发明重新设置新的时空，比如国际空间站以及飞行器等特定的时空。这些时空被人类运用于自身的发展需要，也被赋予了其特定的价值。网络社会的时空是人类社会基于网络技术所建构的一个特定时空，即虚拟时空。在此时空里，虽然网民觉得它是由网络技术所建构的虚拟时空，但是，网民并没有否认它的存在，也从没有怀疑过它给网民所带来的各种便利以及给网民所带来的无限快乐，甚至网民会在网络时空中不断地寻觅自己的快乐，并快乐满满，且将自己完全地浸入到网络时空之中，使自己完全被网络时空紧紧地包裹着，以至于使网民与网络时空紧紧地镶嵌在一块，并使网民与网络时空做到了真正地身心对接，人脑与电脑的有机衔接。

此时，网络时空的价值就不再是一个技术创新的时空价值，而是网民自身的"身体"建构的价值，是网民自身生命运动的物质承担者。因此，网络时空的价值既可以从网络社会的宏观角度分析其时空价值；也可以从网络群体中观层面分析其时空价值；也可以从网民个体的微观角度分析其时空价值。而此时的网络自我互动主要还是从网民个体视角思考网民内在的互动关系，因此，在此主要是从网民个体的微观视角分析网络社会空间的价值。网民既然是生存于网络社会空间的自然人，因此，网民的所有活动都离不开网络时空，离开了网络时空这一特定场域的人，就不可能被称之为网民。显而易见，网民在网络社会时空的互动是离不开网络社会时空这一特定范畴，一旦离开了，网络社会时空的自我概念也将不复存在。网络自我互动是网民在网络社会时空中的特定时空价值的自我互动。这样，网络社会时空就成为网络自我互动的价值建构，也是网络自我互动的价值存在以及价值发展。网络社会的时空价值是网络自我互动的自身生存与发展的内涵价值。任何物质的运动都是在一定时空里运动。没有时空运动的物质是不存在的。网络自我互动作为网民自我的生存与发展必然要体现其自身时空的特殊性。网络自我互动的时空特殊性必然就要反映在网民自我互动对网络时空的特殊依赖而彰显其特别的时空价值。因而，没有网络时空的存在就没有网络自我互动的价值。网络时空价值具有自身运作的特殊性，即时间不是唯一的，而是多维的；时间也不是单向，而是可逆的；空间不仅是三维的，而是多维的；空间不是有边的，而是无边的。网络社会的时空价值是一个无穷无尽的资源宝库，对网民具有无限的魅力。此魅力是网民的网络自我互动完全嵌入到网络时空而迷失网络自我互动的价值。

再次，信息价值。信息是语言符号表达的意义。根据网络信息的功能价值，可将网络信息分为网络技术信息价值、网络时空信息价值以及网络社会信息价值等。首先是网络技术信息价值。网络技术信息价值是指网络技术信息能满足网民需要的特定属性。技术是人类社会发展的产物。网络技术是人类社会技术发展到一定阶段的产物。在网络技术以前，技术的发展经历了一个漫长的历史过程，但在网络技术以后，技术的发展却是跳跃式地发展。信息是意义的符号表达，而技术是信息的物质化体现。技术与信息之间具有天然的联系。技术蕴含了信息；信息传递了技术，因此，技术与信息在本质上具有一致性，都是能满足人类社会发展的需要，是为人类社会的发展而服务。网民在网络社会中的网络自我互动是离不开网络技术信息的。网络技术信息为网民的网络自我互动提供了技术支撑。没有网络技术信息，就没有网络自我互动，因为网络自我互动是建立在网络技术建构的网络社会之中。这正如网民生存于网络技术。其次，网络社会的时空信息价值。网络社会的时空是网络技术信息架构。网络技术信息传递着一定的网络技术信息，是特定网络技术信息圈定的时空。网络技术信息的变化导致网络时空信息的变化。网络时空信息具有网络时空信息价值。此价值是一个网络社会边界价值，这不能简单地将网络时空理解为网络环境边界。网络时空具有网络技术的流变性，是技术互动的交织性与网民话语流变性的叠加，是一个动态术语，是网民自身交际互动所形成的具有特定本质内涵的生存空间，是网民互动本质决定的，而自然环境边界是一个静态描述，是人相对于自然而形成的共生概念，但自然环境边界并非是人自身的内在组成部分，而是人生存与发展的重要因素。网络社会的时空信息价值是在网络社会中满足网民的特定需要的时空，是网民进入网络社会的重要门户。再次，网络社会信息价值。网络社会就是一个信息社会。网络社会充满了信息；网络信息建构了网络社会。网络社会不是自然界的无机物所建构的社会，而是网民向网络社会输送的网络信息所组成的网络社会。网民是不确定性的概念，因为网络社会是开放的社会，而且是进入门槛极低的社会，任何一个网民只要能启动电脑开关并能敲动电脑键盘，就能进入网络界面。任何一个网民只要能触及键盘，就能在网络社会中发布信息。网民在网络社会中所发布的信息是否有价值，这就需由网民自己确定。在此所论及的两个网民在指向上是有差异的：一是信息的发送者；一是信息的接收者。当一个网民发出一个信息时，如果这个信息不被任何一个网民关注，也不能满足任何一个网民的需要，那么，这个信息就没有任何价值；假如这个信息能被网络中任何一个网民所接纳，那这个信息就具有价值。但是，现在最难的是如何判断一个网民所发出的信息能否被另一个网民所接纳，以此确证该网民所发出的信息是否具有价值，这是因为在网络社会中存在无数的网民，不同网民具有不同的网络浏览信息权力，可以随时随地的变换其浏览信息状态。假定网民发布的信息是有价值的，那么，网络信息价值可根据其网民参与数量的多少分为网民个体信息价值、网络群体信息价值以及网络类信息价值；也可根据网民在网络社会生存的性质分为政治、经济、文化等，将网民信息价值分为政治信息价值、经济信息价值、文化信息价值等。

网络信息不是一堆杂乱无章的信息堆积，而是信息内在关系的重构。网络信息的重构具有网络信息内在的逻辑结构。网络信息的内在逻辑结构，一般情况而言，它是网络技术价值演变为网络空间信息价值，并由网络空间信息建构网络社会信息价值。网络社会信息价值又按网络技术价值的建构原则生成网络社会信息，并蕴含网络社会信息价值。

2. 网络自我互动的事实与价值模式

网络自我互动的事实与价值关系是存在与满足关系。黑格尔曾言，存在就是合理的，合理就是存在的。这体现了事实与价值之间的关系。在网络社会里，人的自我互动总是沉侵于网络事实之中。没有网络事实存在，网民就不可能存在与发展。网民总是要向前发展，而不可能仅仅漂浮于网络事实的状态之中。事实的存在应当是一种有序的。这种有序就是一种内在价值的指向。事实是存在，价值是满足。网民就是在网络事实存在中找到自己的价值取向。在其价值取向上，网民总是要创造许多的网络事实。网民在发展过程中所创造的网络事实是网民网络社会生存的网络事实。在原始社会里，人所面对的事实是自然界的物质事实。在人类社会不断进化的过程中，人自我互动的事实就是技术化事实。在网络自我互动过程中，网民所面对的事实就是网络信息化、符号化、意义化、价值化的事实。其价值取向就是人越来越得到自由而全面的发展，这是因为网络社会已经对现实社会许多东西价值扁平化，网民在网络社会中所看到的世界是扁平化的，而不是立体化，原来传统的立体性、权威性的价值正在逐渐变成彼此近似平等的价值取向。

（1）网络自我互动的事实与价值的统一

网络自我互动的事实与价值关系存在着内在的一致性。此一致性的核心在于事实与价值之间存在着内在的关联性。事实就是存在。存在的东西未必就有价值。有价值的东西，就应该是存在的，就是事实。人是有目的性的存在物。人在社会上的实践活动都是一种有目的性的活动，因此，有目的性，即有价值性的实践所产生的事实就是蕴含价值的事实。这种存在的事实就是有价值的事实。这就是事实与价值之间的内在必然性。这种内在必然性所建构的基础就是人实践的目的性。人所有创造性的活动都是围绕人自身而展开的。在网络自我互动中，网民的网络实践是带有目的性的活动，这种目的性就是网络自我互动的价值性。当然，这种价值性有个体的价值性、群体的价值性、人类的价值性。网民在网络社会各种价值驱使下所进行的实践而产生的事实就必然会与事实包含的价值之间存在内在的逻辑关系。这种内在逻辑关系就是事实与价值之间的统一性。

（2）网络自我互动的事实与价值的背离

网络自我互动的事实与价值之间的背离，是指网络事实与网络价值之间缺乏内在必然联系。事实就是事实，价值就是价值。事实是存在，价值是意义，是导向，这两者之间没有必然的联系。在网络社会里，有的网民在网络社会中所产生的一些事实是毫无意义的事实，即是没有任何价值的事实。这些事实对网民没有任何的导向作用。这些事实在网络社会中产生后就会立即消失，因此，这就不存在事实与价值之间的内在关联，而呈现出事实与价值之间的背离。

（四）网络自我互动的真我与假我构成要素及模式

人是万物的尺度。人在社会中是以自我形式呈现。自我是人的社会表征。社会是复杂的有机体。谋生于复杂社会有机体之中的自我蕴含着真我与假我。真我是人的真实反映，是人追寻着人生存的事实与价值之间的本质的内在必然联系；假我是人生存于人的事实与价值的短暂的偶然巧合。当生存于现实社会的人步入网络社会之中，现实社会的人就演变为网络社会之中的网民。此时，人的自我互动就演进为网民的网络自我互动。网民的网络自我互动包含了网民在网络社会中的真我与假我。网络自我互动的真我与假我是网民在网络社会中因网络实践而呈现的身份象征。在网络实践中，网民通常会以真我或假我的身份漂移于网络社会之中。真我是网民在网络自我互动中善的表达；假我是网民在网络自我互动中恶的表达。真我假我是网民在网络社会中随时转换，是网民在网络社会中的生存之道。

1. 网络自我互动的真我与假我要素

网民的网络自我互动在其价值评判下就会在网络社会中呈现不同的身份特征，即真我与假我。

（1）网络自我互动的真我

网络自我互动的真我是指网民在网络社会以真实的身份呈现，是网民内在自我真实的印证，是网民在网络社会的自我肯定，是网络思想政治教育人的真实再现。虽然网络技术给网民带来了虚拟的存在，但是，这并不会因为网络技术的虚拟而否认网络技术所带来的网络社会的真实性。网络自我互动的真我主要体现在：一是网民生命的真我。网民是人在网络社会中的延伸。人在现实社会中是有血有肉的有机体，是生命的真实存在。在网络社会中，虽然现实的人演变为网民，但人的生命的自然本质并没有发生改变。网民仍然是有生命的有机体，是人生命的鲜活体现，是人的真我在网络社会中的相应反映。二是网民实践的真我。网络技术首先是工具性的技术，是网民实践活动的手段。网民借用网络工具进行自我展现。人借用网络技术平台办公，比如电子政务、电子商务、电子邮件等。这就是网民自我互动的真实身份表现。再如网民所写的博客、微博等，这都是网民内心真实的反映。三是网民求善的真我。人不仅是自然的产物，也是社会的产物。人在社会实践中总是具有求真求善的诉求。人之初性本善，这或许是对人的本性简要的描述。既然现实的人具有这一特性，那么，作为在网络社会生存的网民也应具有这一特性，因此，网民在网络自我互动过程中也具有求真的本质属性所在。

（2）网络自我互动的假我

"假我"是相对"真我"而言的概念。真我是现实的人的本质属性的我，而假我却是现实世界人的社会化的另一存在形式。假我是现实生活中的人基于现实客观条件约束，而做出与自己真实存在相对的表现方式。假我在现实物理空间中是通过虚假言语或行为来装扮与真实自我不一致的一个自我。这个假我是与真我相对应的概念，是一个自我的"两面"，正如硬币的

"两面"一样，而不是两个自我的并列。在网络社会中，假我除了以言语或行为假扮自己的身份外，更为重要的是网络社会空间是一个虚拟空间，因此网民就更容易以虚拟的言语或行为来装扮自我，并在网络社会中大行其道。这种假我就是因为网络虚拟技术赋予了假我更多的虚拟生存。这就导致了网络自我互动的假我就是不真实的"我"，而是网络技术化的"我"，是技术粉饰化的"我"，是网络时空重构的"我"，是网络社会确证而又时刻漂移的"我"。我到底是谁，没有人知道，就连我自己也不知道，我不想被人知道，我也不想知道别人。这时的"我"是一个在网络时空中被网络技术挟持的意义符号或是价值缺失的空壳。到底是我在拯救他人，或是他人拯救我，谁也不知道。这或许网络思想政治教育关于人主客体关系内在深层的绞痛。从其表象上看，这个"我"不是与现实或网络实际相符合的我，是一个经过技术装扮的"我"。这个"我"不是自然的生命体，而是一个社会的生命体，因此，"我"包含了太多的社会要素。由于社会因素，人就会扮演真我与假我。在现实社会中，由于受到物理空间的限制，真我与假我之间的转化相对困难。但在网络社会，因网络技术的特殊性，真我与假我之间的转化就相对容易。在网络社会中，有些网民披上马甲，扮演假我，而且这个假我还不止是一个假我，而是若干。

2. 网络自我互动的真我与假我模式

网络自我互动的真我与假我关系模式揭示了网民内在的真我与假我之间的相互承接与相互转换的关系。根据网民自身要素、网络社会因素等，网络自我互动的过程中可以演变出自我身份的多重演变：真我中有假我，假我中也有真我。

（1）网络自我互动中的真我与假我的统一

自我是网民在网络社会中的表现形式，是网民的哲学或心理学术语。网络社会中的自我是真我与假我建构的有机统一体。真我与假我具有内在的统一性。首先，网络自我互动的真我与假我都是统一于网络技术。没有网络技术的载体，就没有网络自我互动的真我与假我的存在。因此，无论是网络自我互动的真我与假我都是网络技术浸透下的技术性自我的深层体现。其次，网络自我互动的真我与假我都是统一于网络社会。没有网络社会的存在，网络自我互动就缺乏时空。任何物质的运动都是在一定的时空进行的。没有时空的运动是唯心的运动，是观念的运动，是不存在的运动。因而，网络自我互动的真我与假我的同一性还需要统一在网络社会；再次，网络自我互动的真我与假我还统一于网民的自我本身。网络自我互动的真我与假我不是两个毫无相关的自我，而是同一自我的两个侧面，是统一于一个自我之中。

网络自我互动之中，网络自我互动的真我与假我是彼此相互转换的。一个网络自我不可只有真我，而无假我；也不可能只有假我，而无真我。这是因为网络自我是基于网络技术而生存，是网络自我在网络虚拟社会中的存在方式，就好比一个现实的自我一样。如果只有真我，其真我是难以适应社会的需要；如果只有假我，其假我也难以适应社会，这是因为自我所面临的社会是一个多元、多层的社会。每个自我都是人的社会呈现。

（2）网络自我互动中真我与假我的对立

网络自我互动的真我与假我的对立就是网络自我互动中的真我与假我的相互竞长。此处所言及的对立并非真正的对立，而是彼此之间的相互转换，是一种相互映衬，是真我与假我之间的相互转换，并以期获得自我成长的内在满足。网络自我是网络社会的自我，是网民从网络社会获取多元要素促使网络自我成长的自我。网络自我包含了真我与假我。因此，网络真我与假我是网络自我的"两面"，是建构网络自我的重要组成部分。在网络自我互动中，网民会以真我、假我两个不同的身份交互呈现：有时以真我的身份进行网络自我互动；有时以假我的身份进行网络自我互动。但无论如何，网络自我互动总是以真我或假我的身份进行网络自我互动，体现了网络自我互动的真我与假我的互动。

二、网络自我互动的架构

架构，即建构，是用多种要素进行的结构重组。网络自我互动的架构是指网络自我互动的各构成要素进行的内在组合，是要素的结构建立，是具有相对稳定的要素组合，以此彰显特定的结构功能。网络自我是一个网络社会中的自我，是一个网络发展的自我，是一个网络文化的自我，也是一个网络技术的自我，更是一个网络自我的自我，因此，网络自我互动是一个网络技术性、网络社会性、网络文化性的自我互动。根据网络自我互动的方向性，可简单地将网络自我互动的架构分为横向型、纵向型以及立体型的架构模式。

（一）网络自我互动的横向架构

网络自我互动的横向架构是从网络自我互动的截面观察网络自我互动的架构模式。网络自我互动的构成要素是生理与心理、动机与行为、事实与价值、真我与假我等关系要素。但这些关系要素并不是零乱的组合，而是按照一定的内在逻辑结构所构成的横面结构。网络自我互动的横面可以从自我内在的主我与客我之间内在对话关系展开。因此，网络自我互动的主我与客我之间的对话关系是网络自我互动横向架构的载体。

1. 网络自我互动的主我与客我之间的生理互动

网络自我互动的主我与客我之间的生理互动是指网民个体内在的主我与其内在对应的客我之间的生理交互关系。网络自我互动中主我的生理是指网民在进入网络空间之时起直到网络自我互动关系终止的整个生理的内在互动过程。网络自我互动的主我生理是反映在网民自身作为主体身份存在的生理变化。而客我的生理是与主我的生理相对应而发生互动关系。在其互动过程中，可以按网络技术的发展进程与网民自身成长的逻辑关系将其分为四个阶段。

第一个阶段是网络工具性阶段。在网络工具阶段，网络自我互动中的网络自我的主客我的生理是一个相应的生理姿态。网络自我的生理是一个真实的现实生活化的生理展现。网民就是一个现实的真实版本，不是一个网络技术化的生理体现。此时主我生理是一个急于进入网络空间的姿态呈现。在此时的主我生理是一个完整的生理结构，没有被碎片化、扁平化。然而此时由于网络技术的需要，网络自我的客我的生理却要求是一个被抽象化、扁平化、符号化的生理对应。没有这个符号化的过程，网络自我的主我生理就不能进入到网络自我客我的生理阶段。为了达到网络自我的主我生理的客我化，因此，网络自我的主我生理在其界面就要被符号化后才能达到网络自我的客我生理需求。正是在这一需求之下，网民才有网址、ID 等多种符号化的客我身份代替原来鲜活的主我生理肌体。

第二阶段是网络信息阶段。网络自我的网络空间阶段是网络自我的社会化阶段。这个阶段是网民社会化的主要阶段。在现实生活中，因物理空间因素影响，人社会化程度不高，但人进入网络空间，网民的社会化程度呈非线性叠加。在社会化过程中，网络自我的主我生理不再是一般的生理结构，而是一个生理身份表达。在这个阶段，网民生理主要是一个社会程度扩大的表征。网民总是想在网络空间涌现若干个网名。然而，网民客我的社会化要求是网民应当是一个相对固定的身份，以便其他网民与之形成相之对应的社会化模式：一边是主我身份的扩大；一边是客我身份的缩小，这两者之间是矛盾的。

第三个阶段是网络价值阶段。网络信息阶段是指网民获取信息的特殊时期。网络信息价值阶段是指网民占有网络信息并从信息中吸收营养滋养自我成长的特定阶段。网络信息价值是网络信息所蕴含的社会属性。在网络社会中，并非所有网络信息都有价值的，这是因为网络社会充满了海量的信息。

这些信息是网民有意或无意释放的信息。这些被释放的信息是否具有信息价值，不是取决于信息的释放者，而是取决于信息的吸收者。一旦网络社会中的信息被其他网民所吸收，这就证明了该信息是具有信息价值的。但这种信息的吸收是一个多元、多维的。同样的一个信息源，对某个网民是有价值的；而对另一网民可能就没有价值。或许暂时没有价值；而后或许会有价值。这是网络信息价值的相对性所决定的。

第四个阶段是网络意义阶段。网络自我是技术性自我。其互动是技术化、网络化的互动。网络自我互动的生理发展关系包含着内在主客体关系。此主客体关系体现在网民大脑内在机理的主客体关系。网民大脑机理主客体关系是一个极为复杂的生理关系。此生理关系是随着网络技术理性化的发展而拓展。在此拓展过程中，网络自我互动的主客体机理互动向其价值发展。此价值发展是网民逐渐社会化的需求关系，是网民从单纯技术性工具的自然人迈向网络技术化的社会人。

网络自我的生理互动是网络自我主我与客我之间的生理互动。其互动轨迹是从具体向到抽象的过程。其实质是从现实生活社会的生理机能转向网络技术生存的工具性、信息性与价值性。

2. 网络自我互动的主我与客我的心理互动

网络自我互动的主我与客我之间的心理互动是指网络自我互动的主我与客我之间的心理相互转换。网络自我互动的主我心理是指网民个体内在主我的心理态势。其心理态势是指主我的心理感受与感知，是以生理为基础的社会化的感性活动。网络自我互动的主我与客我之间的心理互动关系可分为四个阶段：

第一个阶段是感觉心理。在网络自我互动的感觉心理阶段，网络自我的主我是一个占有、控制的心理态势。在触摸计算机那一刻，网民就有一种占有与控制计算机的心理态势。而此时的客我是一个能适应并满足主我需要的心理态势。当网民启动计算机后，网民就可以在网络界面上打开无数的窗口。此时，每一个被打开的窗口就反映了一个网络自我的身份标识。每一个身份标识就表明一种心理感觉。因此，网络自我互动的感觉心理就是主我与客我的控制与摆脱的心理感觉。

第二阶段是感知心理。在网络自我互动的感知心理阶段，网民主要是通过概念、判断获取信息，确定社会角色。因现实物理空间的制约，网民即使可以多种社会身份角色出现，但毕竟还是有限的。在网络社会里，网民的社会身份就难以受到物理空间制约，网民可根据自己愿望随意地呈现自己身份。正是因为人在现实生活中的有限性，而网络生活的无限性，因此，有的网民进入网络空间之后就像脱缰的野马自由奔驰；而有的网民却在网络空间中分享其信息优势，扮演社会角色。也许正是因为网民的这些现象出现，就把整个网络空间装扮成丰富多彩的信息空间。然而网民本身又是理性的动物，即便是面对纷繁复杂的网络信息也应是一个有序的价值选择。因此，此时网民的客我就是一个满足主我的社会化、秩序化的感知心理。

第三阶段是满足心理。网民网络自我互动的主客体间的心理关系不仅具有感觉心理、感知心理，还具有特定的满足心理。此阶段的满足心理是指网络自我互动在感觉网络界面、感知网络信息基础上的信息满足关系。网络自我互动的主我与客我是一个信息的满足与被满足关系。这一满足关系是网络自我互动的一个相互交替的替代过程，是网络自我的发展过程。网络自我互动的信息满足心理不是一个简单的满足心理，而是一个内在逻辑的满足心理。根据马斯洛心理需要层次论，每一个网民的网络自我互动都有一个这样的心理满足。这个心理满足或许就是网民网络自我互动的内在心理的发展过程。

第四阶段是选择心理。网络自我互动的选择心理就是网络自我互动的价值选择。网络自我互动的满足心理是网络自我互动多元多层的满足关系，是网络自我互动外界信息的充斥结果，是网络社会的信息流动、信息漂移以及信息挤压，而网络自我互动的选择心理却是信息的价值选择。网民的网络自我互动不是被动的信息供给，而是网络信息的自我选择，是网络自我互动的自我取舍，是网络自我互动的自我发展。

3. 网络自我互动的主我与客我的动机互动

网络自我互动的主我与客我的动机关系是指主我动机与客我动机之间的相互作用，是网络自我互动中主我与客我的相向动机。网络自我互动的主我动机是网络自我互动的主我欲占有、控制网络社会中的客体信息资源，而将其内化为自我的内在组成部分。而网络自我互动的客我是网络自我互动中被主我所内化的信息转为自身内在的有机组成部分，并激发其内在的主体性，具有特定的主体性功效，以客体的主体性呈现而表现为客我。网络自我互动的主我与客我的动机是网络自我动机的内在组成部分，是网络自我动机的深度表达，是网络自我互动的深层根源。网络自我互动的主我与客我动机的相互作用促进了网络自我互动动机的形成与发展。网络自我互动的主我动机是技术化、社会化的动机；而客我的动机却是去社会化、技术化的动机。这种去与留的技术化、社会化的动机是网络自我互动动机的直接表现。根据网络自我互动的主我与客我动机关系的发展可将其分为四个阶段：

第一个阶段是网络工具性的动机。在网络工具性阶段，网民网络自我互动的主我动机是占有、控制计算机，让计算机完全成为为自己服务的工具。网络自我互动的主我完全占有计算机的目的，不是为占有计算机而占有计算机，而是通过占有计算机而占有整个网络信息，进而将整个网络信息变为自己发展的资源，滋润自己的心田，促进自己的健康发展。而作为网络自我互动的客我内在动机也欲将网络社会的信息资源作为自身对象化的存在，进而将计算机作为工具手段。无论是网络自我互动的主我与客我的动机在其网络技术的初始阶段，均是将计算机、网络界面、计算机程序、网络媒介等作为工具性的占有与支配。因此，网络自我互动的主我与客我的初始动机都是一个欲将计算机、网络技术置于自身的服务对象范畴，是其自身动机的初始撬棍。技术不是单纯的技术。技术永远是为人服务的技术，永远都是推动人发展的技术。人自身的动机催生了技术的产生；技术的发展促进了人欲望的膨胀。人的欲望不是人的罪恶，更不是对人自身的背叛，而是促使人自身发展的原始动力。在网络社会里，网民的欲望也是如此。

第二阶段是网络信息的动机。计算机是网络节点，是个孤独者。计算机程序运转只是计算机内在的独自运行。在网络社会里，计算机不再是孤独者，而是网络社会中信息的发源地。每一台计算机或者手机的端口都可以向网络社会发送无数的信息。在网络信息海洋里，网民网络自我互动的主我动机是想向网络社会中获取信息，占有信息，消费信息，内化信息，以弥补在现实生活中信息的缺失。然而，殊不知，网民根本意想不到网络社会的信息是过犹不及，甚至是网络信息淹没了网民，更有甚者是网络信息侵蚀了网民网络自我互动的主体性，使网民面对网络信息的泛滥而苦不堪言。此时，网络自我互动的主我动机是如何判别信息的动机，而不是简单地获取信息的动机。而网络自我互动客我的动机是如何摆脱网络社会信息侵蚀的动机，以确保其动机的纯正性。可见，无论是网络自我互动的主我或是客我都是对网络信息的吸收、消化或是排斥、吞噬等这一特定的动机。这一动机是网络自我互动自我成长的内在心理需要，是网络自我互动情感、意志的需要。如果没有网络自我互动这一动机存在，也就没有网络自我互动的健康发展，也没有网民健康成长。

第三阶段是网络信息的价值动机。网络自我互动的信息动机是网民对网络社会信息的占有、获取以及消化的心理需求，是网络自我对信息的独特渴求，是网络自我对信息的迫切诉求。在网络社会中，因网络信息的充盈，网络自我互动的信息不是信息的缺失，相反地，却是网络信息的泛滥而导致了网络自我互动需要对网络信息的价值判断。网络自我互动的价值判断是一个理性过程，而不是一个感性过程。网络自我互动的价值判断的理性过程是一个由概念到判断、由判断到推理的过程。这一过程是网络自我互动的价值选择、价值判断、价值纠偏。因而，网络自我互动的主我与客我的动机不再是网络信息简单的满足与被满足关系，而是网络自我基于网络自我互动过程中主我与客我的价值决策，是网络自我的社会化过程，是网络自我的发展过程。

4. 网络自我互动的主我与客我的行为互动

网络自我互动的行为是指网民在网络社会的实践，是网民在网络自我互动中将其内在动机转化为外在的表现，是网民在网络社会中实现自己的内在目的的意愿，是网民在网络社会的主体性凸显。因此，网络自我互动的主我与客我的行为互动是指网络自我互动过程中主我与客我的内在主体性之间的关系。网络自我互动的主我与客我的行为关系不是主我对客我的绝对支配与被支配的关系，而是一种主体性之间的关系，即主体间性的关系。但这种主体间性的关系并不是否认网络自我互动中的主我与客我之间行为的主客体关系，而是在新型主体间性的基础上重建新构的具有流变性的主客体关系。

即便网络自我互动的主我与客我的行为关系是一种新型的流变性的主客体关系，但它在实质上仍然是主客体关系。既然它有着本质的主客体关系，其网络自我互动的主我仍旧处在主体上的位置，因而，作为网络自我互动中的主我总是处于一定支配的身份地位而驱使；而客我却是以一定被动的、被塑造的身份而迎合。当然，在事实上，网络自我互动的主我与客我在其互动的过程中是难以明确地划分出主我与客我之间的界限。因此，在主我动机支配下，主我就有其相应的行为方式与之匹配：有时主我的行为是粗犷的；有时主我的行为是隐晦的。无论网络自我互动的主我的行为是以何种方式表现，这都是网络自我互动的主我动机来自于网民自身的经验或是其他网民经验之间的彼此创生。如果说网络自我互动中的主我的行为在网络自我互动的主我的动机驱使下会表现为是一个无法无天的"孙行者"，那么网络自我互动的客我的行为则是在其主我行为的感召下的社会化、规范化的行为。

无论是网络自我互动的主我行为或是客我行为，其实质上都是网络自我互动行为的技术化、社会化的行为。网络社会是网络技术建构的社会，是网络技术驱动的技术媒介。在这一媒介过程中，网民所有行为都是一个在网络技术媒介中的社会化行为。这个行为是一个大众化的行为，是网民与网民之间交流的行为，是一个彼此对话的行为。在其行为中，网民将自己的行为社会化了。

虽然网络自我互动的主我与客我的行为有多种分类方式，但网络自我互动的主我与客我的行为主要还是以网民个体行为为主，因为网络自我互动本身就是探究网民的个体行为，因此，网络自我互动中的主我与客我之间的行为关系实质就是主我的个体行为、主观行为转化为社会行为，或者是转化为被他人接受的行为。但是，如果一个人的行为仅是单方面的个体行为，那么这种行为就是短暂的、狭窄的，就是要流逝的。因而，这就需要将网民的个体行为转化为网民的社会行为。如果要网民的个体行为变为一种长久的行为，那么就需要对网民自我互动的个体行为转为社会行为。

5. 网络自我互动的主我与客我的事实互动

网络自我互动的主我与客我之间的事实互动关系揭示了网络自我互动的主我与客我的事实与事实之间的内在关联，是网络自我互动发展的联系。网络自我互动的发展不是孤零零的发展，而是基于一定事实基础的发展。网络自我互动的发展不是空洞的抽象发展，而是基于特定事实基础的发展。在特定事实基础上，无论网络自我互动的主我或是客我都存在着彼此之间的事实关系。此事实关系是基于网络技术生存以及网络自我发展的事实关系，因此，网络自我互动的主我与客我的事实均是基于网络技术工具的占有以及网络自我发展的社会事实之间的关联。

在网络界面上，网络自我互动的主我是一个技术占有事实的存在，是一个欲控制整个计算机界面，是网民可以在计算机界面上随意地拖动任何符号，为所欲为，毫无顾虑。即便是网民有违背其事实的行为，其行为均可包含一个自我，这是因为网民在网络媒介上可以自己创建自己，把自己创建成为一个在网络媒介上可以被认可的任意一个自由的自我。这个自由的自我，就是网络自我互动在网络媒介中所确定的事实存在。与此相反，网络自我互动客我的事实却要求这时对应的网络自我互动的客我不是一个完全自由的自我，而是技术化、社会化的自我。因此，网络自我互动的网民在网络界面上看上去是一个无拘无束的自我，然而网民却在网络媒介上中总是被网络媒介技术化、格式化而锁定，这就导致了网民是一个被计算机技术程序化、格式化的看似自由而并非自由的自我。

在网络空间里，网络自我互动的主我与客我之间的事实关系是张扬与规范的社会存在，是彼此互动的关系生成。在网络自我互动主我的事实之中，网络自我互动主我的事实是动机事实的存在。主我总是以自我张扬的姿态存在。在存在中，主我总是一个在网络空间里任意横向的侠客存在，然而，网络自我互动的客我却要求这种动机的事实应当是与之对应的行为事实而存在。故此，在网络自我互动中，网络自我互动的主我总是将其动机转化为行为并由此而产生许多网络事实的存在，并由此而伴随着诸多相关网络自我互动的客我事实存在。

在网络社会中，网络自我互动的主我与客我之间的互动关系是信息共建共享的关系。网络自我互动的主我是信息的分发者，而网络自我互动的客我却是信息的接纳者。在网络自我互动中，网络自我互动的主我总是以主体的姿态出现，在其姿态中，主我要求信息共享；而网络自我互动中的客我却要求获得信息共享。当获得信息共享之后，网络自我互动的主我与客我就是一个信息的生产者与消费者。这种信息的生产与消费就是网络自我互动的主我与客我的相互转化，是网络自我成长与发展的过程。

在网络自我互动信息共享中，其主我与客我的事实之间的转化将是主动事实与被动事实的关系。这种关系将是网络自我互动的主我与客我之间的事实由任意性、主观性的事实转向为规范性、客观性的事实存在，是主我的独尊独享到主客体的共分共享。

6. 网络自我互动的主我与客我的价值互动

网络自我互动的主我与客我的价值互动关系实质就是网络自我互动的网民个体价值向网络群体的社会价值转化以及网络社会的社会价值内化为网民个体价值的渐进过程。网络自我互动的主我价值是网民个体价值社会化后的价值。网络自我互动的客我价值是由个体价值经过技术化、社会化、网络化转化为社会价值的个体内化的特殊价值。

在网络界面中，主我的价值首先是工具性的技术价值，是技术工具化条件下满足其主体需要的过程。在此过程中，网络技术的发展不断地提升了网民的自我解放。每当计算机向前跨越一步，网民的潜能就发展一步。因此，网络自我互动中的主我在网络界面中总是一个能得到最大满足的获利者。而此时的客我却要求被技术化。技术是人的技术，但不是每个人的技术，而是极少数人的技术，因此，网民在使用技术过程中又在不断地满足技术性的需要，然而当多数人在跟随技术程序而运作时，却并没有跳出技术的桎梏。可见，这就要求这两者之间的互动是人与技术之间的和谐关系，而不是人完全地控制技术，更不是人被技术所主宰。

在网络界面基础上，网民的自我互动就进入到网络空间。网络空间不是网络社会。网络社会是一个广泛概念。而网络空间却是一个微观概念，是在网络社会下的若干空间，是网民网络生活或是网络实践的细小空间，比如网络 QQ 空间、微信空间、邮件空间、微博、微信、直播等。在此空间里，网络自我互动的主我与客我之间的互动就是信息的发起、传送与信息接纳、接受之间的互动。在现实物理空间，人所担忧的是不能获得足够的信息，常常为信息的稀缺而一筹莫展。但在网络空间，网络自我互动的主我是以发布信息的姿态登场，并展示自己是这个社会的主宰者或者是以这个想占有和支配他人信息的控制者。在这双重身份角色中，网络自我互动的主我价值既要满足他人，也要他人满足自己的双重价值需要。而作为网络自我互动的客我价值却更多的是使自己满足网络社会发展的需要，而使其被占有、控制的信息内化为客我的自身组成部分而转化为社会化的自我。因而，此时的客我不是完全被动的客我，而是具有能动性的客我，是具有主体性的客我。此客我的主体性与主我的主体性彼此之间就建构起了主客体之间的价值需要与被需要的关系，是满足与被满足的关系。

在网络社会上，网络自我互动的主我与客我之间的价值是一个阶层的意识联合。网络社会的价值满足是网络自我互动的时空价值建构，而网络社会的社会意识价值建构是指网络社会信息的价值属性，是价值的耦合，而不是价值的错位以及价值的对抗。在网络社会里，就形式而言，网络社会分为诸多网络技术空间，比如 QQ 空间、微博、微信等，实质上，网络社会是一个价值积聚空间，是具有相同或相似的价值趋向的网民积聚在一起，相互进行特定的信息交流。因此，网络自我互动是整个网络社会的广泛自我互动，而是网民具有特定价值选择的自我互动，是网民在其特定价值范畴的主我与客我的相互作用。这种价值的相互作用是一个圈层的价值递进关系，即由小的价值圈层逐渐向中观的价值圈层递进，再由中观价值圈层向宏观价值圈层递进的逻辑过程。这种价值的逻辑递进就形成了网民自我互动的价值体系。

可见，在网络自我互动的主我与客我的价值关系中，网络自我互动的主我总是一个需求网络能满足自身需要的姿态凸显；而网络自我互动的客我却是被要求去满足主我需要的姿态对接。在此情况下，网民自我互动的价值总是以网络社会个体价值的微观视角而存在。这种个体价值是融入网络社会价值之中，是网络社会价值的重要组成部分，因此，应当注意的是无论是网民自我互动的主我价值或是客我价值都不是单维度的价值内涵，而是一个有着深刻网络社会价值的价值体系，是网络社会价值在网民个体身上的具体体现。这就需要深刻地理解网络自我互动中不仅需要把网民个体价值上升为社会价值；同时也需要将网络自我互动中的社会价值内化网民个体价值。总而言之，网民个体价值上升为社会价值是网络社会化的境界，而网络社会价值内化为网民个体价值却是网民自身价值的内在需求。

7. 网络自我互动的主我与客我的真我互动

网络自我互动中的真我源自于现实人自我中的真我。在现实物理空间，人的自我源自人的社会定位。自我不是人的生理定位，而是源自人的社会确定。而人自我的社会确定来源于人的实践。人的自我确定是人在实践基础上的社会化符号。此符号是人在社会实践上的生理与心理、动机与行为、事实与价值等多重要素的有机复合体，因此现实物理空间的真我就是现实人的精神表征。网络自我是现实物理空间的自我在网络社会的表现形式。网络自我在网络社会不是以静止的方式存在，而是以自我互动的形式生存。因此，网络自我互动的真我仅是源于现实人的真我在网络技术生存方式的再现，基于网络自我内在的先验存在，是网民自我内在要素建构的有机复合体，是社会化的自我存在，是网络自我的表现形式。网络自我互动的主我与客我的真我互动是指网络自我互动中的主我或是客我均来自现实生活的本真。

现实生活真实存在着的社会化的自我，就是真我。真我是揭示人的社会发展的本质属性，是根据社会发展要求而确定。在实现生活中，人具有多面性，具有多重人格，也就具有多重自我。人身份的多重性是人的社会角色所导致。人在社会角色扮演中总是在不断地转换自身的身份角色。但人的社会角色无论如何转换，但在其社会角色转换过程中，自我仍然保持着社会发展的社会驱使的价值旨归，这就是真我的本质属性所在。

网络社会是现实社会的延伸。虽然网络社会具有网络技术的虚拟性，但毕竟它仍旧是人的实践活动。人的实践方式是人自身真实存在与发展的本质属性。这种本质属性在网络社会里网民仍然具有这一真实、本质的属性存在。因而，网民实践的这一真实存在就是网民在网络自我互动中真实自我存在。一旦有了真实的自我存在，网民的网络自我就有了真实的主我与客我的内在表达，这是因为在网络自我互动中的主我存在着一个或者多个真实的自我，在客我当中也存在着一个或者多个真实自我的对应关系。在网络自我互动的主我与客我之间的互动模式中，其关系存在着一对一、一对多或者多对一的互动模式。

8. 网络自我互动的主我与客我的假我互动

"假我"并非是价值判断的虚假自我，而是网民在网络社会中借用网络技术的虚拟性，将真实自我另一方面映衬出。假我非是非逻辑的判断标准，也非真实自我的逻辑对应，而是网民自我的装束、扮演，以更好地适应网络社会发展需要，是网民自我发展的新形态。假我不是孤立的自我，仍是假我中的主我与客我之间的相互转换，是网民自我中假我的主我的对象化。假我对象化的措施就是借用网络信息来编制一个能满足自我需要的、满意的"我"。此"我"的身份是缺乏网民社会化客观发展的必要条件。如果缺少这个条件，那么自我就是虚假自我，即假我。但假我与虚拟的我、虚幻的我是不同的。假我的主我、客我是建立在假我这个"我"的基础之上，是建构在不真实的网络信息基础上的主我与客我之间的互动关系。此关系所演绎的我毕竟是假我。假我的演进过程蕴含了网络自我互动中假我的主我与客我之间的社会角色扮演。因此，网络自我互动的假我并非是网民完全所厌恶的自我，更不是网民所完全唾弃的自我，而是网民在网络社会生活中参与网络实践的活动表达。可见，网络自我互动的假我是网络社会的角色扮演，是网络社会的发展需要。这正如网民常言的"善意谎言"。事实上，此假我并不真实的假我，而是社会角色充当，是为了自身发展需要的角色扮演。有时也难以用善恶进行价值判断，难以言之是善或是恶。就客观而言，在网络社会里，假我是网络自我互动中网络自我的社会形态，是网络自我发展的社会扮演，是网民自我发展的内在要素，更是假我自身内在主我与客我相互交织的能动反映。网络自我互动中假我的主我与客我之间的互动是建立在网络技术基础之上。网络技术为网络自我互动的假我扮演提供了技术平台，是计算机互动本质所生成，是多维度、多层面的技术性建构，这为网络自我互动的假我的主我与客我的一对一、一对多、多对一等互动模式提供了技术支撑。

（二）网络自我互动的纵向架构

网络自我互动是一个多维度的互动模式。其横向互动只是网络自我互动的截面，展现的是网络自我互动的内在要素之间的横向结构。网络自我互动不仅有网络自我互动的横向模式，还有自身的纵向模式。网络自我互动的横向模式是网络自我互动横向架构的静态表达，而网络自我互动的纵向架构是网络自我互动的动态描述。网络自我互动的横向架构是根据网络自我互动的主我与客我之间的生理与心理、动机与行为、事实与价值、真我与假我的内在对话关系。网络自我互动的纵向架构是从网络自我的内在发展逻辑视角来探究网络自我的生理与心理、动机与行为、事实与价值、真我与假我之间的互动关系。

1. 网络自我互动的生理与心理互动关系

网络自我互动是自我在网络社会条件下的表达方式。自我互动是自我的运动状态，是自我的社会化表达形式。自我的有机体实质就是人与自然、人与人以及人与我的集中反映，是人与自然、人与人以及人与我的社会化发展的内在淬炼，是人集中展现自身与外界关系的本质反映。网络自我互动的发生是建立在人自我内在的本身之中，因此离不开人自我的生理与心理的基本要素。人的生理是自我的物质外壳，是自我的有机载体，是自我发展的物质基础；而人的心理是基于人生理基础上的生理机能反应，是人自我由自然有机体向社会心理转化的过渡。

人的自我生存不是单个人的孤立存在与发展。人的生存与发展具有特定的物质条件。人生存的物质条件具有技术发展的阶段性。技术的发展是人自我发展的客观条件。网络技术是人类自我发展到一定阶段的特殊产物，是人社会化、技术化的产物。人的身体在网络技术中再不是一个单纯的有血有肉的有机体，而是一个具有社会意义的符号表达。此符号不是一般物的符号，而是人生命体的符号。在生命体符号中，网民不仅具有生命意义的特征，还具有生命体特征相应的心理特征。网民在网络自我互动中的心理是网络自我符号运行的机能反应，这是因为网民生理特征的变化会引起网民自我的心理变化。反之，网民自我的心理变化也会引起其对应的生理变化。这两者之间的互动关系是一种符号意义的感应。为了准确地把握网络自我互动的生理与心理的互动关系，现可将网络自我互动的生理与心理互动关系分为下列四个层面。

（1）网络界面层面的生理与心理互动关系

无论网络技术如何发展，网络技术始终是人自我发展的技术产物。没有人类的自我发展，就没有人类技术的发明创造，当然更不会有网络社会的形成与发展。当人处在计算机界面时，网民的生理与心理之间的互动关系是一种线性关系。此线性关系是一项双向的同一水准或非同一水准地变化。在计算机单一窗口的界面上，网民的生理与心理的互动关系是一致的。即当网民的生理处于正常状况时，网民的心理就是处于健康状态，因此，在计算机启动之初，网民就能在计算机界面上获得所需要的东西，此时，网民自我互动的生理与心理保持着相向的一致性。然而，在计算机多维窗口界面，网民自我互动的生理与心理就会呈现出错位。可见，网民自我在计算机界面前是一个有机的生命体，并能在计算机界面上以无数个网络自我心理的表征显现。在网络技术界面下，网民自我的生理有机体将会以自身的技术隐性模式而"退隐"于网络技术生存的遮荫之下。此时，网络自我互动的生理特征就被网络技术的特征所遮掩，而使网络自我互动的身体有形特征消逝在网络信息的掩盖之中，从而网络自我互动的身体淡出了其身体应参与网络实践的具体活动之中，进而更加凸显网络自我互动的心理机能，使网络自我互动的心理活动不再是受到网络自我互动过程中身体的牢笼桎梏，使其网络自我互动的心理机能根据网络技术的外在驱动以及网络自我互动发展的内在驱使的双重合力作用下的丰富创造，展现网络自我互动的心理活动的美好快感。

（2）网络空间层面的生理与心理互动关系

如果说网民在网络界面上的生理与心理互动关系是简单、直接的，是现实人的生理与心理关系在网络界面的延伸，那么网络自我互动在网络空间层面（赛博空间、网络社区等）的互动就是网民在社会主义交往关系中的生理与心理的互动，而不仅是网络自我互动的生理与器物层面的手指与键盘、肉眼与镜头之间的相互触动。此时，网民自我互动的生理已经被网络技术抽象为特定的身份符号。此身份符号已经被网络技术化、社会化，不再是单纯的自然生命个体，而是具有网络技术烙印的社会符号。在网络空间层面，根据网络自我互动的生理与心理对应关系模式可将网络自我互动的生理与心理互动关系划分如下：

第一，单一生理与单一心理的互动

在网络共建、共享与对峙、排斥的空间里，网民对内在生理与心理的互动最为简单的是一对一的互动姿态。网络自我互动的单一生理与单一心理的互动主要指网民生理的某一特定生理机能与网民自身内在对应的特定心理之间的对应关系，即网民的手指触动键盘的触动感觉所导致的感觉心理，以及网民自我互动的肉眼面对网络某一空间视觉所导致的视觉心理。在网络自我互动过程中，网民自我互动是单个、局部的生理机能所导致网络自我的心理机制与之对应而产生的互动关系。此互动关系是网络自我互动在网络空间层面的最初模式。这种模式是通过网络信息的形式所展现出来。因而，网民在网络空间层面以单一的生理状态关照网络自我的信息接受与排斥的心理应激。无论这些信息是来自什么地方或者是何种类型的信息，网民的网络自我互动都将会以自身独有的生理与心理的互动机制来内化这些信息，并将这些信息转化为滋润网民网络自我成长的营养。这种外在浅显的网络自我互动的生理与心理的互动关系是网民在网络空间层面的信息共享的理想状态。但是，这种理想状态是一个短期的行为过程，也是一个偶发过程，这是因为网络自我互动是网民网络自我互动的极为复杂的系统过程。

第二，多元生理与单一心理的互动

人是万物之灵。人的生理功能不是一元的，而是多元的。人的生理机能有手、眼、耳等。这些生理功能的发挥都可能导致人心理机能的呼应。网民是人在网络社会生存与发展的人。网民的生理与现实物理空间生存与发展的人是相互对接的。正是因为网民具有多元的生理机能，因而这些多元的生理机能将会在网络空间层面导致其相应的心理机能共鸣。此时网民的心理效应有可能是网民的某一心理活动；有的可能是网民的多重心理活动。因此，在网络空间层面，网民的手、眼、脸等多元生理机能就可能导致网民某一心理机能活动的呼应。此呼应会萌芽于网络空间层面的初始阶段，是会受到网络空间层面的极大限制，是网民将自身多元生理功能汇集于网民自身某一心理现象的特定效能。但事实上，网民的多元生理会导致网民的多重心理，即多元生理与多重心理的彼此对应。

第三，多元生理与多重心理的互动

网民在网络空间层面的活动是多维的。此多维的活动是网民多元生理与多重心理所萌生的网络社会现象。然而，网络空间的网络现象不是网民在网络界面上的生理与心理的一一对应、多对一的对应关系，而是多元生理与多重心理对应关系的必然结局，这就是网民多元生理机能所必然导致多重心理机能的社会效能。在网络空间，网民常常是以不同的生理在网络空间呈现，而每种生理的呈现就会获得不同的心理反应。当一个网民以真实的生理呈现时，他可能获得的就是一种真实所需求的心理反应；当一个网民以虚假的生理出现时，他也许获得的心理反应就是该网民所虚假需要相对应的心理反应。网民的每一生理呈现就会有其相对应的心理反应与之相适应。网民在网络空间常常会以多种生理机能反应刺激其多重心理反应并与之相适应。正是网民这样的生理与心理的互动才导致网民在网络空间层面确立了自我的社会身份，找到了网民自己的生存与发展。

（3）网络信息层面的生理与心理互动关系

网民从计算机界面进入到网络空间，这是网民生存从物理空间迈向网络空间的初始阶段，是网民从计算机物理层面进入到网络空间生存层面的转换。然而，网民在网络空间生存不是简单的计算机界面以及网络空间交往的实践活动，而是网民在网络空间中的网络信息生存。网络技术不仅围建网络空间，而且还建构网络社会。网络社会不是以农耕生产方式的农业社会以及工业生产的工业社会，而是以网络信息生产与信息消费的信息社会。信息社会的信息不是一般的消息或者咨询，而是网民在网络社会的生存状态。信息不是凭空产生的，而是网民在网络社会层面的生理与心理之间相互作用的社会现象。在网络社会的信息层面，每一个网民都是网络信息的生产者，也是网络信息的消费者。网民在网络信息社会里将网络信息随时随地地移来移去，并随意地复制、剪辑、粘贴等，好像网民就在这网络信息社会中不断地寻觅着自己的生理与心理的快感与满足，以进一步刺激网民自身的生理与心理的内在机能，以促使网民的生理与心理之间内在活动，以便使网民产生更多的网络信息。

网民的网络信息不是单个网民生理与心理作用的结果，而是整个网络信息层面的网民所生产的网络信息产物，因而网络信息是网络社会的信息，是网民的共享信息。网络社会的共享信息缩小了网民与网民之间的生理与心理距离。这是因为进入网络社会的门槛低，即只要能敲动键盘，输入字母或者数字，都可进入网络社会获取信息。此信息回馈不是一个相应对称的信息回报，而是网络社会中信息的无数链接。这就将不断满足原来网民的心理需求，并将原来网民的心理需求拉大到网络社会总体水平的心理需求甚至可能被延伸某个网民极高心理需求的层面。

根据网络信息层面生理与心理互动的网民规模，可将网络自我互动的生理与心理互动分为网民个体的、网群的以及网络类的网络自我互动的生理与心理的互动。网民个体的网络自我互动的生理与心理互动是基于网民个体而言，具有个体属性的针对性，也具有可操作性，是网民自我成长的特殊性。网群的网络自我互动的生理与心理互动是基于某个网群的社会活动而言的生理与心理的互动，是一个群体的实践性活动，是一个群体性、集体性的社会现象。在网络信息层面上，网络社会具有无数的网络群体，这是研究网络社会信息的中观层面。网络类的网络自我互动的生理与心理互动是基于网络整个社会作为基点的，这是一个宏观的研究视域。网络社会层面的网络自我互动实质就是网络社会的整个网民的类的网络生理与心理之间的互动，是从网络技术发展历史的特定性研究，是历史阶段性的研究，也是人的技术性发展的阶段性研究。

无论网民个体、网群或是网络类的网络自我互动，实质上都是网民内在的生理与心理在网络信息层面上的互动，是网民网络信息的生产与消费的过程，是网民的网络自我建构与发展的过程。

（4）网络价值层面的生理与心理互动关系

网络自我互动的生理与心理的互动是一个由低层次逐渐向高层次发展的过程，是一个由技术工具层面逐渐向技术价值层面的升华过程，是一个信息生产到信息消费再到信息再生产的过程。网络信息的生产、消费、再生产实际上是网民网络价值层面的生理与心理的互动过程。网络自我互动的网络信息层面是网络自我互动的社会实践。随着网民网络自我社会实践的深入，网民的网络自我互动的生理与心理的互动关系不仅是社会实践活动，而是网络价值实践。网络自我互动的生理与心理互动的价值实践不是简要的价值满足，而是网络社会的价值彰显。网络自我互动的生理价值不是网民的生理拓展，而是网民的生理紧缩，是网民网络自我互动中生命力的提升。网络自我互动的生理价值在于深刻揭示网民自我互动在网络信息的生产、消费中的生命力发展。与此对应的是，网络自我互动的心理价值不是网民简要的心理愉悦与心理满足，而是网民心理在网络信息的无数冲击、洗礼中得以淬炼，而使其心理素质变得更加坚强，固化其内在的生命力。因此，网络自我互动在网络价值层面上的生理与心理的互动是在促使网民生命力的强化，以增强网民在网络自我互动中的内在生命力。

2. 网络自我互动的动机与行为互动关系

网络自我互动的动机与行为关系是建立在网络自我互动的生理与心理互动基础之上。网络自我互动的动机与行为的层次性与网络自我互动的生理与心理互动的层次性是一致的。

（1）网络界面层面的动机与行为互动关系

在网络界面上的动机与行为互动中，网民网络自我互动的动机与行为的关系就是伴随着计算机界面的启动以及计算机程序的运行而缓慢展开。此时，网民的动机是启动计算机，以期计算机界面的窗口被点开，并期计算机程序自然运行。在这一动机驱使下，网络自我就手指触及计算机开关，稍稍用点力，就能听见计算机的滴答声，计算机的开关启动了，伴随着的是计算机界面上闪动的线条不断更替。这就说明计算机程序的运行。这就如同网民的大脑一样，当网民在看见计算机界面某一图标时，网民就会突然顿悟，就会在网民大脑中产生动机与行为之间的互动关系。

网民在网络界面的动机与行为的互动实质就是网民自我互动的动机与行为的互动关系，并与网络界面程序的运行模式是紧密地联接。网民自我互动的动机是开启网络界面，其行为是指使网络界面随着网民主观意志而变化，这就是网民自我互动中网民的动机到行为的转化过程。而网络界面的展开是在网民驱使下的物化行为方式，是计算机的启动，计算机程序的运行，以及网络界面窗口的点开。此时，网民自我互动的动机与行为之间的关系是否已经被计算机的启动与界面的运行给予模仿。网民自我互动的动机与行为的互动关系就演绎为网络界面计算机程序的内在驱使与外在程序运行之间的关系。网络界面上有什么样的动机与行为的互动关系，就可以被视为是网民自我互动的动机与行为之间的关系。网络自我互动的动机与行为的关系已经被网络界面的动机与行为的关系所模拟。这是人内在动机与行为关系逐渐被人化技术的动机与行为关系所取代，是人的内在功能逐渐被人自身所发明的技术所模拟，是人的内在功能逐渐地走出人自身的躯体，而面向自身功能的独立。这一功能的移位将是人自身解放的重要阶段。

（2）网络信息层面的动机与行为互动关系

网络自我互动的动机与行为的互动关系不会停滞于网络界面，而是要迈向网络信息层面。网络信息是网络社会的生存方式。网络自我互动的关键是在于网络信息的生产与消费。网络自我互动是在网络信息的生产与消费中逐渐展开。网络信息是网络空间的信息。信息是人的智慧产物，是人的精神现象。

在网络信息社会层面，网络自我互动的动机与行为的互动关系要比网络界面的动机与行为的互动关系复杂得多，因为网民的网络自我互动不再是单一网络自我主体对网络界面客体的动机与行为关系。在网络信息层面，网民自我互动沉浸于网络信息之中，并以无数信息媒介载体实施其内在的动机与行为关系。此时，网络自我互动的动机与行为关系就是通过网络信息转换关系所表现出来。网络信息的呈现不是一个突发过程，而是有着信息自身的发起、传送以及消解等过程。这一信息的转换过程就是网络自我互动的动机与行为的确证过程。

网络信息是网络空间信息的综合体。网络信息是网络空间信息的信息体系，是一个庞大的信息网络。每一信息的传播就可以印证网络自我互动的动机与行为关系。诸多的网络信息就可以见证网民自我互动的多维动机与行为之间的互动关系。因而，在网络信息里，网民是以信息为媒介生存的方式。网民自我互动散发出的多维信息就可以推断网民动机与行为互动的多样性。正因为网民多样性的动机与行为互动关系，就可以将网民的动机与行为按照网络自我的内在生成要素分为，网络自我的生理动机与行为、心理动机与行为、真我动机与行为、假我动机与行为。在实现物理生活空间，现实实践的人受到物理空间多重制约，不能将自身动机转化为相应行为，使动机的驱使与行为的表现存在着背离现象。在网络信息里，由于网络技术的特殊性，网民可以通过技术手段、借用技术媒介把自己的任何动机转化为技术的行为。当然，这种行为是一种技术的信息行为，是一种数字化、图像化的技术行为。其中一部分是技术工具的真实表现行为；其中也有借用技术的虚拟行为。但无论如何，网络技术都可以将网络自我互动的动机转化为相应的行为表现，实现其动机与行为之间的内在逻辑关系。

（3）网络价值层面的动机与行为互动关系

网络自我互动的网络信息的动机与行为关系是网络自我互动的关键，而网络自我互动的价值层面的动机与行为关系是网络自我互动的信息层面的动机与行为互动关系的升华。网络价值层面是网络信息层面的提升。网络价值层面是网络信息的价值选择。网络自我互动的网络价值层面的动机与行为关系是指网民网络自我互动的价值层面的动机与行为关系。此时，网络自我互动不是在网络界面、网络信息的动机与行为，而是在价值层面上的动机与行为关系。网络信息不是一般的信息生产、消费，而是信息蕴含的价值属性与网络社会的发展趋势的历史吻合。网络信息是多元信息的综合，因此网络信息中包含了多元的价值属性。根据网络社会性质，可以将网络价值分为网络政治价值、经济价值、文化价值等。网络自我互动的价值层面的动机与行为关系就会根据网络价值层面的不同内涵反映出不同的价值层面的动机与行为互动关系。网络自我互动的政治价值层面的动机与行为的互动关系是网络自我互动的价值层面互动的关键。因此，无论是网民个体、网络群体以及网络类的网络自我互动都会在政治价值层面上产生动机与行为的互动关系。

无论网络自我互动的政治价值层面的何种动机与行为的互动关系均是通过网络实践方式来实施政治价值层面的互动目的。网络自我互动的政治价值层面的动机与行为关系的实践性是网络自我互动的自律性，而不是网络自我互动的强制性。网络自我互动的政治价值层面的动机与行为关系不是网民网络自我互动的网络工具、网络信息、网络价值的动机与行为关系，而是以网络自我互动的网络实践活动实施其政治价值层面的动机与行为的互动关系。

3. 网络自我互动的事实与价值互动关系

事实与价值关系实质上就是具体与抽象、存在与意义的关系。事实是具体，是存在；价值是抽象，是意义。网络自我互动的事实是在网络技术背景下的技术事实、社会事实等事实存在。通常而言，网络自我互动的事实存在是无序状态，要把事实联结在一起，就需要价值的贯穿性与导向性。在网络自我互动中，网络自我互动的网络事实需要进行抽象，并提升其内在价值；反之，网络自我互动的内在价值又对网络自我互动的网络事实具有导向作用。这就是网络自我互动的事实与价值之间的互动关系。

（1）网络界面层面的事实与价值互动关系

在网络自我互动的事实与价值互动关系中，网络自我互动的事实与价值互动关系最初是基于网络自我互动的网络界面之上。网络自我互动在网络界面上的事实与价值的互动关系在本质上就是网络自我互动基于网络界面的网络技术工具与网络技术价值的互动关系。网络界面是计算机界面的复合体。

孤立的单个计算机界面不是网络界面。网络界面是若干计算机界面通过互联网的网线连接在一起的界面。网络界面是网络技术模拟人的脸面并能与人的脸面发生彼此相应衔接的技术存在，是网络技术生存的事实存在。技术是人类智慧的物化存在，而不是简单的智慧反映，是具体的存在物，是一个相对于意识、观念等意识性东西的客观存在，是技术化的事实存在。此技术化的事实存在是通过具体的计算机硬件和软件所构成；同时，网络界面的网络事实还存在着网络行为事实。当然，网络界面的网络事实主要还是网络行为所导致的。

网络行为产生网络事实。当然，也有网络行为是无价值意义的行为，即是毫无目的的行为，是网民在网络界面上纯粹的消遣行为，没有任何价值趋向的行为。这种无意义的行为就不能产生网络事实。但网民的绝大多数网络行为是有目的的行为。人是有目的的动物。网民是人在网络空间生活的称谓，因此，网民的网络行为是有目的的。网民的网络自我互动行为是具有鲜明的目的性，是网民对计算机网络的控制与支配，并使计算机网络界面产生网络事实。网络事实是网络主体与网络客体之间的事实存在。此网络事实背后蕴含了深刻的价值内涵。

在网络界面，网络事实的主体是指网络事实的实施者。其实施者主要是指网民、计算机程序等。网民是网络事实的直接主体，而计算机的程序运行是网民所赋予的主体性行为，具有主体能动性，能充当网络界面的主体行为的实施者。因此，对网络界面主体性的理解不再是单方人的主体性，而是能被人所赋予的主体性行为皆被赋予其主体性的行为方式。其主体性行为所对应的对象将是网络界面的客体。网络界面的客体有计算机的开、关与计算机界面窗口以及计算机程序的明、暗。在这一主客体作用下，网络界面的屏幕就显示了计算机被打开，其程序被启动，计算机的文档、图标被鼠标所移动。人眼就会跟随着网络界面光标的闪动而移动，眼睛的瞳孔就会随着计算机网络信息力度的跳动而放大或缩小。此网络事实所蕴含的内在价值是将人自身可以操作的事让人类的智能物——计算机来操作，以减少人自身的脑力与体力。在网络界面上，网民可以对网络界面上的文档内容进行无休止地修改，而不需要浪费纸张，因为纸张包含了许多人力物力。计算机文档的发明，已经减少了纸张存放空间，减少了笔墨消费。这些事实中所蕴含的价值就是人的体力逐渐被计算机所取代。

（2）网络空间层面的事实与价值互动关系

网络空间是网络自我互动的技术空间、载体空间，更是网络自我互动的交往空间。网络空间具有宏观和微观之分。宏观的网络空间是指整个互联网所建构的网络空间。宏观的网络空间是通过互联网将整个世界都联系在一起，人类生存空间就成为了"地球村"，因此，任何一个网民只要一打开计算机，链接网络，就能了解世界所发生的任何事。微观的网络空间是指在计算机生存的空间，通过技术手段可以将整个网络界面分为若干的网络空间。比如，电子邮件空间、QQ空间、微信空间、直播空间、电影电视空间、音乐空间、课堂学习空间等。网民可根据自己需要对网络空间分为若干细小空间。这些细小的网络空间是根据网民自身不同的技术载体以及不同的技术功能而划定的，但无论何种网络空间，实质都是网民网络自我互动的交往空间。

在网络空间层面，网络自我互动的网络事实主要是网络交往所产生的事实。网络交往是网民的实践活动，是网民的生存方式。网民是在网络交流中找到自己的生存价值，也是在网络交流中发现自己与他人之间的差距，以确定自己的发展方向。网民的网络空间的交流不是在某一个网络空间中交往，而是在若干网络空间中交往。有的网民不仅在一个网络空间与其他网民交往，甚至同时可能在几个网络空间与他人交往。网民是在网络交往中获取网络自我发展的营养。如果没有网民的网络交往，网民的网络自我互动就成为无源之水、无本之木。网民的网络自我互动就只能是一个抽象的纯粹的观念性的精神性的互动。这样的网络自我互动不是理性的互动，是无价值的互动。因此，如果没有网民网络空间的网络交往，网民将会处于孤独状态，网民的网络自我互动将会无法完成。

　　网民在网络空间交往中将会产生许多的网络事实。这些网络事实主要包括网民身份定位事实、网民情感事实、网络认知事实、网络认同事实等。网民身份定位事实是指网民对身份的确认。网民的身份确认网民在网络交往中的首要网络事实。网民在网络交往首先要明确自己是在与谁交往。当网民在网络自我互动之前就明确了自己所交往的对象，此时网民就会借用网络技术扮演自己的网络角色。当然也不可避免的是网民在自己的交往中遇到对方是用网络技术所装扮了的网络角色，因此，在网络空间交往中，网民的网络自我互动的前提是核实自己网络交往对象，这是网民进行网络自我互动的自我身份确认，明确好网络自我互动的逻辑前提。其次是网民情感事实。网民在网络交往中的情感事实是网民在网络空间中所形成的情感因素。网民是现实的人在网络空间中的延伸。人是具有丰富的情感，具有七情六欲。当然，网民也具有丰富情感。网民在网络交往中获取丰富的情感，是网络自我互动的情感动因。再次是网络认知事实。网络认知是网民在网络交往中获取的认知。网民的网络交往不是为交往而交往，而是在网络中获得许多知识，以增强网民的网络自我认知。网络自我互动不可能不需要网络认知。网民所获得的网络认知都是通过网络交往获得。没有网络空间的网络交往，网民将一无所获，也就无法网络自我互动，因为网络自我互动需要网络自我的认知。网络交往的网络认知为网络自我互动提供价值认同。最后就是网络认同事实。网民的网络交往不是一般的交往，而是在网络交往过程中获得网民的认同。网络认同是网民在网络交往的一种价值取向。在网络认同事实基础上，它包含了内在的价值属性。

　　无论是网络空间层面的网络身份事实、网络情感事实或是网络认知事实、网络认同事实，都包含网络空间层面的网络交往价值内涵。网络身份事实的内在价值是网民确认对方网民的真实身份，以满足网民网络自我互动对自身身份的确定性，以确保网民自我互动在网络空间的现实依据。如果网民网络自我互动对其自身身份无法确认，那么，网民网络自我互动就缺乏内在根基。唯有确认网民网络自我互动的身份定位，才能更好地实施网民的网络自我互动。网络情感事实的价值是网民在网络自我互动身份确认基础上的情感发展。网民是生活在网络空间的人。网民是有情感的。在网络自我互动中，网民与网民之间具有情感交流。情感交流是网民对他人的深度认知。网民在认识他人基础上逐渐转向认识自己。网民的网络自我互动不是抽象互动，而是具体互动，是建构在现实生活实践上的互动。因此，网络情感事实所蕴含的价值通过网民与其他网民的情感互动过程中刺探网民自身的网络情感机能，激活网民自我互动的情感活力，增加了网民自我互动的动机。网络认知事实的价值是在网络自我互动的情感基础上的理性思考。情感是感性的东西。感性的东西是缺乏理性的思考，是缺少理性逻辑。因而，网络空间中的网络认知事实所包含的价值是网络自我互动的理性思考，是理性的判断、推理。网络认同事实价值是网络认同事实背后所认可的价值同一性，是网络自我互动获取其自我互动的直接根源，是网络自我互动的价值认可。网民自我互动是网民内在的自我互动，是网民确证自身发展的互动，是与其他网民具有同质属性的互动。可见，网民在网络空间层面的网络自我互动中所产生的网络事实背后蕴含一定的价值属性。反之，这些价值属性又诱导其网络事实的不断产生。这种事实与价值之间的彼此相互影响、相互作用是网络自我互动在网络空间中的客观存在。

在网络事实与网络价值互动中，网民在网络自我互动的内在动机驱使下占有了海量的网络事实，虽然对这些网络事实的占有，只需要网民轻轻地敲动鼠标便唾手可得，但是，当网民在网络自我互动中获取了海量的网络事实之后，却又使自己感觉到被网络事实所淹没，反而会使自己不是因为网络事实的获得而惊喜，而是焦虑、恐惧，甚至是对网络事实的回避，这是因为海量的网络事实使网民在网络自我互动中找不到自己的归宿，而迷茫方向。

（3）网络社会层面的事实与价值互动关系

如果说网络空间的网络事实是海量的，而且这些网络事实之间是可以在网络空间之间彼此地相互转移或者联动，那么网络社会层面的网络事实就不能仅是海量，而是网络事实的"黑洞"。网络社会已经打破了网络空间的空间壁垒，将无数的网络空间联结在一起，形成了网络社会。网络社会是一个宏观概念，是网民网络自我互动的海洋。网络社会层面不再是以具有某一技术特性或网民生活特性所圈定的具有特殊价值的空间范畴，而是一个全域开放、全民开放、全程开放的社会空间。网络社会层面打破了网络空间层面的局部性，实现了网民网络自我互动的全局性。

在网络社会层面，网民网络自我互动所诱发的网络事实主要网络经济事实、网络文化事实、网络政治事实等。如果说网络空间层面的事实与价值的互动关系是从网络自我互动的个体视角进行思考，那么网络社会层面的事实与价值则是从社会发展的宏观视域探索网络自我互动的事实与价值之间的互动关系。正是介于网络自我互动的宏观视域，因此就可以将网络自我互动在网络社会层面的网络事实分为网络经济事实、网络文化事实以及网络政治事实等，并将这些网络事实背后所隐藏的网络价值归纳，探究这些网络事实与网络价值之间的内在逻辑。

网络自我互动的网络经济事实是指网民在网络自我互动所隐含的经济要素的客观存在。经济是人生存与发展的物质基础。网民作为网络技术生存与发展的经济人，因此，网民的网络自我互动所产生的基础事实就有网民的网络经济事实。网络社会层面不像网络空间层面，在网络空间层面，网络自我互动更多的是网络自我互动的个体情感、认知的网络事实存在；在网络社会层面，网络自我互动是网民从个体走向社会的深度发展。在网络社会层面的深度发展中，网络自我互动的网络事实首当其冲的就是网络经济事实。网民在网络自我互动中的一切互动行为的基础就是经济要素。这种经济行为是将现实的经济行为转移到网络社会层面。网络社会层面的网络自我互动的网络经济事实主要反映在两个方面：一是网民在网络自我互动所释放的信息主要为自己所创造经济而引发的网络经济事实；二是网络自我互动的主要行为就是网民为了自己的经济利益而产生的网络经济事实。无论以何种载体形式所呈现的网络经济事实实质上都包含了网络自我互动中网民生命的生存与发展所需要的基本要素。

网络文化事实是网络自我互动所生产的网络文化存在。网络文化是网民传承的文化基因。网络文化是极为丰富的文化。既有传统文化在网络社会空间的传承；也有现代文化在网络社会层面的传承，更有在网络实践中所生产的新型网络文化。网络文化是网络物质文明与精神文明的总和。如果说网络经济事实是网络自我互动的生命维持的必要物质条件，那么网络文化事实则是网络自我互动的精神需要的重要因素。在网民生命得到基本维持之后，网络自我互动的主要内容就是网民的网络文化事实需要。正因为如此，网络社会层面出现了海量的网络信息。这些网络信息实质就是网络文化的别称。网民在网络自我互动中从网络文化事实里吸收丰富营养，滋润网络自我互动中网民的心灵，使网络自我互动的网民得以健康发展。

网络政治事实是网络自我互动所产生的网络政治事实。网络文化事实是关于网络文化的产生与发展的客观存在。网络文化是一个广泛概念，包括网络各个层面的文化。然而，网络政治事实是网络经济事实、网络文化事实更为集中的体现。网络社会层面不是没有国界、没有政治差别的自由世界。网络社会层面的国界、政治信仰不是在网络技术层面上，而是在掌控网络技术以及控制网络信息的网络自我互动中的网民的内心之中。

因此，无论网络社会层面的网络经济事实、网络文化事实以及网络政治事实，都孕育着极为深刻的价值内涵。网络经济事实滋养了网络自我互动中网民生命存活；网络文化事实滋润了网络自我互动中网民的精神需求；网络政治事实坚定了网络自我互动中网民的政治信仰。

4. 网络自我互动的真我与假我互动关系

网络自我互动的真我与假我互动关系要揭示的是网络社会事实与网络社会价值的自我互动之后在网络社会层面中所呈现的姿态。网民的网络自我互动经历了自我的生理与心理、动机与行为、事实与价值等互动之后，网民的网络自我到底应该以何种姿态呈现在网络社会层面之中，这就涉及网络自我互动的真我与假我之间的互动关系。网络自我互动的"真我"就是真实的

"我"。此"我"不需要外在修饰，是实在的"我"，是道德自律的"我"；而网络自我互动的"假我"是不真实的"我"，是虚化的"我"，是他律的"我"。

（1）网络界面层面的真我与假我互动关系

在网络界面层面上，网络自我互动的真我与假我的互动关系表现为现实自然的"我"与计算机界面上符号的"我"。在计算机发明之前，人的"我"的身份仍然存在着"真我"与"假我"之分。此时的"真我"与"假我"之分主要是依据社会关系因素进行界定。能以社会真实的现实状况反映真实自我身份的"我"，就是"真我"；而不能以现实社会真实状况阐释自身身份的"我"，就是"假我"。当计算机被广泛使用并成为互联网的重要节点时，此时网络界面的"真我"就面对计算机界面而独立存在的自然的"自我"，是现实物理空间的自我；而"假我"则是计算机界面上的符号"自我"。这一"假我"是被计算机程序符号所取代了自然人的生理特征的符号自我，是计算机界面的任意标记。当鼠标的光标移到某一标识时，相对应的某一符号就成为对应一个自然生存的"自我"的对应物"假我"而存在。

"真我"在现实物理空间是唯一存在，而在计算机界面的"假我"却是多维存在，是人被技术化、网络化的任意存在。因而，作为被技术化、网络化的人——网民一旦被定位。网民就可以在计算机界面上呈现出多重的"假我"。在此背景下，网络界面层面的"真我"与"假我"的互动就成为一对一、一对多的"真我"与"假我"的互动关系。在此互动关系中，网络自我互动就将现实生活中真实自然的我通过网络技术的网络界面将自然的有血有肉的我转化为完全社会化的无形的仅有生命符号存在的我。网络技术不仅将自然生命体抽象为符号的象征物，而且将一个自然的生命体虚拟为无数生命象征的比特式的符号化的我。这种被虚拟化的我将在网络界面上大行其道，被自身的自然生命体所默许，也被其他网络虚拟的我所接纳。正是在这种网络界面的假我刺激下，现实生活中真实而自然的真我就增添自身生存社会的虚拟性，强化了自身内在假我扮演。如此真我与假我之间的相互作用，不断地推动了网络自我互动的社会化进程，加速了网络自我互动的内在转换。

网络界面的真我与假我的互动关系是可以依靠网民在网络界面上反复不停地移动鼠标来实现。网民移动鼠标的过程实质是在寻找网民自我互动的技术化、社会化过程。在网络自我互动的社会化过程中，网民网络自我互动的实质就是一部分保存自身"真我"的内在本质；另一部分就是不断地创设"假我"以确保真我的完美实现。因此，假我并非是网民自我互动完全要唾弃的东西，而是网络自我互动实现其自我发展的社会需要，是网民社会化的现实产物。当然，这不是为假我找到合理借口，而是想借用网络技术背景下的假我更好地追求真我。因而，网民在网络界面的网络自我互动中通常是"真我"与"假我"的彼此呈现。在此"真我"与"假我"彼此互动过程中，网民的网络自我互动通过网络界面的"假我"终于找到自己的"真我"存在。

（2）网络空间层次的真我与假我互动关系

网络界面的真我与假我是网络界面所映射的真我与假我。网络界面就像一面铜镜一样，折射出现实自然人的多重维度。而网络空间的真我与假我是网民在网络空间根据不同的网络信息本身内涵所赋予的不同身份角色而扮演不同"我"的定位而呈现真我与假我之分。网络空间的真我、假我的界定与网络界面的真我、假我的界定应该有所区分。网络空间的真我是网络空间网民真实发展需要的我；网络空间的假我是网络空间的娱乐性、消遣性的我，是消解网络空间真我的我。

网络空间是根据网络技术的功能以及网民交往需要而划分为不同的网络空间类型。有的网络空间是根据年龄划分；有的网络空间是根据职业划分；有的网络空间是根据性别划分的；有网络空间是根据学业划分等。这就导致了不同网络空间网民在网络自我互动中就会根据不同的网络空间特殊性而进行不同的网络空间交往。按照正常的交往需要，什么样的网络个体或者网络群体会进入到相应的网络空间进行交往，但是网民的交往欲望是无限的，不是对什么样的交往都感兴趣，因此，当一个网民以真我不能进入到他想进入的网络空间进行交往时，他就会借用网络技术的虚拟性，戴上马甲进入到自己想进入的网络空间进行交往。此时，该网民所呈现的我就是一个假我。网民在网络社会划定无数的网络空间，因此，网民进入无数网络空间参与网络互动，就可以扮演无数个网络假我。

网络空间不是具体的物理空间，而是网络技术以及网民活动所圈定的空间。物理空间是相对固定的空间；而网络空间是流动可变的空间。物理空间是有边界的空间；而网络空间是无边界的空间。网络空间可根据功能划分为工具性与价值性的网络空间。工具性的网络空间就是交往的技术平台，不具有网民社会化的价值属性存在，比如电子邮件以及一些信息传送空间等。在这些工具性的网络空间，网民自我互动就会以真我的身份出现。但一旦网络自我互动中的网民需要在网络空间实现其社会化时，网络自我互动的网民就会以假我的身份呈现。在网络空间中，网络自我互动的复杂性，一时还难以确定网络自我互动的真我与假我的边界，即网络自我互动在网络空间中究竟是以真我的身份出现的多或是以假我的身份出现多；或者说这两者彼此参半。

通常情况下，网民的网络自我互动是为了更好地适应网络社会化的需要，实施了真我与假我在网络空间的转换。网络空间真我与假我的转换是依据网络自我互动的内在需求。网络空间的真我与假我的转换路径是网络自我互动的需要层次。这可根据马洛斯的需要层次论适当解读。网络空间真我与假我转化的效果是促进网络自我互动的社会化进程。网络空间真我与假我互动关系的研究是网络自我互动在网络空间中的价值旨归。

（3）网络社会层面的真我与假我互动关系

网络自我互动是网民社会化发展过程。网民社会化发展过程是伴随着网络技术的发展而变化，是网络社会发展与形成的过程。网络自我互动的真我与假我互动关系是网络社会化过程。网络自我互动中真我与假我在网络空间的互动就会进入到网络社会层面。

网络社会是网络技术及网民实践活动所建构的社会。网络社会不同于现实社会。根据人类技术发展历程看，人类社会技术经历了旧石器、新石器、铁器、青铜、蒸汽机等时代。在人类进入网络技术时代，人的自我互动就进入到网络社会。在网络社会，网络自我互动不再是网络自我互动在网络空间那样相对单一、简单，而是变得更加复杂。首先，网络社会打破了网络空间的空间壁垒，将一个个狭小的网络空间变成了网络社会。网络社会的扩大不仅是一个空间概念，而是网民网络自我互动的实践概念，是网络自我互动的实践范畴扩大。在这个被扩大的实践范畴，网络自我互动的真我与假我相互转化的空间被扩大。网络自我互动的真我与假我可以在网络社会层面自由地转化，以增强网络自我互动的社会性。其次，网络社会冲破了网络空间的互动局限。网络空间具有自身局限性，不具有特定的社会结构，但网络社会是根据社会发展需要所建构的社会，具有社会的复杂性。如果说网络自我互动在网络空间是局部性的发展，那么网络自我互动在网络社会层面则是全面地发展。在网络社会全面发展过程中，网络自我互动的真我与假我不是一对多的互动关系，而是多对多的互动关系。在网络社会层面，网络自我互动的真我与假我难以分辨，真真假假，虚虚实实，确实让网民有时难以捉摸自己的真实身份，就会感叹："我是谁?"。再次，网络社会破解了网络空间的自我建构。自我是人社会身份表征。自我不是自然人的界定，而是社会人的描述。自我不是固定状态，而是动态发展。自我是社会的建构。在网络空间里，因网络空间的局限性，网络空间是难以建构起一个完整的自我。自我只能在社会中建构。网络自我也只能在网络社会中建构。网络自我互动也只能在网络社会里建构。网络社会破解了网络空间自身发展的局限性，为网络自我互动的真我与假我的互动范围拓展了新的社会发展空间。最后，网络社会突破了网络空间的单维性。自我的建构不是单维度的建构，而是多维度的建构。由于网络空间的单维性，就可能导致网络自我互动的单维性。在网络社会里，网络社会是多维度、多层面的社会场域，这为网络自我互动的真我与假我的全面性、全程性提供了良好的社会基础。

显而易见，网络自我互动在网络社会层面上真我与假我互动的实质就是真我永存、假我消退。真我是网络自我互动的永恒主题，而假我是网络自我互动的生活乐趣。网络社会层面的网络自我互动是一个不断发展的过程。此过程是网民在网络社会层面的实践过程。在实践过程中，网络自我互动总是在网络自我的生理与心理、动机与行为、事实与价值、真我与假我之间相互转化。此转化过程就是网民自我不断发展与成熟的过程。

综上所言，探究网络自我互动纵向建构的实质就是揭示网络自我互动中网民自我发展的历程。网民网络自我互动的发展过程本质上就是网民从自身的生理变化到心理变化，又由心理变化到内在动机的萌芽，由内在动机萌芽到相应的行为产生，由相应行为产生到引发大量事实的存在，从大量事实当中确认其内在价值，在内在价值中辨别其真我与假我。这就是网络自我互动的内在发展趋势。从其逻辑关系上看，网络自我互动就像是一个由低级向高级迈进的历史过程，这也是网民社会化的必然进程。当然，网民网络自我互动的关系并不是简单的生理与心理、动机与行为、事实与价值、真我与假我之间的互动关系，而是一个极其复杂的社会互动关系。这个关系不是线性关系，而是非线性关系。

（三）网络自我互动的立体架构

自我是社会的产物。既然自我是社会产物，那么社会是立体性的综合建构，自我也应是立体性建构。网络社会的网络自我既不是单一横向的横向结构，也不是单一纵向的纵向结构，而是纵横交错的立体结构。这是自我的社会本质属性所决定的。网络自我是自我的特殊范畴，是自我在网络社会所建构的自我。网络自我互动只是网络自我在网络社会中的生存方式或者发展状态，是网络自我在网络社会的新形态。

虽然前面已经从网络自我互动的横向截面和纵向侧面分析网络自我互动

的建构，但还没有从整体视域探究网络自我互动的建构。网络自我互动的立体建构就是要克服网络自我互动的横向建构、纵向建构的局限，这是因为网络自我互动的结构建构不仅具有纵横结构，而且也具有立体结构。

1. 网络自我互动的生理与心理立体结构

网络自我互动的生理与心理立体结构包含了网络自我互动的生理与心理的横向结构与纵向结构。无论网络自我互动的横向结构或是纵向结构都是网络自我互动的"主我"与"客我"之间的身体与身体以及心理与心理的互动。网络自我互动的"主我"的身体是现实存在的身体。这种身体是自然存在物。此自然存在物是遵循自然规律的存在，是随着时光流逝而变化的客观存在。网络自我互动的"客我"是社会化的存在物。此社会化存在物是网民在网络技术社会化及社会技术化的网络空间中找到自身的存在形式，是网民在网络技术"镜子"中自身身体的折射物，是自我内在社会化的存在物，此时的身体已不再是原来网络自身在网络空间外的自然存在物。这是网民在网络社会要随时改变自己的身体结构。这被改变的身体结构就是以符号形式表现。其身体结构是自然身体的模拟，而是自然身体与网络技术互动后所呈现的崭新状态。作为技术互动后的身体又会对自然身体产生互动作用，使网民在现实生活中改变自然身体的装扮。这就是现实生活中部分网民有着与他人不同装束的根源。

网民的网络自我互动在身体结构互动过程中也伴随着自身心理结构的互动。这种心理结构的互动就是网络自我互动的"主我"与"客我"的心理变化。对于"主我"而言，"主我"总是从主体的身份呈现对其"客我"的支配作用，总是告诫自己要控制网络技术，使网络技术成为自己的对象物，以达到主我对客我的完全占有与支配，但事与愿违，"客我"不是消极被动的，而是积极主动，并在网络技术互动本质的基础上，"客我"也具有了"主我"的主体能动性。

在网络自我互动中，网络自我的"主我"与"客我"两者都具有内在彼此对应的生理与生理、心理与心理的互动关系；此时，无论是"主我"或是"客我"在其内在的互动中都存在着各自的"我"所具有的生理与心理的呼应关系。如果将前者视为网络自我互动的横向结构，那么后者则是网络自我互动的纵向结构。这种两种结构不是彼此割裂，而是彼此交织，形成网络自我互动的生理与心理的立体架构，也即是，网络自我是"主我"与"客我"的有机统一体。网络自我互动的"主我"与"客我"均存在着生理与心理的互动关系，因此，在网络自我互动中，网络自我互动就更加强化了"主我"与"客我"的生理与心理的涟漪关系。此涟漪关系是网民的主我或客我的生理机能的蠕动而引起网民心理的颤动；反之，网民的心理颤动也必然要刺激网民生理的紧缩，这两者相辅相成。网络自我的生理变化不是网络自我的生理结构的改变，而是网络自我参与网络自我互动的生理身份状态的"萎缩"。在现实物理空间中的自我生理参与互动关系是人的整个生理结构的同时协调地参与自我互动，而网络自我互动中，网络自我的生理主要是手指、眼睛以及大脑等生理结构的少数或多数、孤立或协同地参与网络自我互动，这就使人的自我实践活动改变了网络自我生理结构参与实践活动的机遇，进而导致网络自我生理结构的脚或者部分内脏器官的生理功能缺乏运动的机会，使这些器官功能逐渐地萎缩，从而缩短网络自我互动中网民的生命。如果按照现实物理空间中人自我的生理与心理的同向性理解，网络自我的心理功能将会减弱，但事实上，由于网络技术互动本质的作用，网络自我互动的生理与心理的互动却具有相向性，即网络自我的部分生理器官受到制约却没有局限到网络自我心理机能的发挥。此时，网络自我的心理机能不仅没有被约束，反而被扩大。

当然，也有部分网络自我在网络社会空间总是能以网络技术手段根据自身心理随意需求，并以符号形式来描绘网络自我的生理结构，任意创建网络自我满意的生理结构。在现实生活中，人的生理结构是大同小异的。然而，在网络社会里，网络自我的生理结构却是小同大异，这是因为网民是根据自己心理需求来勾画自己的生理结构。当网络自我在网络社会里以不同生理结构来展示自身生理机能时，网民就会根据自身生理结构的"重建"而拓展自身心理颤动轨迹。因而，网络自我在网络里的生理结构越接近人自然的生理结构，网络自我的心理变化轨迹就越真实。如果网络自我在网络社会里的生理结构越远离人自然的生理结构，那么网络自我的心理轨迹就越漂浮。

除了网络自我生理结构对网络自我心理机能的影响外，网络自我的心理机能也会对网络自我的生理结构导致相应的影响。网络自我的心理机能就是网络自我在网络社会的心理表现。在网络社会里，网民是一个真实存在，网络技术仅是一个工具性存在。当一个网民的心理越虚假，其网络技术就是一个心理的社会存在，而不是一个技术存在。因此，网民的生理与心理之间的变化是一个非线性的变化。在现实生活中人的身心变化是一个线性的过程。如果现实的人的生理与心理变化是非线性过程，则此人就是一个心理变态的行为。在网络社会里，网民的身心变化不是一个线性的过程，而是一个非线性的过程。网民在网络社会里常常扮演各种自己在现实生活中无法实现的身份，这就是因为网民在网络社会中的身心变化的非线性所导致。

从网络自我互动的生理与心理互动关系看，网络自我的生理与心理互动是一个纵横交织的互动过程。其互动的结果就会形成一个复杂的"工"字型的螺旋结构。这一结构包含了既平行又交叉的结构。当然，此平行排列只是简要描述，实际上，"主我"与"客我"的生理与生理、心理与心理并非是简单的平行结构，而是非平行线的横向互动的交织结构。这种结构将两者类似对立的主客体关系联系在一起。然而，就网络自我互动纵向而言，无论"主我"或是"客我"都有着生理与心理的互动关系。此互动关系将自我内在的过去、现在以及将来串联在一起，促使了网络自我的生理与心理的内在统一。因此，无论是主我或是客我的生理与心理的关系或是生理与生理、心理与心理的互动实质是紧紧地将网络自我的主我与客我紧紧地攥在一起，是网络自我内在不可分割的关系，共同推进网络自我的发展。

网络自我互动的生理与心理互动关系的重点是网民网络自我互动的心理互动的心理感知。此心理感知是通过网民网络自我互动的心理体验，而心理体验是通过心理情绪所反映。网络自我的心理情绪主要包括了人的愉悦、惧怕、悲痛等。在美国社会心理学家米德看来，这些情绪是通过网民的网络自我互动的反思潜入到网民自身当中去的。米德认为人的自我反思意味着人的社会生存，促使人的自我能跨越自我发展的界限而重新嵌入到他的自身发展之中。此嵌入者就是以"他者"的身份，并按照皮尔斯的"你"或者一位泛化的他者姿态内嵌于自身之中。因此，网络自我互动的生理与心理互动是网络自我互动的基础。

2. 网络自我互动的动机与行为立体结构

既然网络自我互动的生理与心理关系是网络自我互动的基础，那么网络自我互动就不会就此停步，而是要按网络自我的社会发展方向不断推进，以使自我不断完善。网络自我互动在经历了生理与心理阶段后就会迈入到动机与行为的阶段。网络自我互动的动机与行为阶段是继网络自我互动的生理与心理发展之后的新阶段。网络自我互动的心理主要是集中在心理感知。而在人的心理感知之后就需要向人的动机深入。这就需要对网络自我互动的动机与行为进行深度思考。

动机与行为是人生存与发展的内在议题，是人类社会发展的根本性话题。将动机与行为作为人类社会发展的学科研究对象，首推心理学。然而，将人作为自己的研究范畴的思想政治教育不得不深入剖析人的内在动机与行为的深刻内涵，以精准地把握人的思想、意识、观念的产生与发展的内在根源，从而有效地开展网络思想政治教育。

网络思想政治教育是依存于网络技术发展的思想政治教育，因此，网络思想政治教育在本质上与思想政治教育具有一致性。因而，网络思想政治教育要深度研究网民网络自我的动机与行为关系。就网络自我的动机与行为关系而言，可根据网络自我互动的纵横维度进行思考：首先，网络自我的主我与客我的动机与动机以及行为与行为之间的互动关系，这是网络自我内在的主我与客我之间的关系，是网络自我的两个侧面的关系。网络自我的主我与客我的动机之间的互动体现在主我的动机是要占有、控制和支配网络技术，以达到对客我的指使、呼唤与奴役。此时，网络自我的主我完全处于主宰的地位。因此，网络自我的主我一旦进入网络社会总会以强有力的占有欲望，总会把网络中所有信息据为己有，使自己成为信息的主宰者。网络自我的主我与客我的动机与行为互动演绎了网络自我的内在发展。就此，心理学家弗洛伊德将人的自我分为本我、自我与超我，其中"本我"就是动机潜在的"我"；自我是行为化的"我"；"超我"是动机与行为交织后的"我"。

虽然网络自我互动主我的内在动机总是处于居高临下，欲拥有控制与支配的身份和地位，但网络自我互动的"客我"也具有对"主我"能动的欲望。此时的客我也期待着对"主我"超强能动性的抑制愿景。"客我"的这种反客为主的内在动机就表现在网络技术化的网民自我社会化的主观欲望之中。由此可见，网络自我互动的主我与客我之间的彼此内在的动机欲望牵扯了网络自我互动的主我与客我的动机关系。

除了网络自我互动的主我与客我的动机关系外，还存在着在网络自我互动的主我与客我将其动机转化为行为的互动关系。网络自我互动的主我将借用网络技术手段将自身的动机转化为相应的行为。正是因为网络技术的虚拟性，因此，网络自我互动的主我就可以完全的而不需要任何外源的将其内在动机转化自身所需要的行为，因而网络自我互动的"主我"可以把网络社会看着是自己的自由生活空间。网民在网络社会里可以天马行空，可以做自由"侠客"。而"客我"的行为却是一个潜伏在网络自我内在深层的我，是一个随时被技术化、社会化的客观存在。而这个要被新技术社会化的客我动机转化为内在行为时是要受到新技术新社会的影响，虽然网络技术已经克服了物理空间的壁垒，但网络技术毕竟是具有时代性的技术，是人类智慧的产物。网络自我互动客我的行为是网络自我互动主我的行为在网络社会经过网络人机互动、网络人际互动后所内化的社会化行为。

在思考了网络自我互动的主我与客我的动机与动机、行为与行为的对应关系后，就需要思考网络自我互动的主我与客我的动机与行为之间的互动关系，即网络自我互动的主我与客我作为主体性的我是如何将其内在的主体性动机转化为其相应的行为方式。网络自我互动的主我与客我的动机与行为之间的互动关系，在本质上，就是网络自我互动的动机与行为是否具有内在的逻辑一致性，也就是网络自我互动的主我与客我能否将其内在的动机有效地转化为相应的行为，以确保主我与客我在本质上的同质性。通常情况下，网络自我互动的主我动机与行为是具有内在本质的一致性，即网络自我互动的主我在网络社会中有什么样的动机，就会在网络社会中呈现什么样的行为方式，这就是目前为什么网络社会里呈现各种各样行为方式的根因，然而，网络自我互动的客我动机与行为的转换并没有像网络自我互动的主我将其动机转化为行为那样顺利，这是因为网络自我互动的客我是网络自我互动的客我内化过程中缺乏深层的网络技术以及客我的能动基础，抑制了网络自我互动的客我动机向行为转化的过程，使网络自我互动的客我动机与行为的转换方向呈现背离。

因为有着网络自我互动的主我与客我的动机与动机、行为与行为以及动机与行为之间的互动关系，所以才会有网络自我互动的动机与行为的立体建构。在网络自我互动中，网民的网络自我互动的主我与客我的动机与行为关系是极为复杂的互动关系，是因为网民生存的技术环境、社会环境以及网民自身内在的生理心理等因素的变化而导致其内在的动机与行为之间的互动关系的交织性。正因为这种互动关系的复杂性就导致了网民的思想的形成与发展的复杂性。此思想的复杂性正如威利所论述的自我构成中有着第一秩序与第二秩序相对应的思想以及深层的思想。

3. 网络自我互动的事实与价值立体结构

网络自我互动的事实与价值结构是网络自我互动架构的宗旨。自我不是单个人的有机体，而是人有机体的社会化的社会结构。如果把自我理解为是一个有机体的话，那么对自我的理解还处在自我的物质阶段，也就是网民常理解的物质自我、生理自我或是肉体自我。这种自我具有鲜明的生理特征。

但帕特里克·贝尔特并不认为这是物质自我。他认为物质自我缺乏人的意识存在，因此，没有意识的物质存在就不具有自我的属性，就不是自我。如果根据帕特里克·贝尔特对自我的理解，自我就应当具有人的意识。人的意识萌发于人的生理与心理的互动关系。正是基于这种互动关系，人的自我意识才得以产生，人的自我才得以确认。依据人自我意识的形成阶段，可将自我界定为心理、动机、行为、事实、价值等阶段性的自我姿态。因此，无论以前学者对自我如何界定，但作为自我的生理与心理、动机与行为、事实与价值的发展阶段是存在的，这是自我的社会化发展过程。当然，此社会化的自我不等同于社会自我。社会化的自我是一个由原来自然状态转化为社会状态的逻辑过程，是网民在网络自我互动过程中逐渐成长的过程，是一个动态过程。社会自我是一个人的社会姿态，是一个静止化身。无论是网民的社会化自我或是社会自我，都是网民的网络社会化的状态表现，网民网络自我互动的社会化实质就是事实与价值互动关系的立体架构。

所谓事实就是客观的存在。网络自我互动的主我与客我的事实就是网民在网络自我互动过程中产生的并由网络符号所记载的客观存在。在网络社会里，网络自我互动的主我与客我的事实包含了网络技术事实、网络行为事实以及网络社会事实等。网络自我互动的主我与客我的网络技术事实是网络自我互动的主我与客我都生存于网络技术的技术环境。网络技术不仅是一种技术工具，更是网络技术所建构的网络生存环境。网络技术环境是建构于网络技术的本质基础上，因此，网络技术环境是互动性的环境，也就是动态环境。正因为网络环境的互动性，才促使了网民网络自我互动的主我与客我的互动性，也导致了网络自我互动的主我与客我的网络行为事实产生。网络自我互动的主我与客我的网络行为事实是网络自我互动的主我与客我的技术表达。当网络自我互动的主我与客我的行为事实被网络技术表达为网络信息的存在时，网络自我互动的主我与客我的网络行为事实就变为网络社会事实。网络自我互动的主我与客我的网络社会事实是以网络社会的信息媒介所表达。此信息媒介的形成与发展是网民网络自我互动的主我与客我在网络空间通过网络符号把自己装扮成自己所需求的状态，以满足自己内心的喜悦。无论是网络自我互动的主我与客我的网络社会事实如何，它都是主我与客我在网络社会的技术化、社会化的社会表达。此表达是以技术化、社会化的生存持续。此网络社会事实是网民网络自我互动生成的信息传承与发展，而不是网络自我互动的主我与客我的信息撕裂与消解。网络自我互动的主我与客我的信息主观化与客我信息客观化的网络社会事实之间相互转换。这种相互转换的结果便是转化网络自我互动的主我与客我的网络事实向网络价值的转化。即便是网络自我互动的主我的网络社会事实是相对于客我的网络社会事实而被网络自我互动的主我对象化的网络社会事实的存在，这都是网络自我互动的主我相对于客我的存在以及客我就其主我内在要求的发展过程，因而，网络自我互动的主我对自身客我的超越是网络自我互动的主我对客我的能动表现，是网络自我互动的主我与客我的自身内心与外界信息相互交织的主观产物，是主我与客我对网络社会事实的扩大或是缩小，是网络自我互动的主我与客我的自身价值诉求。

网络自我互动的事实与价值的立体建构是网络自我互动的主我与客我的内在事实、价值之间的互动关系以及其事实与价值之间的互动关系。网络自我互动的主我与客我的网络事实就是网络自我互动的主我与客我的网络行为被网络符号所表达的客观存在。网络自我互动的主我的网络事实是网络自我互动的网络社会事实，是网络社会发展需要在网络自我互动的主我的直接体现；而网络自我互动的客我的网络事实是网络自我互动的客我的内化事实，是网络自我互动的客我的外化存在。正是网络自我互动的主我的网络社会事实的内化与其客我的网络事实的外化之间的相互作用，才使网络社会事实转化为网络自我互动所需要的精神养料，促使网络自我互动的发展。网络自我互动的主我与客我的价值之间的互动是网络自我互动的主我的社会价值与网络自我互动的客我的个体价值之间的互动关系。网络自我互动的主我的价值是要将网络社会事实所蕴含的社会价值深入到网络自我之中；而网络自我互动的客我的价值却是要将网民的个体价值升华为网络社会所需要的价值。正是这种社会价值与个人价值之间的相互作用，促使了网络自我互动的主我与客我的价值转化。网络自我互动的主我与客我的事实与价值的关系是网络自我互动的主我或是客我内在自我所蕴藏的事实与价值的相互关系。这种关系是双重关系，即既有网络自我互动的主我的事实与价值的关系；也有网络自我互动的客我的事实与价值的关系。网络自我互动的主我的事实与价值的关系实质就是网络社会事实与网络社会价值之间的关系，是网络群体或者网络社会类的事实与价值的关系，是网络自我互动的主我的宏观的事实与价值的辩证关系；而网络自我互动的客我的事实与价值的关系是网络自我互动的客我内在的事实与价值的关系，是客我内在的事实存在与价值提升的关系，是网民个体在网络社会生存发展的关系，因此，网络自我互动的客我的价值是网络自我互动的主我的价值需求的外在展现。

综上所述，网络自我互动的事实与价值的互动关系的立体建构是网络自我互动立体架构的实质与核心，是网络自我互动的价值与旨归，是网络自我互动的历史与逻辑。在网络自我互动中，网民常常极度困惑的就是在网络社会中找不到自己的价值指向，这是因为网络社会是扁平化的社会，而且网民是生活在网络社会的碎片化的言语之中，时常会被网络信息所淹没，以至于在网络信息中无法呼吸，看不到网络社会的边界，不知何处登岸。这是网民在网络自我互动的立体建构已经失去了网络自我互动的价值指向。之所以如此，是因为在网络社会里人人类似平等，谁也不能完全地主宰谁，即便在网络社会中存在一条网络信息，有的网民就会认同这条信息；而有的网民就会反对这条信息；也有更多的网民就会采取无所谓的态度。网络社会是信息爆炸的社会，因此，网络社会存在着无数网民经过网络自我互动而产生的网络信息。这些网络信息就构成网络社会事实。在这些网络社会事实中，网络自我互动是否存在着一个网络社会的主流价值来统领网络社会事实的健康发展。这就是网络自我互动的事实与价值互动的立体结构的价值指向。

4. 网络自我互动的真我与假我立体结构

网络自我互动的真我与假我的立体结构是网络自我互动中真我与假我的纵横架构。此架构是网络自我互动在网络社会的身份象征。在网络自我互动的真我与假我的纵向结构中，可根据弗洛伊德的本我、自我、超我的观点进行思考，当然，并不是对其观点的简单照搬照抄。如果要对弗洛伊德的本我、自我与超我的观点与网络自我互动的真我与假我做一对应，虽然这一对应关系缺乏科学的理论依据，但也可以简要说明一些问题。首先，弗洛伊德的本我。假设弗洛伊德的本我就是人内在潜在的我，是人的本质属性，是没有被社会化的存在。这是否可以将其确定为人的真我，但是因人的本质是社会关系的总和。没有经过社会化的人，就难以被界定为人的自我这一内涵。因此，从表面上看，弗洛伊德的本我就是人的真我。但在本质上，弗洛伊德的本我又不能被界定为自我的真我。其次，弗洛伊德的自我。自我就是社会化的我。在社会化的过程中，人具有真我与假我的存在。但如何界定其真我与假我，这是一个社会话题，是一个社会发展的标准话题，而不是个人的生理与心理、动机与行为的话题，而是人社会化过程的事实与价值的关系议题。因此，人在社会化过程中有可能呈现真我，也有可能呈现假我。再次，弗洛伊德的超我。弗洛伊德的超我是泛化的我。超我是人在自我基础上的伦理规范，明确应该做什么。而现对超我的理解应基于本我与自我的时间的演进，是时间的超越，也是自我的超越。在网络社会里，网络自我具有人自我的类属性。只不过，网络自我是生存于网络技术和网络社会本质这一特定生存环境之下的自我展现，是网络自我的网络社会化的集中体现。网络自我的内在本质在网络技术化、网络社会化的过程中彰显了网络自我互动的真我与假我。

在网络自我互动的真我与假我的立体结构中，除了网络自我互动的真我与假我的纵向结构外，网络自我互动的立体结构还包含了网络自我互动的真我与假我的横向结构。网络自我互动的真我与假我的横向结构是指网络互动的真我与假我的主我与客我之间的互动关系。无论是网络自我互动的真我或是假我都是人的自我存在，都蕴含着自我内在的主我与客我之间的互动关系。网络自我互动的真我的主我与客我的互动就是网络自我中网民内在本身存在的自我的主体性与主体性对象化的互动关系，其主体性可以视为是其主我的主体属性；而主体性的对象化可以视为是主我所对应的客我存在。正是这种潜在于网民内心的真我的主我与客我之间的互动关系推动了网络自我的真我的价值诉求。网络自我互动的假我的主我与客我的互动关系是网络自我在网络虚拟技术属性以及网络社会的社会属性下所扮演的非网民自我互动的真心意愿的自我本能的主体性与主体性对象化的互动关系。此互动关系推进网络自我互动的社会化进程，是网络自我互动的假我的社会化装束，是网络自我适应社会发展的社会象征。网络自我互动的真我的主我与客我的互动关系是要确立网络自我的理想化的自我存在；而网络自我互动的假我的主我与客我的互动关系却是要维持其社会关系的存在。这两者之间有时在本质上是一致的，而有时却是背离的。也许正是因为这两者之间的背离而导致网络自我的非我的真实表现，导致了网络自我的许多假象。无论这些假象以何种方式表现，都是网络自我互动中假我的象征，并在网络窗口或是网络空间违背网民自己实际状况所呈现的身份象征。

网络自我互动本身是一个动态过程，这个动态过程总是建构在特定的相对静态的物质载体上。正是基于这一特定物质载体出发，本章内容就探究了网络自我互动的静态建构。网络自我互动的静态建构分析了网络自我互动的生理与心理、动机与行为、事实与价值、真我与假我的构成要素以及这些要素之间的横向、纵向以及立体的结构建构。

第四章

网络自我互动：网络思想政治教育人的动态生存

　　第三章已从静态视角分析了网络自我互动的构成要素及其结构模式。本章将从动态视角探究网络自我互动的运行。网络自我互动的运行将从网络自我互动的基本矛盾与动力及其内在的生成与规律的角度探究。

　　从互动视角研究自我这一议题的主要有米德、皮尔斯、威利等学者。美国社会学家、心理学家米德从动态角度分析了自我的发展变化。他认为自我的发展就是主我与客我的对话。对米德而言，"思考就只是个体的推理过程，即在我所称之为'主我'和'客我'之间对话中展开"。[①] 皮尔斯认为，"所有的思考在形式上都是对话性的。你在瞬间产生的自我，召唤着你更深层的那个自我，以获取他的首肯与共鸣"。[②] 诺伯特·威利在米德、皮尔斯的基础上把自我互动归纳为主我——你——客我之间的互动关系。

　　从上述学者的观点可以归纳为，自我的动力源自自我的内在关系，是内在关系之间的相互作用。网络自我互动是网络自我的存在形式，而网络自我是自我在网络技术下的生存方式，由此可知，网络自我互动的动力仍旧源自

---

①　诺伯特·威利：《符号自我》，四川出版集团、四川教育出版社 2012 年版，第 45 页。

②　诺伯特·威利：《符号自我》，四川出版集团、四川教育出版社 2012 年版，第 45 页。

于网络自我内在的互动关系。网络自我互动的内在关系并非完全一致，而是有着各种各样的矛盾。在这些矛盾中，网络自我互动存在着基本矛盾。这一基本矛盾就是网络自我互动的根本动力。网络自我互动的基本矛盾推动着网络自我互动的发展。正是因为网络自我互动的发展过程中伴随着网络自我的思想、意识、观念等精神现象的产生。这些精神现象的产生为网络思想政治教育提供了丰富素材，这就是网络思想政治教育为什么要研究网络自我互动的根源所在。

一、网络自我互动的矛盾与动力

矛盾与动力总是彼此相依。有矛盾就会产生动力；有动力就会存在矛盾。任何事物的发展都离不开矛盾与动力。作为网络技术生存的网络自我互动仍然难以摆脱网络自我互动的矛盾与动力的根本议题。

（一）网络自我互动的矛盾

矛盾是事物内在的对立统一。世界上的任何事物都包含着矛盾。矛盾是无事不在、无时不在。矛盾是事物发展的源泉。人的自我是社会化的产物。网络自我是网民在网络技术背景下的社会化产物。网络自我的发展基于网络自我互动。网络自我互动是网络自我的发展方式及存在状态。网络自我互动不是凭空的抽象互动，而是基于网络自我互动的构成要素之间的相互作用。为此，研究网络自我互动的矛盾是为进一步明确网络自我互动的各个构成要素的内在关系。

网络自我互动是网络自我的存在形态，是网络自我的运动状态，是网络自我的生成与发展。网络自我在其生成与发展的过程中总会伴随着相应的矛盾产生。矛盾是因为运动而产生；运动因为矛盾而持续。网络自我互动的矛盾多种多样。如今为了分析网络自我互动矛盾的简单化，就从网络自我互动矛盾的内外两个维度，即网络自我互动外在矛盾和网络自我互动的内在矛盾。网络自我互动的外在矛盾是网络自我互动的外在条件；网络自我互动的内在矛盾是网络自我互动的内在因素。内因是根本；外因是条件。外因只有通过内因才能发挥作用。就此，就从网络自我互动的外在矛盾与内在矛盾两个维度对网络自我互动矛盾进行思考。

1. 网络自我互动的外在矛盾

网络自我互动的外在矛盾是指以网络自我互动本身作为一个整体与其整体以外的各要素之间的矛盾。从网络自我互动的整体来看，可将网络自我互动的外在要素简化归纳为网络人机、网络人际两大要素，进而将网络自我互动的外在矛盾分为网络自我互动的人机矛盾以及网络自我互动的人际矛盾。

第一，网络自我互动的人机矛盾

网络人机矛盾事实上就网络技术生存下的人与机器（技术）之间的矛盾。对于网络人机矛盾，现实生活的人通常理解为技术的乐观主义与技术的悲观主义，即人主宰技术或是技术主宰人。人不仅是自然的人，还是社会的人，更是技术的人。人发明技术、制造工具的目的是为自身发展需要。技术具有工具属性和价值属性。在正常条件下，技术作为人的工具，被人所控制，且为人的发展而服务；但是，既然技术是人的智慧产物，具有人的主体性存在，因此，技术并不是完全消极、被动的，而是具有一定的主体能动性。当技术的主体性赋予技术工具时，尤其是当技术工具的主体性逐渐地超越人的主体性，并能控制甚至支配人的主体性时，技术性的机器就开始逐渐地主宰人的命运。正是在这一语境中，即对人的理解就不再是单纯的固化的理解，而是以网络自我互动作为人的内涵来理解网络人机的矛盾关系，就此，网络自我互动的人机矛盾就揭示了网络自我互动与技术之间的矛盾。

网络自我互动与技术（机器）的支配与被支配的关系就是网络自我互动的网络自我与网络技术之间的矛盾关系。网络自我是自我的重要组成部分，是自我在网络社会的社会化诠释，是自我网络社会化的重要话语，是自我生命体的社会化进程。纯粹自然的人不能被称为是自我。只有社会化的人才能称之为是自我。人自我的社会化实际上就是人内在的主我与客我的对话过程，也是人自我的各个要素之间的互动过程。人自我的社会化不是抽象的过程，而是具有一定环境的生成过程。由于人的不同生存环境，因此人的自我生成就会不同。在网络技术背景下，人的自我社会化就是人与网络技术之间的主我与客我的互动关系。此关系的互动就建构了网络自我。因此，网络自我就是人的自我在网络技术生存下的自我建构。网络自我互动是网民自我与技术之间的相互关系。此关系并不是完全一致的关系，而是网络自我与网络技术之间的矛盾关系，即网络自我互动的人机矛盾。

网络自我互动的人机矛盾实质就是要揭示人与技术之间的关系。此处所言论的人，不是单纯的人，更不是纯粹自然的人，而是网络自我互动的人，是具有网络自我互动本质属性的人。而此处所指的技术不是简单的技术，而是建构在计算机基础上的网络技术，是具有人主体性的技术，是具有人能动性的技术，是具有人部分器官功能属性的技术。此处的技术不是单纯的指人智慧的无形技术，同时也包含了技术所延伸的机器、软件等技术伸展物。正因为如此，有的学者就将其称为是计算机的器物，由此而将人与器物之间的关系称为人机关系。但无论是何种称谓，实质都是在揭示人与技术之间的矛盾。在现阶段，理解网络互动的人机矛盾时，其中人就不再是以前人的内涵界定，而是基于网络技术的网民，不仅是网民，而且还是网络自我互动的网民。网络自我互动对网民而言已经被网络社会化赋予了深刻内涵，而不是一般的泛化网民，对其网络自我互动已经在其名称上都赋予了网络自我及其互动的本质内涵。其次，网络自我互动对应的机器已不再是简单的机器或者器物，而是网络自我互动对象化的技术内涵。此技术内涵不仅包含了传统的技术要素，简要的器物，更为重要的是暗指网络技术发展中基于网络技术发展的智能化产物。网络社会的智能产物不是一般的技术产物，而是具有内在本质属性，此时所思考的网络自我互动的人机矛盾就是深层次的网络自我互动与网络智能化的技术之间的矛盾。

在网络自我互动的人机矛盾中，网络自我互动与其自身互动所产生的自我意识的智慧延伸的对象化的客观存在——技术（器物）之间的矛盾关系是一个历史的发展过程。技术（器物）不是凭空之物，而是人自我内在互动的自我意识的产物，是人为了自我更好发展的历史性产物。首先，器物是人自身身体的意识化的延伸。人是自然产物，人源自自然，是自然进化的结果。这就否定了人源自上帝、神话等观点。既然人是源自自然，那么，人的身体就是自然进化的必然产物。人在自然进化过程中最初是一个蒙昧的有机体，是一个受自然支配、主宰的有机体。此时的人还不能完全意识到自身与自然之间的关系。随着人与自然的相互作用，人逐渐地萌生了自我意识。正是人所萌生的自我意识，使人逐渐地走向与自然之间的独立，并从自然环境中解放出来，使人之所以为人。人在从自然解放的过程中，首先是人意识到自身的手就是自身作用于自然的工具。正是因为人手的工具性分离，才导致人的手脚分工，进而使人的手成为人自身去适应自然、改造自然的原始工具。

在石器时期，人揖别于动物，还处在一个以血缘为纽带的群居生活之中。虽然人有了手脚的分工，人有了一定自我意识，但这种意识却是非常低能的。真正使人自我意识产生的根源则是人生活在群体彼此的交往之中。人生活中的彼此交往就是人的互动关系。正是人的交往互动促使了人的语言产生。语言是人自身意识对象化的派生物。语言的产生，为人彼此表达思想、意识、观念等提供了有益手段。人的思想、意识、观念的形成与发展又为人改造自然、发明技术、制造工具奠定了思想基础。有了深厚的思想、意识、观念等保障，人就可以发明技术，制造工具，以将自然更好地为自身服务。此时的人对自然的改造就不仅局限于其自身的身体延伸的手脚的工具性上，而是将自身手脚的工具性延伸到他物的器物性之上。正因为如此，人在身体工具性延伸的过程中逐渐制造出了自身对象化的存在物。这些对象物的存在是人发明与制造工具的缘由。正是人在对象化过程中发明技术、制造工具并逐渐萌发自我意识，走向自我。在原始社会，人自身对象化存在物的水平极为有限，这是因为人对自然对象物的诸多要素均不成熟，不能发明、制造出更有利于人自我解放的工具，因此，人在原始社会的漫长过程中经历了石器时期。在石器时期，人自我互动的人机互动是一个极为原始、极为缓慢的过程，这个过程是人与技术（器物）之间的人极力挣脱自然桎梏却又欲罢不能而又被自然牢牢地拽在手里的极度痛苦的过程。

在手工业时期，人自我意识的发展由石器时期的身体器官延伸的蒙昧意识逐渐到了人自身对象化制造物的延伸。人逐渐依据自然原理发明、制造了简易工具以代替人工具性的肢体器官，逐渐使自己从原来完全依赖自身身体器官工具性的生活方式转移到依靠自身意识对象化产物的工具性生存方式，这就是人在逐渐地解放自己的身体器官，摆脱原始血缘群居的生活方式，而渐进地转移到以生产技术工具性为特征的社会生活单位的方式，这就是人在自我互动中解放自身。但介于手工业发展的地域性和行业性特征，这又使得人自我互动的人机互动的范围受到了局限。为了打破局限，这就需要人的意识活跃、思维开拓，发明新技术，制造新工具，开拓新境界。

在工业时期，随着人自我对象化的程度提高，人不再依赖手脚地解放，而是更多依存于技术的发明与使用。人的生存方式不再是以石器的血缘群居或者以手工业的区域定居的生活方式，而是以利益集聚的生活方式。工业时期应该是从西方英国的工业革命开始，人对自然的认识使人逐渐地远离自然，而走向自身，提高意识，发明技术，制造工具，其中最具有代表性的是瓦特蒸汽机的发明。瓦特蒸汽机的发明与使用，使人走出了对自然水资源的自然原理的依赖，并利用蒸汽机的机器动力代替了水能的自然动力，加速了机器的运转；同时，蒸汽机的使用也改变了人依靠水源便利的工作地点，撤离了人对水自然地势的完全依赖，并将工厂建立在资源环境相对便利的地方，使人从原来散居状态进入到集聚定居，使人自我互动的人机互动不再是人与简单的手工工具的使用，而走向了人与机器的线性互联的操控关系。此关系是人以利益建构起来的人机互动关系。随着蒸汽机的广泛使用，蒸汽机就被安装在火车、汽车等交通工具上，人的活动范围随着交通工具的延伸而面向世界，人的发展方式不再是以血缘群居或是行业定居的生存方式，而是一个世界商业化的生存方式。此时人自我互动的人机互动关系就是人与机器化生产背后的商品之间的利益关系。

在网络信息时期，如果说在石器时期人是依赖自然资源，工业石器是整合自然资源，那么在网络信息时期人是创造新型资源。在此，如果说人在石器时期是解决人的物质需要，工业时期是解决人的物质需要和精神需要，那么在信息时期人要更多解决的是精神需要。这是人的自我意识发展的逻辑理路，因为人的解放不是简单的停留在人的物质需要的解放，而更多的是人精神需要的解放。此时，人的自我互动的人机互动就不再是人与技术（器物）的互动，而是与更高级的技术（器物）——计算机、网络技术等具有人的智能属性的器物之间的互动。此时，人自我的人机互动就演变为网络自我的人机互动。网络自我不是一般人的自我，而是人沉浸于网络技术的自我，是人技术化的自我。这种自我的本身就是技术化的自我存在。此时的"机"——器物不再是直接器物的机器物质载体，而是以人的智能化的器物形式存在。计算机以及计算机的网络就是这种器物的存在。计算机不是单纯的计算机，而是人智能化的象征，是决定人的生存。网络不是一般信息，而是互动性的存在方式。因此，网络自我的人机互动就不是平常理解的人与技术（器物）互动关系，而是人与人自身智慧化技术产物之间的互动关系，是人对自我的深度开发及解放。

人自我深度解放的实质就是人自我意识的潜在开发，即人自我的内在互动。人自我互动的人机互动是一个从外到内的深层互动。首先是在石器时期人自我的手脚互动到手工业时期人的手、脑的自我互动，到工业时期人自我的手、脚、脑的综合性自我互动，再到信息时期人大脑的全面自我互动。可见，人的自我互动是人从物质到精神的过程；是一个由人的生理到心理、心理到动机、动机到行为、行为到事实、事实到价值的深度解放过程，是一个由自我的人机局部互动到自我的人机全面互动的过程。因此，人的自我意识的发展不再是以物质互动为主的发展，相反地，却是一个以精神为主的发展。人自我的人机互动不是因为人的物质世界而改变精神世界，相反的，却人是因为精神世界而改变物质世界。在信息时期，人的人机互动就是人与智能化器物的全面互动，而不是单一的某一方面的人的器官功能性的互动。这样，人的全面的自我的人机互动是人在信息时代全面活起来的互动。

在信息时代，人自我的人机互动是一个全面的自我互动，这是因为人发明、制造、使用计算机，使人自我的人机互动得到全面地解放。此时的人——网民在网络信息中是感到无比的轻松与愉快。但当沉浸于网络信息之后，网民在感受轻松、愉悦之后却又苦恼于自己被网络信息所吞噬，自己丧失了自我，自己好像找不到自己的存在，只能隐约地意识到自己漂浮于网络信息之中不断游荡，似乎觉察到自己只不过是无数网络信息的细小比特。此时，网民期盼从网络信息编制的茧房中爬出来，却又感觉到那是那么艰难。

可见，网络自我互动的人机互动是人自我的发展史，是人类技术发展史，是人自我意识的解放史。人在解放自身时不断地发明技术、制造工具，同时，人在发明技术、制造工具时也在不断强化人与技术（器物）之间的互动关系。无论人与技术（器物）之间如何互动发展，最终都将推动人类社会向前迈进。

第二，网络自我互动的人际矛盾

人不仅是自然的人，也是社会的人，还是技术的人。既然人是社会的人，人就要与社会发生互动关系。而社会又是由人所构成，因此，人与社会的互动关系，实质上，就成为人与人之间的互动关系，即人际关系。况且人在社会上不是单个的存在物，而是社会关系的总和。马克思认为人的本质是一切社会关系的总和，而不是单个的人。据此，要认识人的自我不是在其自身自然要素的个体中去寻找，而是要到社会要素的他人中去寻找。社会要素中的他人不是单一纯自然个体，而是许多自然个体按照社会规则不同生存方式所建构起来的个人、组织或集体。单个的个体只有到所生存的组织或集体中才能找回自己，这是因为人自身很难发现自己，人只有通过他人才能发现自己。通过对他人的观察，人首先能找回自己的外在生理要素，正如人通过对自然的水镜的观察而看清自己的长相一样；正如人通过自身技术的发明制造了可以移动的铜镜来代替相对静止的水镜而更清楚地看见自己的生理长相；也正是人在发明、制造了可以移动而不易破碎的放大镜、显微镜、探头等代替了易碎的铜镜，能使人更清楚地观察自身的生理要素结构。通过技术镜子或者他人，人观察自身的生理要素是一件容易的事。但要确定人的本质却要观察社会要素，而不是其生理要素，这是因为人的本质是社会关系的总和所决定的。

在技术发展过程中，人自我的人机互动关系推动了人与技术之间的和谐发展；与此同时，人自我的人际互动关系也促使了人与人之间的共建共享。在人的自我演绎中，人自我的人际互动过程是一个渐进的过程。在原始社会，人与人之间的关系是以血缘纽带为主的群居关系，人与人之间的互动关系就是以血缘为纽带的人伦互动模式。在奴隶社会、封建社会，因技术萌芽、手工工具的出现，人与人之间的互动关系就不再是以单一的血缘关系为主的人伦关系，而是以职业、行业为纽带的师徒关系。在资本主义社会，机器的使用，人自我的人际互动关系不再以人伦、师徒等人际关系为纽带，而是以机器类型的劳动分工为标志，将人分为以机器生产的商品利益为纽带的人际关系。机器运转的速度快慢带来了商品利益的分化。商品利益的分化促使了人的阶层划分。阶层的进一步扩大就导致了阶级的产生，因此，此时的人自我的人际互动关系将是一个阶级对立与斗争的关系。

但谁曾想到，网络技术的发展将人带入到了网络技术建构的网络社会。网络社会是技术型的社会，是一种新型的社会形态，是与上述按照生产力与生产关系构成的生产方式所划分的原始社会、奴隶社会、封建社会、资本主义社会等社会形态有着本质区别的社会。网络社会是相对前面社会形态的技术发展的高级阶段，是从技术发展视角建构的社会。在此社会，网民网络自我的生存方式是技术虚拟生存。其生存方式具有三个鲜明的网络技术特征：一是网民网络自我互动的人际互动的身体缺场。网民网络自我互动在网络社会里是以生命符号形式与其他网民网络自我进行互动，而所有的网民网络自我的身体均不参与互动，是网络自我互动的人际互动的生命符号的互动；二是网民网络自我互动的人际互动的虚拟性。技术本是人类智慧的客观存在，是人的智能产物，是思想、意识、观念等精神性产物，是无形的。正因为如此，网络技术所建构的网络社会具有虚拟性。正因为网络技术的虚拟性，因此网民网络自我在网络社会的互动可以虚拟自身的实践身份。这就造成网络社会的网络自我互动的人际互动的难度；三是网民网络自我互动的人际互动的混沌性。网络自我互动的人际互动的虚拟性就会导致网络自我互动的人际互动的混沌性。网络自我互动的人际互动的混沌性主要表现为网络自我互动的人际互动的身份、地位、内涵、关系等诸要素的混沌性。其混沌性的人际互动导致了网络自我互动的难度，这就是网络自我互动的网民不知如何将网络信息内化为自身的自我成长的有益营养。

可见，网络自我互动的外部矛盾是网络自我互动的外在必要条件。如果没有网络自我互动的外在矛盾，网络自我互动就缺乏必要的外在因素，这是因为网络自我互动不是封闭的自我互动，而是与外界有着必然的联系，是整个网络社会互动的重要组成部分，即是网络自我互动不是封闭式的纯自我的心灵互动，这是因为网络自我互动的社会化进程总是与外在的人机互动、人际互动紧密相依。

2. 网络自我互动的内在矛盾

网络自我互动的根源在于网络自我互动的内在因素。网络人我互动的人机互动、人际互动只是网络自我互动的外在条件。网络自我互动是网络社会互动系统下内在的细微互动系统。这个系统在网络自我互动的内在各要素之间相互作用就形成一个新的互动系统。这些要素之间的相互作用才是网络自我互动的内在根源。这些内在要素之间相互作用就会形成彼此之间的矛盾关系，因为任何事物之间彼此相互作用都是一个对立统一体。根据网络自我互动的内在构成要素，以及网络自我互动各个要素之间的对立统一关系，可将网络自我互动的内在矛盾分为：网络自我互动的生理与心理矛盾、动机与行为矛盾、事实与价值矛盾以及真我与假我矛盾等。这些内在矛盾不是杂乱无章的矛盾堆积，而是按照网络自我生成的内在逻辑所建构的矛盾体系。

（1）网络自我互动的生理与心理矛盾

人的生理与心理是人自我发展的基础。人的自我的生理与心理是一个对立统一体，而不是平行结构，更不是完全的对立关系。正因为人的生理与心理是对立统一的，所以这二者才能构成矛盾关系。网络自我互动是网民生存于网络社会的自我互动，因此，具有网络自我互动的生理与心理矛盾。网络自我互动的生理与心理矛盾是网络自我互动的基础矛盾。

人自我互动的基础矛盾是人的生理与心理矛盾，这是人的动物的自然属性迈向人的社会属性的初始阶段。在现实生活中，生理与心理矛盾主要是集中在人的生理需求上，人为生计，不断追求物质满足，尤其是在我国市场经济条件下，人为改变自己的生计状况，满足生理需要，人利用一切可能手段追逐物质最大利益化，以满足生理的极大欲望，这就导致生理与心理之间的不平衡。这种不平衡导致了现实生活中一些人的心理困惑或者心理疾病，尤其是对财富分配不公的不满，有的甚至抱怨社会。随着网络技术的发展，人的生理与心理矛盾逐渐从生理转向心理。在网络社会里，人的实践是身体缺场的动态表达。虽然网民不能感觉对方的身体，但是能看见对方身体的符号表达，并能察觉到对方的心理变化。对方的心理变化是通过对方所发出的各种网络信息所折射。网络空间里，网民可以通过网络 QQ、BBS、博客、微信等媒介宣泄自己的心理情绪。被宣泄的心理情绪里蕴藏着网民的思想因素，这是网民思想由内在向外在的释放过程。在网络思想政治教育中，被释放的情绪就蕴含了网络政治思想教育的内在因素，这就是深度把握网络思想政治教育中网民的思想意识产生的根源。

如果按照人自我互动的一般生理与心理的矛盾关系看：是有什么样的生理变化就会导致什么样的心理变化与之对应；反之，有什么样的心理颤动就会有什么样的生理伸缩相匹配。但是，人不是生活在理想的空间，在现实生活中，总是会有许多矛盾引起人自我互动的生理与心理矛盾的错位，即人自我生理的伤痛未必会引起人自我的心理痛楚，这是因为人的自我互动是一个发展的过程，随着人的自我成长，有的人对生理的一点点伤痛并不能引起他的心理涟漪，反之也是如此，对于一个自我较为成熟的人，小小的心理波澜并不能影响他的生理健康。此类相反的现象主要集中在未成年或年迈之人的自我会遭遇到生理与心理的对抗反差。

在网络社会里，网民网络自我互动的生理与心理矛盾如同现实生活人自我的生理与心理矛盾一样。第一，网络自我互动的生理与心理的对称。有什么样的网络自我互动的生理，就有什么样的网络自我互动的心理与之呼应；反之，有什么样的网络自我互动的心理，就有什么样的网络自我互动的生理与之对应。第二，网络自我互动的生理与心理矛盾的错位。在网络社会里，介于网络技术的虚拟性，网民的网络实践是网民坐在电脑面前不断地敲动计算机键盘，以此来完成自己所有网络实践活动。当在网络社会的实践中，网民网络自我互动的身体缺场，网民的网络自我互动是依赖于鼠标在计算机界面上来回移动。因此，此时的网络自我互动的生理与心理矛盾并非是网民的生理变化就能改变网民自我互动的心理变化，除非网民网络自我互动的生理生命的终止，那就会导致网民网络自我互动的心理终止。但是，网民网络自我互动的心理波动却会对网民网络自我的生理造成慢性伤害。此心理创伤不会在网民网络自我的心理反应中所引起生理的立刻改变，而是网民网络自我的线下生理滞后的创伤，比如网民的眼睛近视、消化不良、四肢麻木等。

网络自我互动的生理与心理矛盾是网络自我发展的基础矛盾，是网络自我互动的基础。网络自我互动的发展首先是网络自我互动的生理与心理的协调发展。在网络自我互动的生理与心理矛盾中，有的网民在网络自我互动中注重心理快感，忽视生理健康：一则是去身存心。此网络自我互动的表现形式就是只强调网民内在心理快感，而忽视其身体健康存在，认为人的一切活动就是心理满足。"存在就是被感知"。这样做的结果就是网民逐渐失去自身的生理载体。网民生命的结束就标志着网民一切活动的消逝；另一则是被格式化。网民在网络自我互动中的身体以抽象符号形式通过技术传递到网络社会被格式化，因此，网民在网络社会里所呈现的就是标准化的生命符号，这些生命符号在网络社会中被随意地使用，而忽视了网民独特的生命个体的鲜活生命力，进而导致网民自我互动的生理结构被忽略。可见，在网络自我互动中，如何协调网民自我互动的生理与心理矛盾已经是当下及需关注的社会问题。

（2）网络自我互动的动机与行为矛盾

网络自我互动的动机与行为矛盾是在网络自我互动的生理与心理矛盾基础上相伴而生的矛盾，是揭示网络自我互动的动机与行为的对立统一关系。有网络自我互动的生理与心理矛盾刺激，才能导致网络自我互动的动机与行为矛盾的发生。网络自我互动的生理与心理互动蕴含了网络自我互动的动机要素。网络自我互动的动机在本质上是网络自我互动的行为产生的根源。网络自我互动的动机是网民基于网络自我互动的内在心理需求变化基础上对网络自我互动的向往与渴求，是网络自我互动对网络自我自身不具备并能满足自身某种需要的占有欲望。网络自我互动的动机是多种多样的，这是因为网络自我在网络社会中的互动是多层面多层次的，并萌发网络自我对网络社会自身的渴望与诉求。即使在现实生活中，由于现实物理空间以及现实社会实践的局限性，人的动机会受到一定的制约，但这并不会阻止人对社会需求的多种诉求的动机。然而，在网络社会里，网络是开放的世界。在这个世界里，网民可以在网络自我互动的心理驱使下，并用网络社会的广泛实践而滋生诸多的网络自我互动的动机。因此，网络自我互动的动机是世界性的、全方位、多层次。网络自我是拥有把整个世界完全地占有与支配的动机，这是因为网络自我是一个完全自由的、高高在上的、无所无能的自由体。总体而言，网络自我的动机可以说是对整个网络社会任何东西的完全主宰的欲望。在网络自我互动的动机驱使下，网络自我就可以将网络自我互动的动机转化为行为。因网络技术的虚拟性，网络自我可以将网络自我互动的动机借用网络技术手段以及网络技术符号把网络自我互动的动机转化为相应的行为。之所以如此，是因为网络自我互动的行为是一个虚拟的技术行为，其行为是不受任何物理因素制约。网络自我互动的行为具有技术性、符号性、模拟性、重复性等特征。这体现了网络自我互动的动机与行为之间的一致性。

但是，在网络社会里，除了网络自我互动的动机与行为的一致性外，仍存在着网络自我互动的动机与行为的对抗。网络自我互动的动机与行为的矛盾主要表现在：第一，网络自我互动的动机超越。网络自我互动的动机是基于网络自我的心理愿望的主观想象，因此，其动机超越了现实网络技术的手段，也即是运用网络技术的虚拟手段也无法将其动机转换为行为。这就导致了网络自我互动的动机与行为的对抗；第二，网络自我互动的动机扭曲。网络自我互动的动机在通常情况下是可以转化为网络自我互动的行为。但是，在某种特殊情况下，网络自我明知自己有着某种动机，却在其实施动机的过程中，利用与其动机不一致的行为来掩盖其动机，这就导致了网络自我互动的动机与行为的对抗；第三，网络自我互动的行为缩小。网络自我互动的动机与行为是相适应的，但有的网络自我互动的动机转化为行为时，被网络自我将其行为缩小，进而导致网络自我互动的行为不能与动机保持平衡；第四，网络自我互动的行为放大。在网络自我互动的动机与行为过程中，有的网络自我在其动机与行为的互动中将网络自我的行为扩大，以使网络自我的行为无法与其动机相对称。可见，无论是网络自我互动的动机超越、扭曲或是网络自我互动行为的缩小、放大，都会导致网络自我互动的动机与行为的矛盾。

网络社会毕竟不是私人空间，而是社会空间。既然网络社会是社会空间，那么网络社会的任何动机与行为都就具有社会性。因此，网络自我互动的动机与行为是具有社会性。网络自我互动的动机虽然是自由的，但并不是随意的天马行空，而是基于一定网络技术条件以及网民自身心理规律。网络自我互动的行为即便是自由的，但其自由幅度是受到网络技术表达限制以及网民自身的真实动机对行为的监控。网民即使在这种看似绝对自由的空间里，也是相对自由的。因此，网民某些动机不可能完全被网络技术所表达，因为网络技术是基于现实技术而发展的技术，并非完全是人自由想象的技术，因此是有限的技术，而不是无限的技术。既然如此，网民网络自我互动的某些动机就难以被转化为相应的网络自我互动行为。

此外，网络社会不是纯粹的技术空间，而是技术化的社会空间，因此网络社会中的任何行为都是要受网络技术条件以及网络社会规则所制约，即便是在网络社会中某一动机所导致的某一行为，或多个行为是由多动机或一个动机所导致，这都折射了网络自我互动的动机与行为的矛盾。

（3）网络自我互动的事实与价值矛盾

网络自我互动的事实与价值矛盾是网络自我互动的存在与评价关系。事实就是存在；价值就是评价。事实与价值之间有着天然联系。事实蕴含价值；价值体现事实。网络社会是现实物理空间在网络技术支撑下的新型社会，是人类生存与发展的新形态。在网络社会里，网民网络自我互动除了动机与行为矛盾外，仍然存在着事实与价值矛盾。网络自我互动的事实与价值矛盾是继网络自我互动的动机与行为矛盾后的又一矛盾。网络自我互动的事实与价值的矛盾是基于网络事实与价值之间的对立统一关系。网络自我互动的网络事实是网民在网络社会经过网络自我互动所衍生的海量事实。此事实在网络社会是以信息方式存在。此信息在网络社会中又是以数字、图片、视频等形式表达。网络社会有信息的存在就有事实的存在。但在这些事实中，有的事实蕴含价值；而有的事实却无价值可言。网络事实源自网民网络自我互动的动机与行为的关系。网络自我互动中有什么样的动机，就会产生什么样的行为；有什么样的行为，就会有什么的事实。当然，也有些网络事实是源自网络自我互动的动机与行为的错位。但无论是何种方式产生的网络事实。这些事实均存在于网络社会之中。

在网络社会里，网络事实来源渠道多元，其中最基本的是网民将网络社会视为网民网络自我互动的身躯，即网络即我，我即网络，我与网络共在、共生、共享，将网络界面视为网络自我互动的脸面，将摄像头视为网络自我互动的眼睛等，并将整个网络社会的运行结构视为网络自我互动的内在结构。网民在网络自我互动中可以对网络自我互动的内在结构进行解剖，可以将网络自我互动的动机与行为所释放的网络事实渗入网络社会之中。因而，网络社会所呈现的各种网络事实均是网络自我互动所产生的网络事实，即使是网络社会中所混杂的具有一定诱惑力的网络色情事实也只不过是少数网民网络自我互动中将其自身生理性欲夸大其词的行为事实而已。可见，这样的网络事实就没有实际的价值可言。当然，没有网民自身生理器官的存在以及社会情感的性欲动机的激发，就没有网络自我互动的网络色情事实的渲染。与此类似，网络社会的暴力事实在本质上就是网络自我互动中的网络自我难以抑制自身内在对情绪的控制而将其情绪集中爆发到某一宣泄对象的随意爆发。网络自我是自我的表现形式。自我是人社会化的姿态。人是有感性的动物，因此，网络自我也是人的情感化表达。但情感性表达的网络事实是难以确立其内在价值。

网络自我互动的网络事实所蕴含的价值是能维持网络事实发展的内在价值。网络自我互动所释放的网络事实并不都是无价值的感性网络事实，而大多数都是有助于推进网络社会正常发展的网络事实。网络事实也不是单个网络自我互动所产生的网络事实，而是整个网络社会所有网络自我互动爆发的网络事实，是网络群体性的网络事实。既然网络事实是群体性的、社会性的事实，那么网络事实就存在着一定的社会规则。这个社会规则就网络社会的共同秩序。共同秩序潜藏共同价值。共同价值是网络社会的共同需要。何种网络事实所蕴含的价值才能为共同价值；何种价值所派生的网络事实才能体现其共同价值？这是网络事实与网络价值的矛盾。

在网络社会里，网民的网络自我互动可以尽情地宣泄自己情感，谋划自己的网络动机，实施自己的网络行为，演绎自己的网络事实，并由此而在网络社会中演绎着大量的网络事实。这些网络事实既有个体网民的网络事实，也有群体网民的网络事实；既有过去的网络事实，也有现在的网络事实；既有国外的网络事实，也有国内的网络事实；既有技术性的网络事实，也有非网络技术的网络事实；既有传统的网络事实，也有现代的网络事实，等等。

正因为网络社会好像是一个巨大的网络"黑洞"，所以网络社会包容了无数的网络事实。这些网络事实在网络社会像云朵一样飘来飘去，使网民难以找到自己的归属，确认自己的价值定位。网络自我互动所产生的网络事实越多，就越会撕裂网络自我互动的价值，这是因为每增加一件网络事实存在，网络自我互动的价值就会受到冲击，同时因为网络自我互动打破了网络时空限制，促使网络社会成为是一个去中心的社会，所有的网络事物在网络社会缺乏中心，成为扁平结构，而非立体结构，网民所有的网络自我互动都一个无中心的网络符号。因此，网络自我互动的网络事实越多，网民就越感到茫然，就越不清晰自己的价值定位。这就是网络自我互动的事实与价值矛盾。

（4）网络自我互动的真我与假我矛盾

真我与假我是人自我的两种社会化表达，是人自我的两个侧面。但就真我与假我如何评定？这是一个极为艰难的话题，因为真与假的界定是一个现实难题。人是社会的人。在现实社会中，对人真与假的判断标准多样，因为标准的不同，所判断的真与假的结论是不同的。在网络社会中，对网络自我互动的真与假的判断也是很难的。既有以网络自我互动的心理、动机、行为、事实、价值等发展逻辑的阶段性判断标准；也有网络技术的技术性与非技术性的判断标准；也有网络自我互动的路径、方式、方法等实践措施的判断标准。无论这些标准如何，都可以反映出人在网络社会中的真我与假我的某些属性。

在网络社会，网络自我作为人的自我表现形式，仍然具有真我与假我的两种状态。在此，对网络自我互动的真我与假我的判断标准就以网络自我互动的事实与价值的逻辑理路作为判断其真我与假我的标准。网络自我互动的价值就是网络自我互动的网络社会价值与网络自我价值的统一。若按此标准，可将网络自我互动的真我与假我矛盾界定为网络自我互动的社会价值与自我价值的矛盾。如果网络自我互动的自我价值与社会价值符合的就是真我，反之，则是假我。但是，在网络自我互动中，网络自我互动的自我价值是网民网络自我的网络事实所蕴含的价值，具有网络自我互动的个体性，因此，网络自我互动的自我价值常常是多元的，是每个网络自我的内在价值的真实体现，而网络自我互动的网络社会价值是网络社会所集中体现的价值，是网络社会的共同价值。在这两种价值之间，如果网络自我的个体价值与社会价值保持一致，那么网络自我互动所表现出来的价值就是真我；如果网络自我的个体价值与社会价值相背离所展现的网络自我就是假我。

网络自我互动的真我与假我除了实质上的真我与假我外，还存在着网络自我互动的形式上的真我与假我。就一般情况而言，网民在网络社会中常常借用网络技术的虚拟性来假扮自己身份角色，从网络自我互动形式上扮演假我，即不符合网络自我身份的自我。网民在网络自我互动中为了满足网络自我的某种心理、动机、行为需要，网民的网络自我互动就会以网络自我需要的特殊姿态运行于网络社会之中，虚化网络自我互动的假我。当然，网络自我互动在其形式上会以假我的身份呈现，也难免网络自我互动会以真我的身份出现。网络自我互动的真我就是网络自我互动通过网络技术手段真实地展现网络自我的真实情况，以便准确地把握真实的网络自我。

无论网络自我互动的真我或是假我，都是网络自我互动的生理与心理、动机与行为、事实与价值的逻辑发展。

（二）网络自我互动的动力

动力是事物矛盾的直接体现；换言之，事物矛盾的内在作用是通过动力所折射。因此，动力不是凭空产生，而是源自事物内在的矛盾。矛盾与动力的关系是内容与形式的关系。事物矛盾的多样性就会导致其动力的多样性。在网络社会，网络自我是网民社会化的表现形式，是网民个体的自我表达。网络自我在网络社会的互动关系有网络自我的人机互动、人际互动以及网络自我互动等。网络自我的人机互动、人际互动是网络自我互动的外在互动，而网络自我互动是网络自我的内在互动。网络自我互动是网络自我发展的内在动力。网络自我互动的内在动力源自网络自我互动的矛盾。根据网络自我互动矛盾的内外划分，可将网络自我互动的动力分为内在动力和外在动力。网络自我互动的人机、人际互动所产生的动力为外在动力，而网络自我互动的自身动力为内在动力。对于人的内在动力，不同的学者或学派对此有不同的观点：马斯洛把人的需要视为人自我内在的发展动力；弗洛伊德把人的力比多视为是人自我的内在发展动力，即性欲；马克思则认为人自由而全面发展的诉求视为是人自我内在的发展动力；我国儒家思想认为人的向善是人自我内在的发展动力，即内圣外王；我国法家思想认为人的利己是人自我内在的发展动力；我国道家思想认为求道是人自我内在的发展动力，等等。结合我国传统文化的精髓，以及网民的网络自我在网络社会的实践，可以简要地将网络自我互动的内在动力理解为网民自我内在的向善发展。

1. 网络自我互动的动力界定

动力，本为物理学的概念，最初是为物体自然落差的势能，是物理学中的自然现象。随着社会科学的发展，动力一词也被运用于社会科学，常被理解为社会发展的动力。紧随社会学的发展，动力一词也被运用到思想政治教育学。在网络思想政治教育学，学界运用了网络思想政治教育的发展动力。网络自我互动的动力正是基于网络思想政治教育发展动力基础上对网络自我互动的深度探讨。网络自我互动的动力是网络自我互动的内生动力。此动力是网络自我互动各个要素之间的矛盾相互作用所产生的内推力，是网络社会多种矛盾集中于网络自我内在动力的集中体现，是催生网络自我融入网络社会的无形动力，是网民自我生存与发展的生命源泉。人是集自然性、社会性、技术性一体的复杂有机物。自然性源自于自然界的本质属性。自然界是生物界各个物种相互影响相互作用的生态系统，此生态系统中生物之间的内在作用形成了生物界的内在互动系统。人是这个系统的有机组成部分，因为人是来自于自然界。有鉴于此，人自身也具有自然界的本质属性。这就是人自身生理器官的互动系统。人生理器官的内在互动系统给予了人生命的原始动力。人的自身生理器官内部存在着生理器官的循序互动系统。人生理器官的内生动力源自人父母自然属性的赋予以及人自身社会属性的再生，同时，也具有人自身生存发展以及人类繁衍的内在驱使。除了人自然属性外，人还具有技术属性。人在其技术性演进的过程中逐渐摆脱了自身的自然属性，而逐渐走向社会化。人在发明技术、制造工具的过程中催化了人的自我互动。这种互动是人超越自然属性的根本因素。无论是石器时期、手工业时期、工业时期或是信息时期均是人自我互动的阶段性标志。人不仅是技术性的存在，还是社会性的存在。人不是单个的社会性存在，或是群体性的社会存在。人是在其社会化的过程中将社会发展动力内化为自身发展动力的重要组成部分，并提升了人自我的发展动力。人在确立自我对象物时不仅是自然属性的原生物、技术性的再生物，或是社会性的再造物。正是因为有他人的存在，才会有自我的存在；正是因为有他人与自我之间的相互对立的关系才会导致阶级、国家等社会结构的形成；也正是因为有社会结构的形成，才会有社会自我的进步。可见，人的自然属性、技术属性以及社会属性建构人的自我属性，汇聚成了人自我发展动力。以此类推，网络自我互动是基于网络技术生存背景下的自我互动，理应具有如此的内在动力。有鉴于此，可将网络自我互动的动力界定为网络自我在网络实践过程中的原始生命力、技术创新力以及社会实践力的有机结合的内生合力。

2. 网络自我互动的动力分类

对事物的分类，总是依据不同标准进行划分。对网络自我互动的动力分类也应如此。网络自我互动的动力分类可根据网络自我互动的动力来源、地位作用以及路径等将网络自我互动的动力分为若干类型。

（1）网络自我互动的外在动力与内在动力

根据网络自我互动的动力来源可把网络自我互动的动力分为网络自我互动的外在动力与网络自我互动的内在动力。第一，网络自我互动的外在动力。网络自我互动的外在动力是指网络自我与网络自我外界要素之间相互作用而产生的动力，即网络人机互动以及网络人际互动的动力。网络人机互动的动力是网络自我互动的基础，是网络技术激活网络自我自身内在生理功能的原生动力。网络人际互动的动力是网络自我互动与网络社会相互作用所产生的动力，是网络社会运行动力赋予网络自我互动的社会创生动力。第二，网络自我互动的内在动力。网络自我互动的内生动力是网络自我互动在网络实践中所产生的动力。网络自我互动的内生动力主要是三个层面：一是网络自我的生理生命力的动力；二是网络技术给予网络自我生命力的动力；三是网络社会给予网络自我生命力的创造力。虽然这样简要明确了网络自我互动的动力源泉，但是对于这些动力是如何产生？这却是一个极为艰辛的探索过程。

（2）网络自我互动的主要动力与次要动力

动力的源泉有主要与次要之分，这是根据网络自我互动的动力作用的效果来划分。如果对网络自我互动作用力度大就被称为主要动力，其次就被称为次要动力。按这个标准就将网络自我互动的动力分为主要动力与次要动力。网络自我互动的主要动力是指网络自我互动的内在动力；而网络自我互动的次要动力是指网络自我互动的外在动力。事物的发展具有内外因素。内因是根本，外因是条件。外因只有通过内因发挥作用。因此，网络自我互动的内在动力就是网络自我互动的自身互动动力，而网络自我互动的外在动力就是网络自我互动的人机动力和人际动力。

（3）网络自我互动的直接动力与间接动力

动力的产生从来都不是孤立的，而是两个或两个力之间的彼此作用。在彼此动力的相互作用下，有的动力是直接的发生作用，而有的动力是间接的发生作用。这种直接或是间接，在网络自我互动中，只是一个相对而言，并没有实质性上的准确界定，因为网络自我互动的动力可以因其自身动力作用的实际效果而发生相应作用。根据这一判断标准，可将网络自我互动的动力分为网络自我互动的直接动力和间接动力。网络自我互动的直接动力就是网络自我互动的内在动力。网络自我互动的内在动力又可以根据网络自我互动的生理与心理、动机与行为、事实与价值的矛盾在不同自我互动阶段所起到的不同作用而划分为网络自我互动的直接动力或是间接动力。网络自我互动的动力阶段性反映了网络自我互动的动力来源的特定属性，就会反映网络自我互动的动力是直接的或是间接的。而网络自我互动的间接动力是指网络自我互动的外在动力。其外在动力又分为网络自我互动的人机互动和人际互动的动力。这两者之间是根据网络自我互动的特定阶段而划分为直接或是间接的动力。

网络自我互动的动力是基于网络自我互动的动力界定基础上，简要地对网络自我互动的动力归类，其目的是为了进一步了解网络自我互动的动力来源。无论网络自我互动的动力来源何处，其实质是网络自我互动的最终来源是基于网络自我互动的网络自我的生命运动、网络技术互动以及网络社会变动。

二、网络自我互动的生成与规律

（一）网络自我互动的生成

网络自我是网民在网络社会中社会化的状态，而网络自我互动是网络自我的社会存在。网络自我互动是网络自我在网络技术互动本质基础下的社会化的发展态势。网络自我互动不是静止状态，而是动态过程。网络自我互动的动态过程，是网络自我互动不断演变与生成的过程。网络自我互动的生成是网络自我的内在构成要素按照其内在结构原则统筹各个要素的逻辑演变过程，是网络自我发展的必然趋势，反映网络自我各个要素的内在结构。网络自我互动的生成过程就是网络自我内在各要素之间相互作用所演绎的发展过程。此发展过程可从两个角度探究：一是从纵向角度探究网络自我互动的生成。网络自我互动的纵向生成是根据网络自我的生理与心理、动机与行为、事实与价值的历史维度来分析网络自我互动的形成与发展，是人的生理维度，是人的时间维度，也是人的认识维度。网络自我互动的生成及发展与其年龄、社会经历等因素有关。根据皮亚杰人的认识论观点，人的自我是在一定年龄的认识基础上形成的，并由感性认识到理性认识的阶段性过程。在人的不同年龄阶段，人的自我生成的特定含义具有本质差异。苏联心理学家科恩在《自我论》分析了自我与其年龄认知的内在关系，并将自我划分成不同的阶段性。从自我内在要素的建构可以透析网络自我的轨迹是从生理与心理到动机与行为，从动机与行为到事实与价值，从事实与价值再到真我与假我的演进过程；二是从横向角度探究网络自我互动的生成。自我不仅是纵向的逻辑过程，还是横向的对话过程。此过程就是主我与客我之间的对话过程。无论是主我或是客我均是"我"的存在。在"我"的纵向过程包含了生理与心理、动机与行为、事实与价值、真我与假我的内在逻辑过程。因此，在横向过程中，自我的互动轨迹就是主我与客我的生理与生理、心理与心理、事实与事实、价值与价值、动机与动机、假我与假我、真我与真我之间的对话过程。这就网络自我互动的纵横生成轨迹奠定了网络自我互动的生成逻辑。

网络自我互动的生成实质就是网络自我互动的发展，也就是网民通常情况下被理解为网络自我互动的纵向生成，这是网络自我互动的历史发展。网络自我互动的生成主要有网络自我互动的生理与心理生成、动机与行为生成、事实与价值生成以及真我与假我的生成等。

1. 网络自我互动的生理与心理的生成。网络自我互动的生理与心理的生成可从三个角度思考。第一，网络自我互动的生理生成。人的生理结构是人自身发展的生命进化的物质载体，因为人的自我互动的前提就是人的生理生成。人的生理生成不是重新塑造人的生理结构，而是塑造人的生理社会认同。在现实生活中，因现实客观因素制约，有的人因生理部分局限，而不能接受自己的生理身份认同，并使自己深深地陷入苦闷之中，羞于参与人的自我互动。然而，在网络社会，网民可以借用网络技术的虚拟性掩饰自身的生理不足，且利用网络技术优势将自身生理结构与网络技术进行优势互补，完善网民在网络社会中网络自我互动的生理要素。第二，网络自我互动的心理生成。网络自我互动的心理生成是网络自我互动的心理感觉、心理知觉的发展过程，是网络自我互动与网络人机、网络人际所导致的心理生成。无论是网络自我互动的网络人机、网络人际的横向或是网络自我互动的自身内在纵向的心理生成都是网络自我的心理从不成熟到成熟的发展过程。第三，网络自我互动的生理与心理的生成。网络自我互动的生理与心理生成实际上就是网络自我互动的生理与心理的矛盾及动力的外在表现形式。网络自我互动的生理变化导致网络自我互动的心理变化；网络自我互动的心理变化又影响了网络自我互动的生理变化。这两者之间彼此相互影响、相互作用，共同推进网络自我互动生理与心理的共同发展，确立网络自我互动的生理与心理的基础。

2. 网络自我互动的动机与行为的生成。第一，网络自我互动的动机生成。网络自我互动的动机不是一个简单、单一的动机，而是一系列动机的组合。网络自我互动的动机不是网络自我互动在网络自我互动的心理基础上瞬间萌发，而是网络自我互动心理的一系列活动按照心理运行规则而形成的网络自我互动动机。因此，网络自我互动的动机是一个生成过程。第二，网络自我互动的行为生成。网络自我互动的行为生成是网络自我互动的动机演进而来。网络自我的动机是一个网络内在的心理过程。要将网络自我互动的动机转化为行为，这里就有网络自我互动的主我话题，同时也具有网络自我互动的客我议题。将网络自我互动的动机转化为行为是网络自我互动的外化过程。这个外化过程是网络自我行为的生成过程。在其行为生成过程中，有一个从简单行为到复杂行为，从低级到高级的过程。第三，网络自我互动的动机与行为的生成。网络自我互动的动机与行为的生成是指网络自我互动从动机到行为的发展过程。根据马斯洛的需要层次论，人有七种需要。这些需要是逐渐增强的。当然，这些需要是相互渗透的，并非简单的线性递进，而是一个多维发展的立体过程。在现实生活中，人或许有太多的动机，但因受到现实生活的制约，许多动机是不可能转化成行为。但在网络社会里，网民一旦有了动机就可能借用网络虚拟技术将动机转化为行为。只不过这些行为，有的是真实的行为，有的是虚拟的行为。

3. 网络自我互动的事实与价值的生成。第一，网络自我互动的事实生成。网络自我互动的事实生成是网络自我互动的事实产生。网络自我互动的事实生成是因为网络自我互动的行为产生。网络社会是网民行为空间。只要能敲动键盘，挪动鼠标，都可以在网络社会产生网络行为。无论是网民的网络自我敲打键盘，移动鼠标，复制、剪辑、粘贴图片，浏览信息，欣赏视频等，都可以在网络社会中留下信息痕迹。这些信息痕迹都是网络自我互动事实生成的具体体现。当然，网络自我互动的事实生成不仅是简单的重复过程，而是随着网络社会发展的深化过程，是网络自我的发展过程，是网络自我互动简单事实到复杂事实、单一事实到多维事实的创建过程。第二，网络自我互动的价值生成。网络自我互动的价值生成是网络自我互动的事实升华，是网络自我互动事实的意义所在。网络自我互动的价值是具有内在网络自我需要以及外在满足网络社会需要的双重价值。但无论是网络自我的内在价值或是网络社会的外在价值，其价值都不是单一的价值关系，而是多重的价值关系，这是因为网络自我互动的内外价值都具有多重需要，而不是单一需要。网络自我不是单一的自我，而网络社会也不是单一的社会。其次，网络自我互动的内外价值不是瞬间就从网络事实当中提炼而成，而是随着网络自我的发展以及网络社会的变化而逐渐形成的过程。这个形成的过程就是网络自我互动的价值生成过程。第三，网络自我互动的事实与价值的生成。网络自我互动的事实与价值生成是网络自我互动的事实与价值之间的互动关系，是网络事实生成网络价值的过程。网络自我互动的事实众多，但并不是所有网络事实均具有其网络价值，因为有的网络事实就仅仅是网络事实而已。当然，有的网络事实不但蕴含了网络自我互动的价值，而且还具有多重价值。如此而论，网络自我互动的事实与价值的生成关系，既可以是一一对应关系，又可以是多对一的关系，也可以是多对多的关系。

4. 网络自我互动的真我与假我的生成。第一，网络自我互动的真我生成。网络自我互动的真我生成是网络自我互动过程中真我内在价值的形成过程。网络自我互动的真我是网络自我互动内在价值的确立。网络自我互动的真我是网络社会价值内化为网络自我的个体价值。网络自我互动的真我不仅有内容价值属性的真，也有网络自我互动形式的真。网络自我互动的真我是网络自我真我的内容与形式的有机结合，是网络个体自我与网络社会自我的高度统一。第二，网络自我互动的假我生成。网络自我的假我是网络自我互动的社会扮演，是网络社会中网络自我的社会适应，而不是将假我简单地理解为虚假的自我。网络自我互动的假我生成一则是网络自我互动的技术虚拟的自我生成；一则是网络自我互动的社会虚拟的自我生成。网络自我互动的假我是网络自我互动发展的特殊形式，是与网络自我互动的真我相对应的一对自我表达形式。第三，网络自我互动的真我与假我的生成。网络自我互动的真我与假我的生成是一对相互包含的概念。网络自我互动的真我包含了假我因素；而假我包含了真我要素。真我与假我可以相互转化。其转化过程是网络自我互动的真我与假我的生成过程。网络自我互动的真我与假我生成的主要依据是网络技术的互动本质。但是，网络自我互动的真我与假我生成是极为复杂的过程，是网络自我互动各要素相互作用的过程，是网络自我互动生成的系统过程。

（二）网络自我互动的规律

规律是事物内在固有的本质的必然联系。任何事物在其发展过程中都会形成内在的必然性。网络自我互动是网络自我在网络社会的发展形式，是人的自我在网络技术生存方式下的内生发展，是人生存的三大基本关系之一的人我互动在网络技术发展视域下的内在生成。在其生成过程中，网络自我互动的内在发展必然有其规律性。

1. 网络自我互动的规律内涵

网络自我互动是网民生存于网络技术的自我互动。在这一互动过程中，其内在有着三重的必然趋势。其一是网络技术发展的必然性。网络技术不是偶然的技术，而是人类社会的历史发展，是技术史发展的必然结果。网络技术的发展是人类智慧的结晶，是人类社会对客观事物认识的必然结果。其二是人自我发展的必然性。人自从揖别于自然。人类就遵循人类社会发展的规律而发展。从社会形态看，它经历了原始社会、奴隶社会、封建社会、资本主义社会以及社会主义社会。在这一历史长河中，人的自我发展也经历了这一历史的必然过程；其三人发展的必然性。人不是静止的存在物，而是运动的存在物。人生存的三大基本关系就是人与自然的关系、人与人的关系以及人与我的关系。这三大关系都不是静止的关系，而是发展的关系。这三大关系都遵从各自内在的发展规律，是事物发展的自然趋势。随着网络技术的发展，网络自我互动就建构在网络技术的基础之上，并将网络技术发展与网络自我互动紧密地交织在一起，将三个必然的发展趋势结合在一起，凝结成网络自我互动的内在规律。可见，网络自我互动的规律潜藏在网络自我的生存与发展之中。网络自我互动的内在规律就是网络自我互动的内在生命与社会相互交织的复合体。此复合体揭示了网民在网络社会发展的内在规律性，即网络社会的发展史也就是网民的自我发展史，这就确认了网民自我互动与网络社会发展之间的内在本质。因此，网络自我互动的规律就是网络自我内在各个要素在其互动过程中所形成的助推网络自我互动的内在必然联系。

2. 网络自我互动规律的类型

网络自我互动规律的分类是根据网络自我互动不同要素所划分的。网络自我互动的规律是网络自我互动的内在本质的必然联系。网络自我互动是网络自我的互动体系，其互动体系具有不同的内在联系。此内在联系又潜在着深刻的规律性。此规律性具体体现在内外的两条逻辑发展脉络上：内在的发展脉络是网络自我互动内在各要素之间的必然联系。外在的发展脉络则是网络自我互动的人机互动、人际互动的发展规律。

（1）网络自我互动的内在规律

网络自我互动的内在规律是网络自我互动的内在各要素之间的内在的本质的必然联系。此联系包含了网络自我互动的内部诸要素之间的规律性，即网络自我互动的生理与心理、动机与行为、事实与价值、真我与假我的内在逻辑。

第一，网络自我互动的生理与心理互动规律

前面已经论述了网络自我互动的生理与心理的要素、结构、矛盾以及动力，现就从网络自我互动的生理与心理的规律视角思考。人的生理与心理的发展关系主要体现在两个方面：一是生理与心理的和谐；一是生理与心理的背离。在现实生活中，大多数人的生理与心理是一致的，生理与心理是和谐的。但在某些特殊情况下，人的生理与心理也存在着背离。如果人的生理与心理是背离的，那么，人就会存在着心理的不健康。如果人的心理不健康，那么人的心理就可能呈现心理障碍，甚至心理扭曲。在通常情况下，人过多地关注自身的生理健康，而忽视其心理健康。但随着人对心理健康的重视，人的心理健康教育得到了极大地发展，以此协调生理与心理的和谐发展。

在网络社会里，网民的生理满足不会再受到现实物理空间的制约，因网民是以身体缺场的姿态出现在网络社会之中，其参与网络社会活动的不是生理的全部器官，而是以生理为载体的生命活动的社会角色参加网络社会实践。既然其生命活动的实践者是网民生命的社会角色，那么网民就可以将自身的生理分为直接参与网络实践的生理器官和间接参与网络实践的生理器官。但是，即使间接参与网络社会实践的器官也将被网民用网络虚拟技术将自身的完整的生理器官展现于网络社会，并可以把自己生理器官扮演诸多社会所需要的身份角色以尽情地满足自身的生理需要，以建构起网络自我互动的生理与心理的和谐一致的规律。这是因为网民使用网络技术实现了自身在现实社会因受物理空间制约而无法实现的身份角色，这或许就是现代网络技术将网络社会里的许多难以实现的事都变得异常容易、唾手可得。为了适应网民内在生理的需求，网民将在网络社会中展现其许多心理渴求的生理现象。正是这一彼此的内在需求，网民在网络社会中就可以拥有多元的网民身份呈现。因此，在网络社会中，网民的生理与心理的关系就不再像现实生活中的生理与心理之间的关系，而是一个被抽象了的生理与心理的关系。此关系是一对一、一对多、多对多的生理与心理的刺激与反应关系。其关系不是简单的外在地表现为粗略的生理与心理的和谐与背离的关系，而是转变为生理与心理的关系围绕网络社会价值为轴线上下波动的生理与心理的规律性。

网络自我互动围绕网络社会价值上下波动的生理与心理规律。网民是现实生活中的人在网络社会的昵称。人在现实生活中具有生理与心理的互动关系，并呈现其内在的规律性。作为网络实践的网民仍然具有生理与心理的互动。首先是网民的生理变化刺激网民的心理变化；反之，网民的心理变化缓和其生理变化。介于网络技术的特殊性，因此，网民在网络社会中更多的是显示网民的心理变化，其生理变化几乎不变，而网民的心理变化主要是依据网络社会的信息刺激。当网民受到网络社会信息的刺激后，网民就会产生一定的心理反应，积累起心理情绪。此时的心理情绪有积极的，也有消极的。这些心理的情绪不是来源于网民的生理刺激，而是源于网络社会的信息刺激，但这种信息刺激又要反映到网民的生理与心理的关系，体现网民生理与心理的规律性，这实际上是网民的生理与心理的规律围绕着网络社会信息的内在意义而进行规律性的变化。网民将网络社会信息的心理价值理念运用到网民的生理塑形，而网民新的生理塑形调适网民的心理需求。由此，在网民彼此生理与心理的内在发展趋势下，这就使网民的生理与心理趋于相应的平衡。

虽然网络自我互动的生理与心理的规律不同于现实生活中人的生理与心理规律，但毕竟都是人自身内在的生理与心理的规律，始终离不开人的生理与心理这一根本议题。在网络社会里，即便有网络自我互动的生理与心理的不和谐现象，但网络自我互动最终都要回归到生理与心理的相对和谐的状态。此回归是网络自我互动的生理与心理自身随着网络社会实践的调适，是网络自我互动发展的必然趋势。这种趋势就是网络自我互动的生理与心理发展的必然趋势，即规律。

第二，网络自我互动的动机与行为规律

动机与行为是人独有的社会属性。人的动机驱使着人的行为发生，而人的行为发生必然受着其内在动机的驱使，这就是人动机与行为的本质必然联系，也就是人动机与行为的规律。而作为生活在网络社会的网民的动机与行为的规律是指网民在网络社会的网络实践中的动机与行为之间的必然联系。在现实生活中，人的动机与行为具有一致性，也有不一致性。若有人的动机与行为不一致，这通常是因为人的动机受到外界环境的制约，而不能将其动机转化为行为。其外界环境制约是指人自身生存的自然环境和社会环境。自然环境是人自身生存与发展的物质基础，是人存在与发展的自然资源。没有自然环境的存在，就没有人的生存。但仅有自然环境是很难确证人的社会存在，因此人的社会存在包含了人自身的社会关系。人的社会环境是人之所以为人的实质要素。人的动机是人面对自然环境与社会环境的动机，其行为也是面对自然环境与社会环境的行为。作为人生存的自然环境与社会环境是无限的，因此，人的动机与行为也是无限的。然而，作为人自身的动机与行为却是相应的范畴，是具有内在的必然联系。

随着网络技术发展，人进入到网络时代，人类社会开创了网络时代的新纪元，创建了网络社会。在网络社会里，网络社会是网络虚拟技术所建构的社会。在此社会里，网民可以任意地将自己的动机通过网络技术转化为自身的网络行为，即既真实又虚拟的行为，这些行为是网民在网络社会中设计、模拟其动机内在对应的行为。哪怕网民会怀疑其动机与行为的真实性，但至少是网民将网络自我互动的动机与行为建立起了有机地联系。

在网络自我互动的动机与行为的关系中，网络自我互动的动机与行为存在着一对一、一对多、多对一的彼此互动关系。但无论这些关系如何，其关系背后都存在着动机与行为的联系，即动机转化为行为；行为背后蕴藏动机。这是因为网民可以利用网络社会中的符号、图片、视频等文本将其内在的网络动机演绎为相应的网络行为。如果网络世界是物理世界、心理世界、观念世界、能量世界等，那么网民的动机就如同网民自身的能量，可随时向外界释放能量，此时网民的网络行为就是网民能量释放的表达。

虽然网络社会给予网络自我互动的动机与行为具有足够的灵活度，但网络社会毕竟不是私人空间，而是公共空间。既然网络社会是网络公共空间，那么网络社会就必须拥有公共空间的特殊属性。并以这一属性要求网民对自己行为规范。此规范源自网民的内心动机。而此时的动机不是像现实生活中那样来自人的外在需要。而是源自网民在网络实践中的内心觉醒："我到底是谁，我真正的动机是什么，我该做什么？"等。这一议题是在追问网络自我互动的动机与行为之间的内在关系。网络自我的动机是网民内在心理活动的集中反映，暗示了网络自我互动的发展趋势；而网络自我的行为则是其动机的直接体现，清晰地反映了动机的运动轨迹。网络技术的发展，网络自我的动机就会随意地转化为行为。然而，这种随意的转化，并没有真正地揭示网络自我互动的动机与行为的规律。而网络自我互动的动机与行为的规律是网络自我在网络社会中能将自己的真实动机转为其相应的行为，而不是仅仅依靠网络技术的虚假行为方式与之对应，以准确地反映网络自我互动的动机与行为的内在必然性。

第三，网络自我互动的事实与价值规律

计算机是人类技术的物质存在。网络是人类技术的社会存在。网络社会是人类技术的物质与社会的共同存在。此共同存在是网民在网络技术发展的新形态。网络自我是网民在这一新形态的姿态表达。网络自我互动是网络自我在此新形态的存在方式。在网络自我互动中，网络自我依据网络自我互动的动机与行为产生了网络自我互动具有特定价值意义的事实存在。

网络事实的存在不是凭空产生的，而是网络自我互动从生理与心理、动机与行为之间的相互作用而产生的网络事实。因此，无论是网络自我的生理与心理，或是网络自我互动的动机与行为，都会产生大量的网络事实存在。这些网络事实充斥了整个网络社会。网络事实毕竟不是自然现象，而是网络自我互动的结果。网络自我互动是网络自我的互动，而网络自我又是人的自我在网络技术空间的社会表现。人的自我是人的社会形态。人是有目的性的动物。由此可知，网络自我是有目的性的，因此，网络自我互动所产生的网络事实就包含有目的性。这一目的性就是网络事实所蕴含的价值性。正是基于网络自我互动的网络事实与其内在的价值关系，确立网络自我互动的事实与价值的规律性。

既然网络事实是网络行为所产生的事实。网络行为的多元性导致了网络事实的多样性。根据网络事实产生的渠道不同，可将网络事实分为若干类，即网络人机互动所产生的事实，网络人际互动所产生的事实，网络自我互动所产生的网络事实等。网络人机互动所产生的网络事实是网络自我与机器（技术）之间围绕人与技术的价值内核而相互作用所产生的事实。此事实是人与技术之间的现实事实的客观存在，是人在认识自然界、改造自然界基础上的自身价值确立与发展所延伸出来证实自身存在的外在物的直接表现。网络人际互动的网络事实是网络自我与其自身对象化的他人之间围绕人自身价值的生成与发展的事实存在，以他人为自身的镜子，以确证自己是他人存在之存在的网络事实。网络自我互动的网络事实是网络自我在确立自身与技术、他人之间存在的内在价值发展的外在自我呈现。如果没有网络技术、网民他人的事实存在，网络自我就无法实施网络自我互动并产生网络事实的外在表象。可见，网络自我互动的事实与价值的规律就是网络自我与网络技术、网民他人的彼此交织，以网络自我的生理与心理、动机与行为等为根本价值纽带的互动关系，反映了网络自我互动中网络事实与网络价值之间的内在逻辑的必然趋势。

除了从网络自我互动事实与价值规律的微观视角思考外，还可以从网络社会的网络事实与网络价值规律的宏观视域思考。就价值本身而言，价值就是关系存在。但在此不再以价值本身的研究为研究，而是思考网络社会的事实与价值的规律性。黑格尔的事实与价值关系是：存在就是合理，合理就是存在。在网络社会中，网络社会存在着各种各样的网络事实。网络事实的本身就是网络行为的客观存在。网络行为就是网络社会的"信息流"。此信息流应具有特定的价值内涵。如果信息流里没有价值导向，其信息流将会导致信息阻塞。在网络社会里，网络社会常常给网民的感觉就是去中心的，缺少价值导向。但是，无论怎样，网络社会的价值导向是网民在网络事实基础上确立起价值共同体。此共同体是网民共同具有的超越性、能动性、导向性的价值体系。

第四，网络自我互动的真我与假我规律

真我是网络自我互动的内在价值存在；假我是网络自我互动的现象存在。网络自我互动的现象存在与内在价值存在未必就有必然的联系。但网络自我互动的真我是网络社会必然存在；网络自我互动的假我是网络社会的偶然存在。这两者之间的必然存在是网络社会的存在，因为只有网络社会的真我是不可能的；这与网络只有假我的存在一样是不可思议的。因此，至于网络社会的真我与假我之间是如何转化，这是网络自我互动的真我与假我的内在规律性。

网络自我互动的真我与假我的规律性体现在网络自我互动的求真、求善、求美的价值关系上。网络自我互动的事实与价值的规律是网络事实与网络价值的内在关系。网络自我互动的真我与假我的规律是求真、求善、求美与虚拟、虚假、虚无的辩证关系。真我是网络自我互动中网络事实包含的社会价值；假我是网络自我互动中网络事实所隐藏的虚假价值。在此基础上，网络自我互动的真我还可以将真我理解为网民在网络社会的真实表示，是网络事实与网络价值的一致性。网络自我互动的假我可将网民理解为在网络社会的虚假表示，是网络事实与网络价值的背离。但就真我与假我而言，真我与假我是网民在网络社会中人的身份表达，是网民身份的姿态呈现，是真我与假我之间的内在必然。

真我是网民内在的真实需要。在使用计算机工具时，网民就可能是真实的自我。网民在网络社会表达自己真实意愿时也可能是真实的自我。此时，网民在表达自己真实自我时是在表达自己的内在需求，是在表达自己内在的求真、求善、求美的渴求，这是网民的最高境界。但是，网民也是社会的人，具有社会的多重属性，为了适应社会发展需要，网民也会扮演多种角色，因而网民在扮演角色过程中就会呈现虚假的一面，这虚假的一面就是假我。在网络技术里，网络技术具有"双刃性"，网络技术一面呈现真我；网络技术一面扮演假我，即有的网民利用网络技术手段扮演虚假角色，以欺骗他人，或许这就是假我的社会存在。无论网民在网络自我互动中同向或异向都存在着真我与假我，即真我与假我在网络自我互动中所蕴含的内在必然性。

（2）网络自我互动的外在规律

此处的网络自我互动的外在规律不是从网络人机或网络人际的角度谈论网络自我互动的外在规律，而是从网络自我互动自身的同质或是异质的角度来思考其外在规律。

网络自我互动的外在规律是指网络自我互动中其自身生成的同质性规律或是异质性规律。同质性规律是指网民在网络自我互动中网络自我的生理与心理、动机与行为、事实与价值的一致性，是网民个体自由而全面的发展过程。网民在网络社会中是真实的存在，而不是虚假的存在。网民还可以根据自身需要随时调整自己的角色定位。网民在网络社会中的角色调整定位就像网民在网络界面动用鼠标调整计算机界面的图标定位那样自如。将来的某个时期，网民就会与网络完全"联婚"，形成人机复合体。计算机界面就成为人的脸面，计算机探头就是人的眼睛，计算机内部芯片就是人的组织器官，计算机软件就是人大脑的思维存在。在此情况下，网民就不得不发出惊奇的吼声：即人就是机器，机器就是人。网络中人与人的关系就是计算机与计算机之间的关系。这一关系就是依靠网民的内心心灵的能量交换。在此背景下，网络自我互动难道不就是人的自我互动吗？难道不是网络自我的生理与心理、动机与行为、事实与价值之间的内在和谐吗？

网络自我互动的外在规律还表现在其异质性。网络自我互动的异质性规律是指网络社会里网民个体的自我互动中的个体异化。此异化首先表现在生理与心理关系上。在现实生活中，人的生理与心理是相对一致的，即生理的变化会引起心理的变化，心理的变化也会引起生理的变化。在网络社会里，因网络本身的特殊性，网民个体的身体缺场，即便是在身体缺场的情况下，网民个体心理的变化就会更加多样化，这就表现出生理与心理的差异性。网民在网络社会里的心理变化是符号的变化。符号是个体心理变化的表现形式。而且这些心理变化不是单一的，而是多层次的；不是单向的，而是多向的。生理的变化与心理变化具有不确定性。在现实生活中，个体的生理变化就会导致其心理的变化，心理变化导致其生理变化。但在网络社会里，当身体缺场时，网民心理变化乃在进行。网民心理的变化是不受时空制约。而且网民个体心理变化不是单一的，而是多层的。在动机行为的异质过程中，动机与行为并非完全一致，正如人们常言的真人说假话，假人说真话。网络是虚拟空间，是技术文化的思想结合体，是网络自我互动的内在生成的外在表现。网络并非单一的技术问题，而是网民个体在网络空间中的自我塑造。网民的动机来自网民个体的需求，其需求来自人的生存需要，有了需要，就会产生动机，有了动机就会产生行为。当然，介于网络技术的特殊性，网民可以把自己的动机分为真、假动机，真动机用假行为来表示，而假动机用真行为来表达。这就是网民个体在网络自我互动中动机与行为的异质性表现。事实与价值之间的异质是反映在网络社会中存在着大量的以客观存在的事实，这些事实是多元化的价值取向，这样的价值使人常常处于极为矛盾困惑之中。网民在网络中所拥有的事实越多，其价值就越感到迷茫；而不是人所拥有的事实越多，其价值目标越清楚。

3. 网络自我互动规律的体现

网络自我互动的规律是网络自我互动的必然趋势，是网络自我互动作为网民自身的社会现象的必然反映，包含着网民在网络社会中的网络人机、网络人际以及网络人我的内在关系，是网民开发网络技术、把握网络社会关系以及塑造网民自身健康发展的重要渠道。在网络技术的发展中，作为技术化的网民除了具有现实人的发展规律性外，还具有网络技术发展的规律性，是现实人与网络技术的深度融合，是网民对网络技术、网络社会以及网民自身的新认识。在这一新认识中，网络自我互动反映出自我的发展规律。这一规律不是单方面的某一规律，而是一个规律体系：既有网络自我互动的外在规律，也有网络自我互动的内在规律；既有网络自我互动内在的生理与心理、动机与行为、事实与价值、真我与假我的网民个体发展规律；也有网络自我互动的网络群体或网络社会的发展规律等。但无论是何种规律，网络自我互动的规律都会以一定的方式展现出来。因此，为了更好地研究网络自我互动的规律就必须要仔细、深刻、全面地掌握网络自我互动的外在表现形式，也就是从其外在形式上或者现象上去准确地认识网络自我互动的客观规律。

网络自我互动规律的体现是网络自我互动的外在形式。此形式具有局部性和全面性。从局部性讲，主要是紧扣网络自我互动本身的现象、形式进行对网络自我互动的内在规律的探讨；从全局性而言，要侧重分析网络自我互动的网络人际互动以及网络人机互动对网络自我互动的影响，以便从外围的视域窥探网络自我互动的规律。从形式的短期和长期看，网络自我互动的短期是指网民在网络社会实践的短期活动。此短期是指网络自我互动的完成的深度短期，而不是网络自我互动的周期短期，这是因为网络自我互动是一个周期的同时活动，而不能将自我互动的生理与心理、动机与行为、事实与价值、真我与假我截然分开。从自我互动的过程来看，网络自我互动是一个网络技术的永恒的时间话题。随着网络技术的发展，网络自我互动将随着网络技术的发展而无限地发展下去。在这一技术发展过程中，网民将始终会紧扣网络技术、网络社会的发展来探究网络自我互动的规律。因此，网络自我互动规律虽然是看不见、摸不着的存在，但是可以通过网络技术、网络社会的推进以及网民的各种变化来探究其规律。因此，网络技术、网络社会的发展以及网民自我的各种变化都将会成为网络自我互动规律的外在体现，是研究网络自我互动规律的风向标。

4. 网络自我互动规律的运用

规律是事物发展的内在趋势，是事物发展的内在必然性。正因为规律包含了事物发展的内在必然性，这就需要研究和把握事物发展的规律，以便更好地利用规律，把握事物的发展趋势，从而更好地为网民的自身发展提供服务。探究网络自我互动的规律不是仅仅为揭示其规律而谈规律，是为了更好地把握规律。把握网络自我互动的规律主要是为了更好地把握网民的思想观念的形成规律，因为网民的思想观念的形成是源自于网民自身的自我互动。这正是研究网络自我互动规律的关键所在。

网民在网络社会的时间、空间已经打破了人在现实生活中的时间、空间的物理限制。人是时空的人，这是人在现实生活具有鲜明的时代性的特定要求。在网络社会里，人已经打破了时空的限制，超越了时空的约束，人把自己延伸了，就是人自我互动已经超越了现实物理时空的制约，使自己能真正地找到自己原本想成为的人，真正地找到了自我。人在网络社会中的自我互动更重要的是人在网络技术里的互动。人是技术的人，技术是人的产物。技术是人自身智慧的外化物。技术（机器）是人自我互动的最好印证。技术的发展就人自我互动的杰作。人自我互动的外在延伸就是技术的例证。同时，人在自我互动中又是在与他人之间的互动中找到自己。人不是单纯的自然物，人是社会的存在物。人的本质特征就在于人自身的社会性。人不直接看到自己是什么样子，但人在与他人的交流中，他人是自己的镜子，自己在与他人交流中发现了自己的优缺，并根据社会的价值导向，弥补自己的不足。在现实生活中，人要与他人进行交流，会受到物理时空、他人自身社会化程度的影响与限制，但人却在自我互动中发明了网络技术这一特定工具弥补了现实生活对人的自我互动所遭遇物理时空对人的掣肘，因此，在网络社会里，网民的网络自我互动就不会再陷入物理时空对人自我互动的泥潭，这就大大地拓展了网络自我互动的活动范畴，尤其是激活了网络自我互动中网民的思想、情感等诸多要素的社会功效。这为研究网络自我互动奠定了坚实的实践基础，也为网络思想政治教育的研究提供了深厚的理论基础。

第五章

网络自我互动：网络思想政治
教育人的动态发展

人的自我话题本应是哲学议题。但随着思想政治教育的发展，哲学为思想政治教育奠定了坚实的理论基础，因为思想政治教育是研究人的综合性学科。为此，对人研究的议题就自然而然地成为思想政治教育研究的核心议题。思想政治教育不是静态的思想政治教育，而是建构在人发展基础上的思想政治教育。人的发展不是单向的人的自我的孤立发展，而是建构在人生存的物质基础条件下的发展。人的物质基础的发展离不开人生存的技术发展。因而，人的生存发展就与人的技术发展保持着天然地联系，这是因为人自从摆脱自然界的主宰以后，人就开始使用技术手段使自己逐渐地远离自然走向独立。人对技术的使用首先是从人手脚的工具性到石器的器物性使用开始，随之，人自身智慧的外化物的铁器、蒸汽机、电子管等工具的使用，直到网络技术的使用，人突然发现网络技术不仅具有工具性的特征，还具有人自身的主体性特征，是人自身发展的折射。此时，作为物质基础发展的技术已经不再是工具性的技术，而是与人有着千丝万缕的价值性技术。在此联系上，作为建构在网络技术基础上的思想政治教育就演化为网络思想政治教育。

网络思想政治教育是基于网络技术而建构的思想政治教育。从网络思想政治教育发展的质的阶段性看，网络思想政治教育可分为工具性的网络思想政治教育和价值性的网络思想政治教育。在网络技术不发达的时期，网络技术只能像其他的技术工具一样作为思想政治教育的工具，而不能对思想政治教育人的生存而发生质的改变，即基于网络技术工具性特征而被赋予其特定阶段的工具性的网络思想政治教育。但网络技术并不仅停止于此，而是不断地向前发展，当网络技术发展到改变人自身的生存以至于是人的生理、心理、动机、行为、事实、价值等多维度时，网络技术就已经不再只是技术的工具属性，而是具有深刻的价值属性，此时的网络思想政治教育就是价值属性的网络思想政治教育。此时的网络自我互动就被置入价值属性的网络思想政治教育的范畴。

正是基于网络思想政治教育的价值属性，网络思想政治教育是思想政治教育适应网络技术发展而建构起来的新型应用学科。作为价值属性的网络思想政治教育的发展经历了一个发展的历史过程。此过程是网络技术发展与人的发展的深度融合的过程。最初计算机的出现并非是思想政治教育的必然产物，而是作为军方的专用产品。但随着网络技术的广泛普及，尤其是计算机与计算机的彼此线性连接，并实现了人与人之间的对话交流，此时网络技术的工具性及其价值性就被引入到思想政治教育的教育者与受教育者之间的思想、意识、观念的交流，并使网络技术成为了网络思想政治教育的必要条件。当网络技术进入思想政治教育的范畴，网络技术就改变了教育者与受教者的关系，将其不平等关系逐渐转化为彼此相对平等关系，并将其思想政治教育的内容逐渐地拓展。随着计算机技术的发展，网络技术就不再是连线的网络初创阶段，而是互联网的雏形阶段。对于互联网的到来，就把原来单一、孤立的计算机联系在一起。互联网的出现，计算机被粘连在一块，可以进行以技术功能为载体的思想、意识、观念的传道与启迪。此时，互联网就逐渐超越了计算机简单工具性的功能，而是走向了人类社会的人与人交流的新形态，催生了人自我互动的新发展。

技术自古以来就不是单一的技术自身的翻版与复制，而是人与技术相互交织的再生性创造，是人与技术的彼此相应的提升与发展。人类自身从火的发现与使用、到石器的打磨与投掷、到铁器的锻造与普及、再到计算机网络的发明与推广，人无疑都在把自身的心智发展到与外界技术发展要求的特定极限。因此，"技术是器官的投射"，这就揭示了技术与人自身器官的内在关系。对此，爱默生提出："人体是发明的仓库，是专利局，一切模式都是从人体得到启示的。世上一切工具和引擎，只不过都是人的肢体和感观而已。人的定义是'受器官服务的一种智能'。"① 舒普提出："工具确实是器官的延伸，社会则是身体的延伸"。② 麦克卢汉认为媒体乃是人类之延伸。特克认为，计算机可以作为脑中思想建构的延伸。因为有了技术的发明，所以人类社会才会有了新的自我存在的感知状态。

既然网络思想政治教育是建构在以网络技术为基础的思想政治教育，那么网络思想政治教育仍将是认教育人作为其内在的出发点与归宿点的教育。人是一切人类学科研究的终极目标。研究人就必须要研究人自身的存在与发展，这是网络思想政治教育的主体、客体的研究范畴以及主体、客体思想内化与外化的关键所在。作为网络思想政治教育的主体——网民在网络思想政治教育中可能会以多种多样的方式存在，比如网民、网络自我以及网络自我互动等。因而，网络自我互动的本质就是在于揭示网络思想政治教育的主体——网民自身的存在方式以及网民自身的内在思想的发生、发展、变化的过程及其规律性问题。因此，根据网络自我互动的本质界定、网络自我互动的要素架构以及网络自我互动的矛盾规律等方面的内容，其实质就是在探究网络自我互动生存的网络思想政治教育主客体的深刻变化以及由其主客体的变化所导致的内容、方式、方法、过程等具体内容的改变。

---

① 卡尔·麦克卢汉：《麦克卢汉精髓》，南京大学出版社 2000 年版，第 582 页。
② 舒普：《技术帝国》，刘莉译，生活·读书·新知三联书店 1999 年版，第 138 页。

一、网络自我互动是网络思想
政治教育的主体拓展

传统意义上的思想政治教育的主体是指人，而且是被统治阶级所赋予特定历史使命的人。这个主体作为思想政治教育的主体概念已经有几十年了。但是随着思想政治教育的发展，思想政治教育的主体内涵也在逐渐地被赋予新的寓意，尤其是在网络技术发展的今天，网络思想政治教育的主体被网络技术重新诠释了新的内涵，不再简单地将其传统意义上的人作为思想政治教育的主体，而在此基础上进行了新的拓展。基于网络技术背景下人的三大基本关系，即网络人机互动、网络人际互动和网络自我互动，这三大关系只是揭示了网民在网络技术下的生存关系，但还没有很好地贴近网络思想政治教育的主体范畴。如果要说网络思想政治教育的主体，那么网民仍旧是网络思想政治教育的主体。但此时的网民不再是一个传统的机械的主体固化概念，而是以新的存在方式登场，即网民的网络自我。网络自我不是静态的自我，而是动态的自我。网民是以网络自我互动切入网络思想政治教育的主体。这一主体的切入，从本质上是对网络思想政治教育主体性的拓展，实质上也是在揭示网络思想政治教育主体的主体间性。网络思想政治教育的主体间性就是要揭示网络思想政治教育的主体不是孤立的主体，而是在网络技术互动本质支撑下的新型的主体间性关系。

（一）网络自我互动是技术性自我互动的产物

网络自我互动并不是一种奇特的产物，而是人的自我在技术性环境下的互动产物。技术不是天外飞来之物，而是人自身内在互动的智慧的外化产物。每当一项新技术的发明与使用，就会使人自身内在的互动性得到提升。

火的发现与使用，使人远离了动物的饮血生活，并能使人自己把自己从动物的类的属性中区分开来。石器的打磨与使用，使人能获得更多的生活资料，为人自身获得独立提供了御寒果腹的物质条件。铁器的使用，使人自身能较好地适应与改造自然，同时也征服自身对手而使自己成为技术的主人，并由此以技术占有为目的迫使人与人之间产生不平等关系，而且还为阶级的产生、国家的形成提供了经济基础。蒸汽机的发明与使用，使人打破了原始的血缘纽带关系而通过技术性的分工积聚在一起，加强了人与人之间的互动，加速了人社会化的进程。网络技术的出现，使人得到了空前的解放，摆脱了物质以及现有制度的制约，而走向自己的自由空间。在网络空间里，网民成为自己的主宰者。尼葛洛庞帝在《数字化生存》中认为，"后信息时代的根本特征是真正的个人化"①。他提出"我就是我"② 的口号。米切尔·海姆在《虚拟实在的形而上学》中指出："计算机已经不再只是从人工智能的角度，以人类对手的姿态呈现，计算机作为人类的工具也不仅只是工具而已，而是我们自身的组成部分之一。"③ 技术是人类自身互动的外在产物。这就表明了技术是人的存在。网络自我互动是人技术性的自我互动形式。

（二）网络自我互动是网络思想政治教育主体性的深化

网络思想政治教育是思想政治教育在网络时代的新发展。网络思想政治教育的架构永远离不开思想政治教育的主体、客体、内容、规律等基本范畴。网络思想政治教育的主体与客体仍然是网络思想政治教育的核心话题。这是因为网络思想政治教育的主体或是客体均是人的自身存在。因此，人的存在始终是网络思想政治教育的核心与实质。网络中人的存在主要是以三种

---

① 尼葛洛庞蒂：《数字化生存》，胡泳、范海燕译，海南出版社 1997 年版，第 3 页。
② 尼葛洛庞蒂：《数字化生存》，胡泳、范海燕译，海南出版社 1997 年版，第 191 页。
③ Heim, Micheael（1993）Metaphysics of Vitual Reality. Oxford：Oxford University Press, p. 55.

方式存在：一是网络人机互动。网络人机互动是网络思想政治教育的基本议题。其基本议题的根源在于网络人机互动探索了网络空间里人自身存在的状况，也即是人与机（技术）问题。众所周知，人是技术的人，技术是人的技术。既然人是技术的人，因此网络思想政治教育是建立在网络技术这一特定社会存在基础之上。同时，由于网络技术的互动本质，网络技术空间的人就是虚拟的人，面对这样的人的思想政治教育是传统忽视技术性的思想政治教育所不能解决的。为此，谢玉进指出网络人机互动为网络思想政治教育提供了技术理念创新，其技术理念创新体现在网络思想政治教育的开放性、智库性等理念；就网络思想政治教育的形态与模式的创新上，其形态模式就是随着网络技术自身的特质而定，即网络自身发展是从计算机工具到网络界面、网络空间、网络社会而形成的阶段性，因此在网络思想政治教育过程中应遵循网络技术性规律。可见，在其研究的内容与方法上的创新是可以借鉴的。二是网络人际互动。吴满意在博士论文中论述网络人际互动与网络思想政治教育的关系时剖析了网络思想政治教育的观念建构，其基础仍然是技术性这一基础观念。就主体话题主要是基于技术的平等主体以及基于技术的主体间性问题；就其主要内容是网络思想政治教育的价值原则、导向与内容的构建以及网络思想政治教育的方式构建。随后就是如何深化网络思想政治教育的内在关系与其基本过程的深入研究。三是网络自我互动。网络自我互动，是并属于网络人机互动、网络人际互动的三大互动关系之一，是人自身在网络社会里的延伸。传统思想政治教育里也涉及到这三大关系，只是没人专门从这三个方面进行论述，这是因为思想政治教育学者主要把精力放在对思想政治教育的概念、内容、过程、关系等基本范畴的研究，即从微观角度论述思想政治教育本身范畴内所关联的基本内容，而没有从宏观视域将网络思想政治教育放在其三大范畴之内思考。既然前面的网络人机互动、网络人际互动均从网络思想政治教育的理念（观念）、方式、过程、内容等宏观视域把握了网络人机互动、网络人际互动与网络思想政治教育的关系。在此，也将从网络自我互动的微观视角纳入网络思想政治教育主体的范畴研究之中。

（三）网络自我互动是网络思想政治教育主体间性的释放

思想政治教育主体间性的研究转向是思想政治教育前沿课题之一。我国哲学领域在 20 世纪 90 年代就开始研究主体间性转向。教育界在 2002 年把主体间性纳入教育学研究之中。思想政治教育的主客体关系在思想政治教育中的运用作为前沿动态和热点议题，是思想政治教育研究紧跟时代的步伐，实现由单子式的主体性思想政治教育向主体间性思想政治教育的转化。

在网络时代里，计算机网络与我们的生活息息相关，是技术层面发展的介质，决定着我们的生存方式。在网络社会里，思想政治教育的主体逐渐消解，而主体间性逐渐增强，出现了网络主体间性。在传统思想政治教育里，思想政治教育的主体是处于养尊处优的地位，是教育的传经授道、解难释惑的人师，是教育过程的主动发起者、组织者以及实施者；而思想政治教育的客体却是教育的被动接受者。随着思想政治教育研究的深入，学者们注意到受教育者的能动性，因为受教育者仍然是人，是人就具有主动性和能动性。既然思想政治教育的主体和客体都具有主体性，因而，就不能简单地将主体性赋予思想政治教育的主体，而剥夺思想政治教育客体的主体性。对此，学界注意到思想政治教育的主体性这一术语。为此，学界对传统思想政治教育的主体性这一概念进行了界定，并认为"思想政治教育的主体性是由思想政治教育者的主体性、受教育者的主体性和思想政治教育活动的主体性有机构成的复杂整体"①。在这一概念中，已经蕴含了思想政治教育主体与客体的主体性的内在关系，即主体间性。在网络社会里，因网络技术的互动本质以及网络社会信息流变的特质，不仅没有减弱其主体间性，相反地，还增强了网络思想政治教育的主体间性。可见，网络思想政治教育的主体间性是网络思想政治教育主客体的主体性的外在表现形式，是网络思想政治教育主客

---

① 张耀灿等：《现代思想政治教育学》，人民出版社 2006 年版，第 271 页。

体的网络自我互动的本质反映。

1. 网络思想政治教育主体间性的确立

网络思想政治教育是在网络社会这一特定的生存方式下架构的。网络社会是一个基于网络技术、网络关系和网络文化所构建的新环境。网络社会按其空间范围分为微观的网络空间、中观的网络社区以及宏观的网络社会。无论是网络空间、网络社区或是网络社会，其根本的特征就是互动，为此，卡斯特称之为互动式的社会。根据马克思的社会理论，社会的本质是人们交互作用的产物，"社会——不管其形式如何——是什么呢？是人们交互活动的产物"。① 因此，传统思想政治教育主客体关系的固化的主体地位就面临着消解。

（1）思想政治教育主体的消解

教育是人类社会独有的社会现象。从人类社会开始，教育这一实践活动就存在。但作为思想政治教育这一特定现象，却是自阶级的产生、国家的形成开始的。虽然说思想政治教育在我国具有悠久的历史，但是真正将思想政治教育作为一项重要的工作来抓，却是自中国共产党成立以后，我们党强调思想政治教育的历史使命。在战争时期，我们党把思想政治工作比喻成"生命线"。在社会主义建设时期，我们党继续发挥思想政治教育在社会主义各项建设中的重要作用，并在 20 世纪 80 年代建构了思想政治教育学这一综合性学科。

在思想政治教育学科的建构中，学界继承了传统思想政治工作的做法，也就是在思想政治教育中借鉴了教育学的主体客体这一基本范畴。这个范畴一直使用到现在。这一学科的建构与实际工作是紧密相联系，并在特定的历史时期发挥了重要作用。

在科学技术不发达的情况下，思想政治教育的受教育者接受教育的渠道

① 《马克思恩科斯选集》（第4卷），人民出版社 1995 年版，第 532 页。

极为单一，主要是依靠思想政治教育主体面对面的口头传授以及受教育者对其传统纸质媒介内容阅读的方式来接受其思想政治教育。思想政治教育的主体在进行思想政治教育时难免会根据自己所拥有知识的广度和深度以及自己人生阅历的经验积累，把自己在人生实践中的感性知识润色，并形成深厚的理性知识传授给思想政治教育的客体，对思想政治教育的客体起到知识丰富性的传播以及人生成长的启迪教育，其传授的原则就是灌输的原则，其传授的渠道就是口授方式，其传授的效果就是规范整齐，以期盼思想政治教育的受教育者的思想、意识以及观念与思想政治教育的教育者的思想、意识、观念保持高度一致，以强化社会的稳定性。

可见，传统思想政治教育的效果是明显的，但其教育方式是简单的，甚至有时可能是粗暴的。此思想政治教育的教育方式的弊端就是不能充分发挥其受教育者的主动性、能动性，因为思想政治教育的受教者——客体也是人。只要是人，人都具有主动性、能动性、积极性和创造性。如果思想政治教育不尊重思想政治教育客体的人格尊严与平等，就会削弱了思想政治教育客体的主动性、积极性和创造性，也会压抑思想政治教育客体的个性，就会把思想政治教育客体变成为被动的机器，从而削弱了思想政治教育的实际效果。

（2）思想政治教育主体性的凸显

随着思想政治教育的深入研究，学界开始思考和重视思想政治教育的主体性话题。所谓"主体性"可以简单地理解为人的能动性。在西方哲学中，"主体性"主要是指"独立自主、自我决定、自由、能动性、自我、自我意识或自觉、个人的特殊性、发挥个人的聪明才智、以个人的自由意志和才能为根据等等含义"。① 黑格尔指出："现代世界的原则就是主体性的自由"，而这种"主体性原则"最早是笛卡尔提出的。从笛卡尔开始，人就"把神学撇到完全另外的一边"，建立了自己的主体地位。因此，在社会发展史

---

① 张世英：《天人之际——中西哲学的困境与选择》，人民出版社 2007 年版，第 65 页。

上，"'笛卡尔'的美国逻辑实际上是一种'史观'。这种'史观'的两大
要素分别是'人的主体地位'与'历史的进步'，即认为历史演进的本质，
就是不断确立人的主体地位，这种演进意味着进步"。①

思想政治教育的主体性概念是借用哲学的主体性概念。在哲学里，主体
性议题的真正出现是在人进入文明社会以后。德尔斐神庙的"人啊，认识
你自己"和智者派代表普罗泰戈拉提出"人是万物的尺度，是存在的事物
存在的尺度，也是不存在的事物不存在的尺度"，② 这表明了人具有自我意
识，也充分肯定了作为能动性的客体的人。

笛卡尔开创了人的主体性先河，他以怀疑论的观点提出了"我思故我
在"；随后培根、洛克、贝克莱等均从认识论的角度提出了人的主体性话
题；但真正确立人的主体性地位的是德国古典哲学。德国古典哲学强调主体
的能动性，这种能动性主要体现在认识论上。康德的"人为自然立法"和
"人是目的而不是手段"充分体现了他的主体性思想。黑格尔把主体与实体
联系起来，提出了"实体即主体"的思想。他指出："一切问题的关键在
于：不仅把真实的东西或真理理解和表达为实体，而且同样理解和表达为主
体。"③ 实体本身有一个能动的发展过程，它的发展最终通过人而获得自我
意识。费尔巴哈把人的主体性立足在"以自然为基础的现实的人"。马克思
把实践引入自己的哲学，从研究现实的人的生产实践活动入手，研究人与自
然、人与人的关系，以唯物主义方式解释世界，实践地变革自然，实现了唯
物论与辩证法、唯物论与实践论的有机结合，才使主体性成为真正的科学。

在思想政治教育主体性研究范畴中，学界从不同角度研究了思想政治教
育的主体性议题。很显然，学界仅从思想政治教育的主体性视角研究是不够
的，因为从其主体性角度研究具有其自身理论的局限性，其局限性主要表现
在思想政治教育的教育者与受教育者地位的移位性、教育内容的"悬空"

---

① 段永朝：《互联网：碎片化生存》，中信出版社 2009 年版，第 9 页。
② 《古希腊罗马哲学》，商务印书馆 1982 年版，第 138 页。
③ 黑格尔：《精神现象学》（上卷），商务印书馆 1981 年版，第 10 页。

性、教育方法的简单性、教育目标的规范性等。这就需要探究思想政治教育的主体间性话题。

（3）思想政治教育主体间性的呈现

思想政治教育的主体间性是对哲学主体间性的借鉴。哲学的主体性首先在认识上存在着"唯我论"的困境，主体性首先陷入在人与自然、物、他者之间的边界变得主体局限在"大写的自我"之中，如笛卡尔的"我思"、费希特的"绝对自我"、黑格尔的"自我意识"，等等。这种固化的"自我"情结排斥了社会主体之间差别的丰富性和多样性，把人的社会特质先验化和抽象化。其次，在实践领域的"人类中心论"困境中，人类中心论是一种伴随着人类对自身在宇宙地位的思考而产生并不断变化、发展着的文化价值观念，是人类维护自身生存和发展的自然本能在实践和价值评判上的一种表现形式。

19世纪末20世纪初西方发生了从近代认识论哲学向现代语言学的转化，与此相适应，意识的主体性向着主体间性转化。主体间性的明确提出始于胡塞尔，胡塞尔从认识论层面论证了主体间性，他的主体间性主要解决的问题：一是关于他人主体性的先验自我构造问题，即我如何认识他人是与我同样的认识主体，或者说，我如何把握对他人的主体性；二是共同世界视阈的交互主体性问题，也就是在对世界的自我构造中不同主体之间的构造是否具有共同性。胡塞尔在《笛卡尔沉思录》中提出了著名的移情理论，详细地分析了主体间性的关系。伽达默尔从解释学的角度分析了主体间性的问题，他提出了主体间性话题。他认为一切理解都有一种开放性和有限性的经验结构，而且有一种对话模式。理解是一个历史的过程，是理解者和文本、我们和传统、过去和现在的相互作用和交融。海德格尔从生存哲学的角度提出"此在"为根本的主体间性的问题，并对"此在"与他人的"共在"的分析来解决我与他人之间的生存联系。而萨特则从个人与他人的"主奴关系"论证主体间性的关系。布伯则从"我—你"的对话关系来论述主体间性。哈贝马斯是法兰克福学派，他是从社会历史和现实层面的角度分析主体间性的社会历史形态。他的主要论述体现在他的《交往行为理论》和《交往和社会进化》等著作之中。

思想政治教育的主体间性除了借用其哲学主体间性的精髓外，更为重要的是思想政治教育是适应社会发展的需要而产生的。思想政治教育主体间性转向不是空穴来风、无本之木、无源之水，而是时代发展、社会进步对思想政治教育的客观要求。一是落实"以人为本"的立德树人的时代要求。主体间性思想政治教育把受教育者当成与教育者具有同等的主体性地位看待，是一种以人为本的思想政治教育。二是和谐社会发展的需要。和谐是社会主义的本质要求。主体间性的思想政治教育是一种交互式的思想政治教育，是思想政治教育的受教育者所盼望的教育模式，有利于和谐社会的建设。三是网络社会发展的必然要求。在网络社会里，人人交往的地位是平等，因为网络社会是去中心的彼此交往的社会。

2. 网络思想政治教育主体间性的建构

（1）网络思想政治教育主体间性的凸显

科学技术的进步，网络时代的迈入。在网络社会里，网民独立的、完整的主体地位被网络技术碎片化了。"'科学的和平主义史观'的假设是，在一个高度依存化、日益复杂化、越来越符号化的数字时代，人与自然、物、他者之间的边界变得模糊，甚至在消弭，更进一步，独立的、均质化的、'干净透亮'的主体已经（或者早已）被机器的齿轮、编码的程式、虚拟的空间，撕裂得七零八落"。① 鲍德里亚认为，"内爆"是导致主体破碎的根本原因；主体不得已放弃了对客体的主宰，并非是主体"乐意"如此，而是主体在与客体的"搏杀中"从巨大的快感陷入了巨大的焦灼，它已经无法分辨哪个是它试图主宰的客体；破碎的主体已经无法复原，也没有必要复

---

① 段永朝：《互联网：碎片化生存》，中信出版社 2009 年版，第 13 页。

原。① 在网络社会里，既然人作为至高无上的主体地位已经不存在了，那么，作为传统思想政治教育主体的地位就遭到了消解。

网络技术是技术载体，是网民生存方式，是网络思想政治教育的平台。美国未来学家尼葛洛庞帝（Negroponte）说，"计算不再只和计算机有关，它将决定我们的生存。"② 计算机决定我们的生存方式、思维方式、活动方式，那与此相应的网络思想政治教育的观念也应发生相应的改变。在网络思想政治教育中，作为传统意义的人的主体地位被消解，而作为网络思想政治教育客体的主体性增强，更重要的是在网络思想政治教育中很难区分主体与客体之间的明确界限，而呈现的是网络思想政治教育的主体与客体的主体性之间的关系，即主体间性。

（2）网络思想政治教育主体间性的内涵

在哲学里，所谓主体间性"即处于交往关系中的人，均是主体，而没有客体，这就是客观上消解了二元论在人与人之间设置的对立。在后现代的世界秩序中，人与人、人与物、物与物之间的关系，不再是相互对立的关系，而是一种相互成全的关系"。③ 哲学是研究人的一门学科，思想政治教育也是研究人的一门学科。在这一点上，它们具有共同的基础，那就是要解决人与人、人与我关系到底是什么关系。只有对此问题的追述，才能更进一步地研究人本身存在的价值。正是基于网络技术互动的本质特征以及人自身的主体性功能，网络思想政治教育的主体与客体的关系不是传统意义的主客体关系，而是将传统意义的主客体关系转化为主体间性的关系。就此，网络思想政治教育主体间性是指在网络社会环境下的思想政治教育主体与客体之间的主体性的相互关系，即网络思想政治教育的主体不再以独立的权威性的姿态呈现，而是以平等的主体性之间的相互关系登场。在这种背景下，人再

---

① 段永朝：《互联网：碎片化生存》，中信出版社 2009 年版，第 15 页。
② 尼葛洛庞帝：《数字化生存》，胡泳、范海燕译，海南出版社 1997 年版，第 15 页。
③ 刘金萍：《主体形而上学批判与马克思哲学"主体性"思想》，中国社会科学出版社 2009 年版，第 28 页。

很难找到真正的思想政治教育的主体。可见，在网络社会里，传统思想政治教育的教育者地位已经被消解了。它的主体性也不再像以前那样具有很大的权威性，它的中心地位也已经消退。这是人面对网络技术的发展所不得不要面对的实质性议题。相反的是，原来思想政治教育的受教育者（接受者）的地位大大地提升，上升到与原来思想政治教育的主体相近似的地位，甚至有可能超出原来主体的地位。以前是思想政治教育的主体控制整个思想政治教育的过程或结果，而如今不再是网络思想政治教育的主体来控制这个过程或结果，而是网络思想政治教育的主体与客体共同来推进其思想政治教育的过程或结果。

如果我们在网络思想政治教育中再提及网络思想政治教育的主体与客体的概念，就会显得有些蹩脚，因为在网络社会里已经很难确定网络思想政治教育的主体与客体，因为网民一旦进入到网络社会，其原来所认定的主体就被网络技术的互动本质碎片化；与此类似，原来思想政治教育的客体一旦进入到网络社会，他的主体性就被激活。可见，在原来思想政治教育主体的主体性被削弱时，而其对应的客体主体性却被增强。正是这一弱一强的彼此互动关系，促使了网络思想政治教育主体间性的形成。

对网络主体间性有较为深入研究的是高鸿，她在博士论文《数字化时代主体间性问题研究》中提出："网际主体间性是人们通过电脑和网络在网络空间实践、交往和进行网络化生存时，基于'共存'基础上的人与人之间的相互关联和互动关系。"[①] 她认为网络主体间性主要是通过技术中介、语言中介和环境中介来完成；并对网络主体间性的结构进行分析，其网络主体间性的主体是"人——机主体"，其客体是虚拟实践和网络交往中的技术建构的共生关系；其网络主体间性的模式是虚拟实践中的"人——虚拟实在"模式和网络交往中"人（符号）——机——人（符号）"模式。高鸿

① 高鸿：《数字化时代主体间性问题研究》，上海社会科学院出版社 2008 年版，第 119 页。

对网络主体间性的问题研究较为深入，但她仍然没有摆脱传统思想政治教育主客关系的窠臼。

网络思想政治教育的主体间性是在网络技术生存下思想政治教育的主客体间的相互运动而建构的能动关系。在这种能动关系中找不到永恒的主体与客体，这是因为在网络社会的主体与客体的关系是相互转换的，是彼此基于平等的，网民都是以符号的形式出现在网络社会中，谁也无法真正掌控对方，而使对方成为自己的忠实客体，而是要求双方保持彼此对话关系，并在对话中找到双方价值诉求。

（3）网络思想政治教育主体间性的特征

网络思想政治教育与传统思想政治教育的主体性在本质是不同的。在传统思想政治教育中，无论是谈到主体的主体性或是客体的主体性都是从人自身单方面的主体性来思考，且这两者的主体性都受到人生存的物理时空制约。在网络社会里，网络思想政治教育的主体性不仅来源于网络思想政治教育主客体的主体性，而且还来源于网络技术的网络互动的主体性。网络技术互动的主体性不是单纯的思想政治教育的主体与客体的主体性，而是整个网络社会网民的主体性的集中体现。这种主体性不是单项主体性的耦合，而是人类网络社会实践的主体性积聚。此积聚的主体性突破了传统思想政治教育主体与客体的主体性的物理时空桎梏，将网络思想政治教育主体与客体的主体性，即主体间性推向新的高度。这一高度标明网络思想政治教育主体间性的自身特征。

第一，网络思想政治教育主体间性的平等性

平等性不是绝对的平等。世界上没有绝对的平等。如果绝对平等了，其实质就是不平等。因而，此处的平等是一个相对平等。现实生活的平等模式多样，如政治、经济、文化等平等，也有基于网络技术所带有的交往平台的新型平等。网络是科学技术发展到一定程度的技术结晶。网络不是单纯的技术性话题，而是人的精神性话题。在网络社会里，网络就是一个社会，其社会可以说是现实社会的翻版，也可以说是现实社会的再创造。无论我们现在如何去描述网络这个技术与人文结合的社会，但有一个根本的事实是不可改变，那就是网络社会里存在着人的思想议题。正如迈克尔·海姆所说："网络是一个融入无数个人思想的世界性的网络"。① 这就需要对网民进行网络思想政治教育。在网络社会里，网民的思想政治教育的主体不再像传统思想政治教育那样具有独特的主客体之别，因为该主体的地位在网络社会已经被碎片了，该主体的中心地位已经不存在。这时主体与客体之间是平等的关系。在网络社会的符号交往系统里，你不可能看见一个人的性别、年龄、学历等，正如美国《纽约客》杂志中的漫画所描述的，在互联网，没有人知道你是一条狗。正是因为网络思想政治教育的主体与客体在网络社会里没有身份、地位等差异，因而其主体与客体就几乎是处于相对平等的位置。当然，也有网络思想政治教育的客体会认为在网络社会里仍然存在着技术的控制权以及网络话语霸权等现象，可是，这些现象的出现并不会改变网络思想政治教育客体独特的想法、观点，即网络思想政治教育的客体在网络交往过程中可以根据自己的需要来选择所接受的内容，一旦所接受的内容与自己无关，或者是网络思想政治教育主体有意将自己的意志强加在自己的头上，这时网络思想政治教育的客体就可能选择回避，或者是消极应付，更有甚至会用过激的言论来回击主体所施加的观点。可见，如果再用传统思想政治教育灌输方式在网络思想政治教育中已经失去效力，其根本原因就在于传统思想政治教育主体的地位遭到了撕裂，甚至是原来高高在上的思想政治教育主体也被网络环境碎片化了，从而迫使其主体主动地放下主体位置与原来被动的客体进行心平气和的沟通、交流。

在人类历史长河中，争取平等是一个漫长的历史过程，因此在此漫长过程中人类历史涌现了许多的哲学家、思想家，甚至是实践者，其中，最为著名的就是《天赋人权论》。《天赋人权论》大胆地提出了人是生而平等的。

---

① ［美］迈克尔·海姆：《从界面到网络空间——虚拟实在的形而上学》，金吾伦、刘钢译，上海科技教育出版社 2000 年版，第 7 页。

我国古代就有"王侯将相宁有种乎"的呐喊。但要真正建立起人人要平等的社会主义生产关系的学说的是马克思。马克思运用了唯物主义辩证法和政治经济原理，将法国的空想社会主义变成科学社会主义理论，为人类建立平等的社会主义制度提供了科学理论。正是这一科学理论克服了空想社会主义"乌托邦"的弊端。在马克思主义理论指导下，我国建立了社会主义制度，为建立人人平等提供了政治基础。但因我国地域辽阔，环境差异大，经济发展极不平衡，因而共同富裕还是难以实施的。为了实现这一最终目标，我国实施了改革开放的政策，我国的整体经济水平得到了提升，但在我国整体经济水平提升的过程中，却又出现了贫富差异。这一差异影响了人在经济上的平等。

随着网络技术的发展，人们已经沉浸于网络社会生活之中。正如有人所言："计算机不再是与我们有关，而是决定了我们的生存方式"。人在网络社会实践中已经虚拟了自身的"外衣"，或增加或减少其自身的"外衣"，以期盼平等身份进入到网络社会进行网络实践，在网络实践中，网民发现自己的"外衣"不足或过多，并随时随地的增添或者削减，以此保持自身在网络社会彼此交往的近似平等。在此近似平等的交流中，作为网络思想政治教育的主体与客体才会彼此真心的、坦诚的表达自己内心的真实想法以及观念。唯有如此，网络思想政治教育的主体才能摸清网络思想政治教育客体的思想脉博。

第二，网络思想政治教育主体间性的互动性

网络思想政治教育主体间性的互动性诠释的是网络思想政治教育主体间性的彼此能动性。其互动性内涵丰富，既包括了网络思想政治教育主体与客体的互动，也包括了网络思想政治教育的内容、方式、方法等互动；既有网络社会技术性的互动，也有网络社会的社会互动等。介于议题研究，在此主要论述基于网络技术的网络思想政治教育的主体与客体之间的主体间性互动。

网络思想政治教育的主体与客体的互动首先是基于网络技术本质的互

动。无论网络思想政治教育的主体或是客体都是现实社会的人在网络社会的具体呈现。这就说明人是技术的人。既然人是技术的人，那么人的生存与发展将会随着技术的变化而改变。网络技术是互动的技术，随时计算机自身程序的运行而发生变化，因此人也在变化。这就是处于技术之中的人将会随着网络互动而发生互动关系。因此，自从网络技术的诞生，人就不再把它视为是一个被动的产物，相反地，网络却是人与人之间相互作用的思想空间。迈克尔·海姆认为，"计算机可以构成一个融入无数个人思想的世界性的网络"。① 网络思想政治教育的主体和客体作为人自身存在的主体间性，无论网络思想政治教育的主体或是客体都是人的存在。人本身就是能动性的存在物。人总是在不断地超越自己，改造自己。在科学技术不发达的情况下，无论是思想政治教育的主体或是客体的主体性都会在不同程度上受到制约，并没有得到最大限度地发挥，但无论如何其作为人的主体性并没有被消解。然而在传统思想政治教育中，即使是思想政治教育客体的主体性受到其相应主体或者其他因素的制约，但其自身的主体性并没有被消除，仍然保持着自身主体性的潜在能力。一旦进入到网络社会，介于网络本身的互动性以及人自身的主体性，网络思想政治教育的主体和客体的主体性都得到了极大发挥。因此，网民在网络社会里可以天马行空，任其自由发展，充分展现其主体间性的互动性。

第三，网络思想政治教育主体间性的共享性

共享是人的本质属性，这是因为人不是孤独的个体存在。人总是在与他人的共处当中发现自己，找到自己，发展自己，成就自己。人的共享具有多层的内涵。在通常情况下，人的共享有空间共享、时间共享、内容共享等。与此类似，在网络社会里，作为具有人的本质属性的网络思想政治教育主体与客体的主体间性也应该具有如此的共享属性。但在此处，主要思考网络思

① ［美］迈克尔·海姆：《从界面到网络空间——虚拟实在的形而上学》，金吾伦、刘钢译，上海教育出版社 2000 年版，第 7 页。

想政治教育主体间性的时间、空间、内容等共享。

首先，网络思想政治教育主体间性的空间共享。在网络社会，网络思想政治教育的主体间性生存于网络技术空间，都是以网络技术平台作为自己的交流载体。因此，网络思想政治教育主体间性都共享着网络社会。这个社会是一个开放空间，不是封闭空间，更不是个人空间。网络思想政治教育的主体间性一旦进入网络社会都将在网络社会进行网络实践，共享着整个网络社会。其次，网络思想政治教育主体间性的时间共享。网络思想政治教育主体间性首先是在网络社会的共享，随后就是在时间的共享。此时间共享有时间的同步共享，也有时间的错位共享，但无论何种方式都是在网络思想政治教育主体间性的时间活动范畴。所谓时间的同步共享就是网络思想政治教育主体与客体之间的主体性的线上一问一答，彼此同时进行；所谓时间的错位共享就是网络思想政治教育主体与客体之间的主体间性的主体先问客体后答。这种先问后答并没有影响其主体间性的时间共享。再次，网络思想政治教育主体间性的内容共享。网络思想政治教育主体间性凭借着网络的技术平台，在其平台上自由交流，共享着网络社会的各种资源。网络社会的信息资源是公共资源，并不为某人所独有，是网络思想政治教育主体间性的共建共享的社会资源。

4. 网络思想政治教育主体间性的类型

网络思想政治教育主客体的地位变化是传统思想政治教育主体地位的削弱而客体地位的提升。这一主客体关系的变化驱使传统思想政治教育主客体的主体性转化为主体间性的关系。这是研究网络思想政治教育主客体关系的根本转向。要构建网络思想政治教育，就必须要弄清楚网络思想政治教育主体间性。如果这个话题没有搞清楚，就很难构建网络思想政治教育。当然，现在所谈论的网络思想政治教育与以前所谈的网络思想政治教育具有根本性区别。以前所谈论的网络思想政治教育是指在网络技术工具性背景下的网络思想政治教育。而现在要所论述的网络思想政治教育是指在网络技术价值性的网络思想政治教育。

因此，现在所研究的网络思想政治教育主体间性，就不能再像以前那样按其固化的主客体关系来阐述，而是以主体间性关系来探讨网络思想政治教育的主客体关系。就网络思想政治教育主体间性可分为网络人机互动、网络人际互动和网络人我互动的主体间性。

第一，网络思想政治教育主体间性的网络人机互动。网络人机互动是研究人与技术（器物）之间的相互运动，是研究网络思想政治教育主体性的基础议题，它要回答生活中人是怎样的。人与技术有着千丝万缕关系。人与技术之间不是静止的，而是相互运动的。人在其运动变化过程中发展了人自身。可见，人是现实技术的人。随着网络技术的发展，人不断地技术化，因此人是技术的存在。自从人猿揖别起，人就是技术的人，社会就是技术的社会，人类历史就是一部人与技术不断互动的历史。人类在经过了工业革命后进入到现在的信息技术革命，在这一信息技术的网络时代，计算机不再只是人使用的简单工具，而是在决定着我们的生存方式。美国未来学家阿尔文·托夫勒曾预言，计算机网络的建立与普及将彻底改变人类生存及生活的模式，而控制与掌握网络的人就是人类未来命运的主宰。谁掌握了信息、控制了网络，谁就将拥有整个世界。尼葛洛庞帝说："计算机不再只和计算机有关，它决定我们的生存"。① 因此，我们的生存方式是计算机所决定，我们在计算机网络中的生存方式、思维方式就与现实社会的生存方式、思维方式有着本质的区别。网络背景下的生存方式决定了人的思想、观念、行为等。就网络人机关系的内涵、本质、特征、规律等诸多议题，谢玉进在《网络人机互动——网络实践的技术视野》中进行了深入研究。其主旨在于揭示了网络技术生存方式下的人——网民的本质特征。网络技术生存不仅改变了网民的行为方式，还突破了网民的思维方式，创新了网民的观念和意识。这就导致了网络思想政治教育建构的逻辑起点是网络技术生存下的网民，而不

---

① 尼葛洛庞帝：《数字化生存》，胡泳、范海燕译，海南出版社 1997 年版，第 115 页。

是传统意义的现实生活的人。生成于网络社会的网民，时而漂浮，时而潜沉；时而成熟，时而幼稚；时而感性，时而理智，时而大笑，时而沉默等。这个真是让人无法捉摸的网民，就成为网络思想政治教育建构的现实的人。这个人——网民死死地与网络技术粘连在一起，无法剥离。这就把人类社会的发展史与人类技术发展中紧紧地镶嵌在一块。因此，要建构网络思想政治教育就不得不探究网民与技术之间的关系。要深究网络思想政治教育的主体间性就不得不挖掘网络技术与网民之间的本质关系，即网络人机互动关系。

第二，网络思想政治教育主体间性的网络人际互动。网络思想政治教育主体间性的网络人机互动关注网络思想政治教育网民与技术之间的主体性关系。在网络人机关系中，把握人与技术主体间性关系的实质，这为研究网络思想政治教育网络人际互动关系的主体间性奠定了基础。人是社会的人，人不是单个的存在物，人必须与他人结合在一起，才能形成群体，并在群体基础上按照一定社会组织形式才能构成社会。网络技术的发明与使用是人类社会中人与人交流的新型纽带。在原始社会，人依靠石制工具，共同抵御野兽攻击，才能使整个部落存续与繁衍。那时，人与人之间的联系主要依靠血缘关系。在封建社会，人依靠铁器工具，生产大量食物，除了自己消费外，产品还有剩余，因剩余产品的出现，就有私有制的产生。私有制的产生，就有了阶级的出现。阶级的出现，就有了国家的形成。在阶级社会里，社会就有了阶级的利益集团产生。此时，人与人的关系就是以利益关系为核心，也就是说人与人的关系是依靠利益维持。以外，人与人的关系不仅有经济利益关系，还有政治利益关系等。这时的人不仅是技术化的人，更是社会化的人。在此社会里，人与人要产生各种关系。这些关系就是社会关系。社会关系是多种多样的。随着技术的发展，人与人的关系变得越来越复杂，越来越深入。在资本主义社会，随着蒸汽机、纺织机的使用，人的手工劳动被机器所代替，原来人的简单生产方式已经被机器所代替，人与人的关系就不再是单一的人与人的关系，还要体现人与机器之间的关系。从表面上看，人与人的关系是人与机器的关系，但实质上人与机器的关系仍旧是人与人之间的关

系。原来是赤裸裸的人与人的关系现在变成了人与机器的关系，原来要靠人
与人相维持的关系，现在变为人与机器相维持的关系。网络人机互动把人对
人的矛盾转化成了人与机器的矛盾，以此减轻了人与人之间的紧张关系。另
外，人在与机器交换过程中缩小了自己的交流范围，也改变了原来人与人之
间的关系。对机器或者是机器化的人，人已经间接地发生着各种关系。在这
些关系中，人自身淡化了人与人之间明显的利益冲突，而接受的是大家都愿
意接受的物化东西。这时，物是人的化身，是人的发展。人化的物在维持着
人与人之间的关系。

随着网络技术的发展，人类进入到了网络空间、网络社会、网络时代，
人与人之间的关系不仅是人与物之间的关系代替了传统的人与人之间的关
系，而是人与人直接借用网络技术载体在网络社会里的对话与交流关系。吴
满意在《网络人际互动——网络实践的社会视野》一书中对网络人际互动
的含义、本质、特征、架构、行为模式、功能等进行了诠释。这为从社会人
的历史角度研究网络思想政治教育的主体间性提供了理论基础。

第三，网络思想政治教育主体间性的网络人我互动。网络人机互动解决
了网络社会的人与技（器物）的关系，论证了人在网络社会是技术的人，
技术是人的技术，人与技术是和谐发展。既不是技术控制人，也不是人完全
主宰技术，而是人与技术的交互共同发展。在网络人机研究基础上，需要剖
析人是社会的人，人不是单个的孤立物，而是与他人联系在一起的存在物。
马克思在论述人的本质时就说人是社会关系的总和。人发展技术的目的不是
把人分离开来，相反地，却是要把许多毫不相关的人都要联系在一起。网络
技术的出现，把不同国界、不同文化、不同政治信仰的人都通过网络捆绑在
一起，地球变得越来越小，好像就是一个"地球村"。

网络把人连在一起，人面对不同的信息，人的内心思想、观念等都会存
在着"内爆炸"。在信息"内爆炸"里，人自身是如何认识自己，并发展自
己，这就需要研究网络人我互动。网络人机互动回答了人自己与自己的产
物——技术（器物）的关系。网络人际互动回答了人与自己类存在的关系。

而网络人我互动要解决的是人与自身的关系，即人自己在网络社会里自己是如何发展自己、成就自己，实质上就是人要回答自己到底是谁，人的本质是什么，人是如何演变的，人与技术、社会之间的内在关系如何等诸多话题。

人不仅是现实的人，是技术的人，更是网络的人。现实的人与网络技术的人的本质区别何在？在网络人机关系里，人要回答的是人与技术（器物）的关系。人不仅是机器，机器也是人。现在要进一步回答人与人是怎样相互作用的，在其相互作用中，人的本质发生怎样的变化，这些变化对人类社会发展的影响是什么？无论是网络的人机互动关系研究，或是网络人际互动关系研究，这些都是从不同角度研究人的发展，而现在却是深入研究在网络社会人自身是如何变化与发展。无论是将这三者关系当成递进关系或是平行关系，都是在思考人的发生、发展与变化。人的话题是社会发展的核心议题。没有人类社会自身的发展、变化，其社会只能是物的发展变化，那么这个社会将是物的世界。这种变化只是纯自然的，而且是非常缓慢的。正是因为有了人类自身的发展变化，整个人类社会才变得多样、复杂，这是因为人具有自身的能动性。要很好研究人的自身，在现实物质基础上，人也许会遇到许多的困难，因为有些东西是无法看见、感触到的，但在网络技术上，就可以通过网络技术这一物质载体，进行人类自身的模拟。

在网络自我互动关系上，人始终认为自己是一个不断变化的人，要是在环境中不断成长的人。人在成长过程中总是要与周围环境发生关系。首先，人要发生的基础关系是人与自然环境的关系。在网络社会里，人身处在网络社会之中，人最初发生的关系就是人与计算机的关系，无数的计算机通过网线连接在一起就构成网络。网络不仅是技术的物质层面，而且也是技术的精神层面。人会把现实的许多东西虚拟地移入到网络社会之中，于是乎，在网络社会里，人与计算机的关系不是简单的人机关系，而是人与人化物的内在关系。这一关系的实质反过来影响人类自身的发展。然而，它们对人类自身影响的方式是不同的。网络人机互动关系主要是研究人与技术（器物）之间的互动关系。人与机器、技术是互动的，而不是被动。这是使作为具有能动的人就更加具有能动性。当能动性的人与激活的技术同频共振时，这时人的能动性是无法估计的，这在实质上也反映了人自身发展的技术性。网络人际互动关系主要探讨网民与网民之间内在的规律、矛盾等诸多话题，并作出回应。对这些话题的回应是从他人的角度进一步地回答人——我到底是什么，人——我是怎样的。当然，这时的回答是从人的社会角度开始。而人我互动关系则是直接从人自身角度来回答人是什么的问题。而在回答人自身的话题时，人总是要考虑人是个体、群体或是类的；同时还要从人的生理与心理、动机与行为、事实与价值等层面来深究人内在的规律性，尤其生理与心理关系。此关系是人存在的基础，是人独立的生命存在。如果一个人没有生命，那就没有人的自我。人既然是有生命的个体，那人就要参加各种活动。人在参加网络社会实践中通过自我对话进行自我确认。

5. 网络思想政治教育主体间性的辩证关系

在构建网络思想政治教育过程中，要思考网络思想政治教育的基本范畴。网络思想政治教育的基本范畴与传统思想政治教育的基本范畴具有一致性，仍应是主体、客体、内容、途径、方法等。不过现在要思考的是网络思想政治教育主体间性的宏观视域，而不是其微观视角。网络思想政治教育主体间性的宏观视域是网络人机关系、网络人际关系以及网络自我关系，实质上就是网络生存方式下网民与技术、网民与网民、网民与我的关系。这三大关系来源于人在现实生活中人所面对的人与自然、人与社会、人与自己的关系。这三大关系在现实生活中是彼此关联的关系。在网络社会里，如果把这三大关系视为是同质的平等关系，这就需要认真思考。在网络社会里，因网络技术载体的特殊性，已经把人类社会都联系在一起。地球已经变成了"地球村"。在这特殊背景里，人已经把原来的三大关系都并列在一起，进而就形成了现在的网络人机关系、网络人际关系和网络人我关系。这三大关系在本质上都是网络思想政治教育主体间性的体现，因为在网络社会里，人已经很难再像以前那样明显地找到网络思想政治教育的主体与客体，这是因为网络技术的互动本质已经把原来思想政治教育主客体不平等地位演变成网络思想政治教育主客体的近似平等地位。此时，人已经很难区分在网络思想政治教育中谁是主体，谁是客体，即便是在网络人机关系中，计算机作为技术性存在，也不是消极被动的，而是积极主动的与人发生相互作用；在网络人际关系中，人的能动性更是被极大地激活；在人我关系中，人的发展已经具有了很大的超前性，人的自我不再像以前的人机关系、人际关系那样显得滞缓。

既然网络人机关系、网络人际关系和网络人我关系不再像以前的人与自然、人与社会以及人与我的并列关系，那么此三大关系就会表现出类似递进关系。

（1）网络人机互动关系是基础

网络人机互动是构成网络社会人与技术关系界面的互动，充分反映和体现着网络社会空间组成的人类活动新场域的物理——技术支撑，是技术社会化和社会技术化架构的技术化社会界面，是网络人化、人化网络的统一体，支撑着网民的网络化生存方式。① 网络人机互动关系是研究人与技术的关系，谢玉进在博士论文《网络人机互动：网络思想政治教育的基础议题》中认为网络人机互动只是网络思想政治教育的基础议题，即是一个根本的基础性话题。从他整个博士论文内容来看，他深刻阐释了网络思想政治教育主体性这一网络思想政治教育的基本范畴，并在他的论文中主要研究了网络技术的人与网络的技术之间的关系。这两者之间不应当异化，而应当是和谐。只有和谐，人与技术才能共同推进人类的繁荣发展。或许只有这样，人才能自由全面的发展。也就说，这篇论文为研究网络思想政治教育的主体性话题奠定了技术基础。无论怎样，他始终围绕人与技术的关系进行研究。人是技术的人。技术是人的技术。这两者是紧密融合在一起。这两者之间是能动

---

① 吴满意：《网络人际互动：网络思想政治教育的基本视域》，电子科技大学2011年博士学位论文，第85页。

的、相互运动的，这也反映了网络思想政治教育的网络人机互动研究是网络思想政治教育主体间性的基础。不把这一话题研究清楚，就很难回答网络社会生活中的人到底是什么样的人。他在论文中始终坚持了马克思主义的基本观点，从马克思主义现实的人这一基本理论观点出发回答了网络思想政治教育主体性的这一现实议题，为后面研究网络思想政治教育的主体间性奠定了坚实的现实基础。

（2）网络人际互动关系是关键

网络人际互动是网络社会空间环境中网民之间网络社会关系的表征，是网络社会与现实社会、网民个体与现实个体高度融合互渗的背景下，交往双方借助数字化符号化信息中介系统而进行的信息、知识、精神的共生、共享的实践活动。① 网络人际互动对网络人机互动影响着网络人机互动总体的发展趋势与发展走向以及网络人机互动的操控方式与技术表达方式；而网络人际互动对网络人我互动关系的影响是网民自我互动的固化作用以及网民自我互动的规范作用。从网络实现技术的人出发，网络人际互动反映着网络社会里网民与网民之间的关系。这是网络思想政治教育主体间性必须研究的关键问题。马克思认为，人不是单独的孤立物，而是社会关系的总和。

（3）网络自我互动是核心

在网络社会里，要研究网络思想政治教育的主体间性，就是要研究网络社会里的网络人机关系、网络人际关系以及网络人我关系。这些关系均是网络思想政治教育主体间性的关系。网络人机关系解决了网络社会里人与技术的关系，到底人是机器或是机器是人，或者是人与机器的共生联姻。谢玉进在博士论文中明确地论述了人与技术的共生，既不能让人控制占有机器、技术，也不能让机器技术控制占有人，而是人与技术的和谐发展。但在现实社会里，有的人却不能正确地处理人与技术的关系，而是将自己演变成为了机

---

① 吴满意：《网络人际互动：网络思想政治教育的基本视域》，电子科技大学 2011 年博士学位论文，第 51 页。

器、技术的奴隶，使自己丧失了自己的人性，而使人性堕落成为物性。在网络社会里，被激活的机器、技术具有了人的某些主体性，甚至在某些主体性方面可能超越了人自身的主体性。这时就要思考人与人之间的关系。在网络社会里，网民与网民的关系与现实的人与人的关系具有很大的差异性，因为在实现社会中人是具体的，具有自然宿命，受到时空制约，但在网络社会里，网民已经超越了物理空间的桎梏，而是任其自由发展，网民已经不再感受到现实生活中直观的东西，而是夹杂着网络里某些虚拟东西。网络到底是虚拟的或是真实的，这个界限已经很难界定：如果说是虚拟的，那只是说它具有模拟性；如果说它实在，却有时却难以把控。

现实生活中的人能否在网络社会里发出与现实生活一样的声音？这主要取决于人的自身。人在现实生活中是什么样的人，这是人的内在因素所决定的。人思想的产生、发展及变化均是由人自身的内在因素所决定。而在网络思想政治教育中网民首先要追问的是网民自己到底是谁，自己到底是如何发展的，自己最终归属在哪儿？等等。要回答网民的这些问题，首先就要回答网民是现实社会的人。在网络社会中的网民就是生活在网络技术空间的人。这种人具有鲜明的技术性。网民在网络社会中的实践方式是虚拟的社会实践。网民是在网络技术背景下生活的人。网民自身发展不是纯主观的发展，马克思说人的本质在于他的社会性。人不能自己形成自己，只能与他人进行对话才能造就自己。人只有在找到他人时才能作为自己发展的对象。因此，就要思考人与人的关系，人与人的关系是人自身成长的关键性要素。没有人与人的关系，人就不可能有自我的发展。网民的发展也是如此。

人真正的发展是人内在的自我发展，也就是说，人自我发展是人发展的核心。人自我发展是人内在主体性的根源。只有人与人之间的主体性都被激活了，才具有主体间性存在。在网络思想政治教育中，就要思考网络思想政治教育主体间性，就要探究网络自我互动关系。网络自我互动是基于网络技术互动本质以及人的主体能动性所叠加的特殊互动关系。网络技术的特殊功能促使网民在网络社会地位的平等性，同时，网络技术又强化了网民的主体

性发挥，在这双重能动性作用下，无论是网络思想政治教育的主体或是客体
都不是外在的主体间性，而是网络思想政治教育内在主体间性视角下的网络
自我互动性。在此自我互动关系，无论是其主体或是客体，其主体性都得到
了发挥。在网络实践中，网民就越来越难发现谁是传播者，谁是接收者；谁
是教育者，谁是受教育者。因此，在网络思想政治教育中不能再使用传统思
想政治教育的主体客体之说，而应使用网络思想政治教育主体间性话语，因
为网民在网络社会中人人都是自我互动关系的积极践行者。

人生存于现实社会的三大基本关系就是人与自然、人与社会、与人与自
身的关系。这三大关系在网络社会里就延伸为网络人机关系、网络人际关系
以及网络人我关系。这三大关系是网络思想政治教育主体间性的宏观视域，
并彼此形成其内在的逻辑关系。

3. 网络思想政治教育主体间性的追问

（1）网络思想政治教育主体间性的内涵追问

网络思想政治教育主体间性的内涵追问是对网络思想政治教育主体间性
内涵的重新思考。前面已经对网络思想政治教育主体间性概念作了界定，界
定为网络思想政治教育的主体间性就是网络思想政治教育主体与客体的主体
性之间的关系，即主体间性。此概念，从其面上看是否可以说得过去，因为
主体间性就是主体的主体性与客体的主体性之间的关系。但在实质上，无论
是作为网络思想政治教育主体的主体性或是作为客体的主体性都是多方面
的，既有生活上的主体性，有政治的主体性，也有经济的主体性等，这是因
为人的主体性是多方面的，而人主体性的多方面来自于人的社会实践的多层
次。究竟什么才是网络思想政治教育的主体间性呢？这可能就要从其多方面
的主体性中遴选出网络思想政治教育的主体性。既然网络思想政治教育是传
统思想政治教育在网络社会的延伸，因此，网络思想政治教育的本质仍旧是
思想政治教育的本质。如果是这样，这就需要筛选网民在网络社会中有关政
治思想意识的主体性。但网民在网络社会的行为是多元、复杂的，如何才能

在网民如此众多行为中挑选出代表其政治思想意识的主体性行为，从而更为精准地界定网络思想政治教育主体间性的内涵。否则，网络思想政治教育主体间性的内涵界定只能是一个泛泛而谈的概念，难以精准到位。

但是，要在网民的网络行为中遴选出代表网民的政治思想意识的行为，这是何其艰难，因为网民在网络社会无时无刻不在产生网络行为，而且这些行为之间彼此相互联系，用何种方式或手段来鉴别其行为主体性的性质到底是不是网民网络思想政治教育的性质，这是网络思想政治教育内涵界定的基点，也是网络思想政治教育主体间性研究的最初追问。

（2）网络思想政治教育主体间性的关系追问

在追问了网络思想政治教育主体间性的内涵之后，接着就要追问网络思想政治教育主体性的内在关系，也就是什么关系来推动了网络思想政治教育的主体性发展。前面已经从网络思想政治教育的内外两个维度阐释网络思想政治教育主体间性的关系，但是这些关系是怎么构成并促使网络思想政治教育主客体的主体性的发挥及其运行的？

如果将网络思想政治教育主体间性的主体性视为政治思想范畴，那么网络思想政治教育的政治思想意识的主体性到底是如何产生？这就要深入地追问。如果说网络人机互动和网络人际互动是网络思想政治教育主体间性的外在动力，那么网络人机互动以及网络人际互动又是如何体现在网络思想政治教育的政治、思想、意识等方面所产生的行为。这些行为的理念、要素、结构、路径、方式等又是如何作用于网络思想政治教育的主体与客体的行为，并影响和改变了其行为，且使这些行为产生了主体性。这个研究不是一个简要的理论说理，而是一个庞大的理论体系。如果说网络自我互动是网络思想政治教育主体间性的内在动力，那么网络思想政治教育内在要素的生理与心理、动机与行为、事实与价值、真我与假我的逻辑关系是如何实施其互动，并产生行为的主体性。但是，用什么样的理论或者实践来证明这些关系的存在，并保证其运行的合理性，这也是一个极为深层次的理论研究。如果不进一步地追问这些话题，并进行理论与实践的论证，就只能是王婆卖瓜自卖自夸，将无法说服别人，也无法做到理论的完整性，更无法做到理论的深刻性与科学性。

（3）网络思想政治教育主体间性的主体追问

网络思想政治教育主体间性的研究是基于网络思想政治教育主体的主体性消解以及客体主体性增强的相互交织的过程研究，强调了网络思想政治教育主客体的主体性的对应关系，但是这一对应关系并不能否认网络思想政治教育的主体存在。如果否认了网络思想政治教育主体的存在，那么网络思想政治教育就不建构。既然说它是网络思想政治教育，就必然具有网络思想政治教育主体存在，并有主体所对应的客体存在。如果没有网络思想政治教育的主体与客体对应关系的存在，那么网络思想政治教育就不成立。如果网络思想政治教育不成立，那么网络思想政治教育主体间性也就不存在，则其研究的问题就是虚设的话题。

如果网络思想政治教育要成立，就要追问网络思想政治教育的主体何在？传统思想政治教育的主体是人，但不是泛化的人，那么网络思想政治教育的主体就应该是网民，但也不是泛化的网民。首先，传统思想政治教育主体的人是如何被技术化。现实社会的人是人与自然、人与人以及人与自我关系的集合体。在人与自然的关系中，随着网络技术的发展，人已经进入到网络时代。在网络时代，人不再是控制机器和使用机器的操控者，也即是机器不再是完全被动的受人支配与摆布。此时，机器已经成为了人的智能化的存在物，也就是，人的部分功能被机器所取代；机器也逐渐智能化，由此，新型的机器逐渐成为了人与机器联姻的产物。在计算机界面前，人不是简单与机器交流，也不是简单地支配和控制机器；相反地，人认为自己是在与机器交流对话。当遇到困难时，人总是想从网络中寻找答案。此时，人永远也不会想到给你满意答案的是一台机器。而你却对这个答案深信不疑。在此情况下，你还会认为在你面前的是一台机器吗？这时你可能会怀着感激的心情感谢给你满意答案的"人"——机器。因此，此时的机器已经被人智能化了。其次，被技术化的人演变为网民。在网络时代，机器已经改变了人的生活方式，甚至逐渐改变人生理结构。在网络时代前，人总是强调社会实践的重要性，认为"读万卷书，不如行万里路"。在网络社会里，人已经不再需要那么辛苦劳作。人的实践不再是物理空间，而是在网络社会中的虚拟实践。在此实践下，人的生理机能可能被改变。机器是人器官功能的延伸。这就可以证明机器在逐渐地改变人的生理器官。此外，机器也在改变人的生存方式。在网络社会里，人的生存方式是建立在网络信息方式之上，它的存在基础不是物质，而是信息场域。再次，网民演进为网络思想政治教育的主体。在人演化为技术的人和技术化的人演进为网民后，网民就要参与网络社会的实践活动。只要网民参与网络实践活动，网民就能发挥其主体性。在网络技术背景下，每个网民在网络社会里的关系是好像是平等的，没有谁是主体，谁是客体，感觉每个网民在网络社会中所交流的内容丰富多彩：有生活中的休闲；有政治经济文化方面的交谈；有情感的宣泄等。网民几乎在网络社会中无话不说，没有任何的猜忌、恐惧、害怕，也没有面对面的尴尬羞涩，并且每个网民可以与多个网民同时交流，即便如此，也不会被认为是不礼貌的行为。可见，在网络社会，网民的主体性被激活了。

被激活的主体性的网民如何才能被确认为是网络思想政治教育的主体，这就是网络思想政治教育主体的深层追问。首先，传统思想政治教育的主体不能被确认为网络思想政治教育的主体。传统思想政治教育的主体是被现实社会的特殊政治地位在形式上被确认，至于在实质上是否被真正地确认，这是一个理论与实践的难题，暂时不过多阐述。但在网络思想政治教育中，如果简要地将传统思想政治教育的主体移入到网络思想政治教育当中，估计这种被移入的主体是难以被网络思想政治教育所认可，这是因为这种主体不被网络思想政治教育的客体所认同，当然这一主体也就无法被确认为网络思想政治教育的主体。对此，其主体还需要进一步追问，而现在所谈论的网络思想政治教育的主体，多数学者就是将传统思想政治教育的主体假定为网络思想政治教育的主体，这是值得商榷的。其次，网络实践的网络思想政治教育主体的确认。网络思想政治教育是教育实践活动。在此活动中，有发起者，也有接收者。现实思想政治教育的实践活动具有阶段性，容易确认活动的发起者是思想政治教育的主体，但网络社会是一个开放的社会，难以确认其实践活动的发起者，这就难以确认网络思想政治教育的主体。这也是网络思想政治教育主体需要追问的源由；再次，实践效果的网络思想政治教育主体的确认。在网络实践活动中，如果网民与网民之间只是一般的话语交流，一方不能对另一方的政治、思想、意识、观念等具有任何的教育启迪作用，也就是一方对另一方的政治、思想、意识、观念等不产生任何作用，这就不能将一方作为另一的主体，即网络思想政治教育主体就不能被确认。但这种一方对另一方的思想、政治、意识、观念等应当由谁来确认、如何确认、怎样确认等话题都需要进一步追问。无论是现在的大数据或是人工智能等都需要进一步地探究。只有将网络思想政治教育主体确认后，才能更好地确认其对应的客体。只有在网络思想政治教育的主体、客体都确认以后，才能更好地探究网络思想政治教育主体和客体的主体性，也才能更好地探究这两者的主体性关系，即主体间性。

网络思想政治教育主体间性的追问是对网络思想政治教育主体间性的深度探究，是对网络思想政治教育主体间性的深刻反思。网络思想政治教育主体间性的追问是一个时代话题，是一个实践话题，也是一个理论话题，必将随着网络思想政治教育研究的深入而逐渐深化、细化、实化。

二、网络自我互动要素结构是网络思想政治教育的内容建构

网络自我互动要素结构是从静态视角探究网络自我互动的内在发展。这一发展体现网络自我的成长过程与发展历程。如果没有网络自我的结构要素，就无法完成网络自我的结构，也就无法完成网络自我互动，也就无法推进网络自我的发展。因此，网络自我互动不仅是人自然生命体的架构；也是

人自然生命体的社会架构。这不仅是网络自我的社会架构；而且是人的价值架构。自我不是人的自然存在；而是人的社会存在。人的社会存在及其发展过程就是人的思想政治教育的过程，因为思想政治教育就是伴随人的发展过程。在人的不同生命历程，就会有不同的思想政治教育与之伴随。作为网络思想政治教育只不过是思想政治教育在网络社会的新发展，是传统思想政治教育在网络技术时代的新形态、新样式。因此，网络思想政治教育的发展仍旧是紧跟网民在网络社会的网络自我互动的发展变化而开展的网络思想政治教育。既然如此，网络思想政治教育仍是教育人、培育人的一门学科。网络思想政治教育既然要教育人、培育人，就需要对网络社会的网民进行深入地研究与把握。网民不仅是自然的、社会的人，还是技术的人。在网络这一特定的技术里，网民的社会属性将会随着网络技术的变化而变化。作为网络社会建构的技术不再是网民简单工具性技术，而是网民生存的价值技术。作为价值生存的技术不仅为网民的生活带来了方便，还会塑造网民的社会价值取向，推动网络社会发展，稳定网络社会安全。

既然网络自我互动的要素结构与网络思想政治教育具有如此千丝万缕的联系，那么现就以网络自我互动的要素结构作为网络思想政治教育的特定内容，并加以简要论述。网络思想政治教育的内容不是从网络思想政治教育本身角度进行阐述，而是基于网民的网络自我互动的内在结构要素的微观视角来诠释网络思想政治教育内容。此内容的解释与传统思想政治教育内容的诠释既有区别，又有联系。传统思想政治教育内容是从国家视域所界定的内容，而此内容为网民现实角度奠定了内容。但无论是宏观视域或是微观视角，其思想政治教育的内容都是紧扣人（网民）的成长、成才的维度而展开。

前面已经较为详细地论证了网络自我互动的结构要素是网络自我互动的生理与心理、动机与行为、事实与价值、真我与假我的关系，因此，网络思想政治教育的微观内容就应根据其内在结构要素而确立。这就体现了网络思想政治教育的内在逻辑，即网民网络自我互动的生理与心理要素确立了网络自我的生理生命教育与心理健康教育，动机与行为要素确立了网络自我的良好动机教育与积极行为教育，事实与价值要素确立了对网络自我的价值观教育，真我与假我要素确立了网络自我的理想信念教育。因此，网络思想政治教育的特定内容并非是凭空产生的，而是基于网络自我互动的自身内在构成要素。

（一）网络自我互动的生理与心理要素是网络思想政治教育内容建构的基础

网络思想政治教育是关于网络意识形态教育的学科。网络意识形态教育是国家安全意识教育的重要组成部分，是人理想信念教育的重要形式。但是，人是现实的人，重要的教育内容都要落实到具体人的教育身上，否则就会使其教育内容悬置化、空泛化。这就要思想政治教育从现实的人出发，传统思想政治教育是这样，网络思想政治教育也应如此。

作为网络思想政治教育现实的人——网民。在前面已经论证网络社会的网民仍是自然人。既然网民在生理机能的本质是自然人，那么网民仍然是社会化的生命自然个体存在，仍旧具有人的生理与心理结构要素。

网络自我互动的生理要素是网民自然生命的有机要素，是网络思想政治教育的根本出发点。网民是自然的存在物。无论网民如何地发展与进化，网民始终是自然界的重要组成部分。既然网民是自然界的组成部分，网民就是自然的存在物。网民是自然的存在物，网民就是有机体的构成物。网民是有机体的构成物，网民就有自身的生理基础。网民的生理具有自然属性，这是因为网民是自然界的存在物。网民的生理还是一个社会化的存在物，这是因为网民是社会化的存在物。同时网民的生理还是技术化的存在物，这是因为网民是与网络技术交织在一起的存在物。

在现实生活中，人的自然生理是经历了发育、成长到成熟再到衰竭的过程。在此过程中，人的生理是经历快速发育到相对成熟的过程。如果要说人的生理差异，首要就是人的男女两性的性别差异。无论怎样，人的两性差异的自然属性无论是在技术范畴或是在社会范畴，都是相对稳定的。人的自然属性从进入社会开始就已经慢慢地社会化了，被社会烙上了深深的社会痕迹，因此人从出生开始就是社会化的人。人是社会的人，因此人在社会中就要扮演不同的社会角色。人要扮演社会角色，还需要借助技术手段。借助技术手段时，人就需要发明技术、制造工具。因此，人不仅是社会的人，还是技术的人。人与动物的根本区别就在于人能制造工具，并能使用工具。人发明的技术工具是人智慧外化物的存在。人在发明技术、制造工具过程中加速了人自身的社会化进程。在这一进程中，人的生理结构逐渐地被技术所模拟、复制、创造等，尤其在网络技术时代，计算机网络技术对网民生理结构的模拟、复制等表现得越来越精细。

网络技术发展到今天，网络技术几乎可以模拟网民的所有生理结构功能。网民的生理在自然、社会、技术上的功能都得到了全面发展，似乎是人是机器，机器是人机复合体。此时，网民的网络自我的生理结构就不再是简单的现实人的生理结构，而是被网络技术所模拟的网民的生理结构。此网络自我的生理结构的典型标志就是网民在网络实践中除了网民的手、脑器官参与网络实践活动外，网民的其他生理结构都将处于相对静止状态，即网民常言的身体缺场现象。

当网民端坐在计算机网络界面前，网民身体下部分的生理结构是相对地被固定在座位上。此时，网民大腿的功能已经被网络技术的网线所代替，或者是无线的磁场磁力所代替。这样，网民大腿的生理器官功能就被其自身发明的技术功能所代替。网民就成为了一尊端坐在计算机网络面前的一台"机器"。这台"机器"是活的，而不是死的。能被证明此"机器"是活的，是网民利用自身的手指与大脑参与网络社会的虚拟实践。如此幸运的是，网民的手被解放了，不需要提很重的东西，或者从事其他具体的繁琐劳动，而是只需要在计算机界面前敲动键盘，滑动鼠标，用鼠标点击、挪动或者是关闭界面窗口等，以此确认自身生命的生理结构的合理存在。随着计算机网络技术的发展，人的大脑开始与计算机电脑发生对接，要么是人脑跟着电脑的程序移动，要么是人脑重新设计电脑。因此，无论是网民手的解放或是脑的解放，均证实了网络自我互动中网民的自然性、社会性与技术性的生理结构的存续与发展。这些结构的存续与发展是网络思想政治教育网民的现实物质基础。

网民是人在网络社会的别名。既然网民网络自我互动的生理结构在网络社会中随着网络技术的变化而改变，那么作为网民网络自我互动的生理所对应心理功能也将随之变化。如果说网民网络自我互动的生理是网络思想政治教育网民的物质载体，那么网民网络自我互动的心理就是基于生理变化的心理反应的刺激机能，是网民政治、思想、意识、观念等形成的初始阶段。网民自我互动的生理与心理是一对紧密相依的关系。网民网络自我生理的变化就会引起心理的变化，反之，其心理变化也会引起相应的生理变化。

在现实生活中，人对心理研究有静态与动态的研究；也有从个体、群体、社会等维度研究，尤其是对人的个体心理研究。人个体心理的变化是因为个体生理的自然、社会等因素的改变而导致其对应心理反应。人个体生理的变化主要是指个体生理疾病所导致的生理结构改变；人个体的自然要素是指个体因为外在自然环境变化而导致人的心理变化，如地震、海啸等因素对人生理刺激所导致的心理反应；人个体的社会要素是指因为社会某种信息刺激人的大脑而导致人心理变化。人的心理反应是人从自然属性向社会属性转换的开端。虽然动物也具有一定的心理反应，但动物的心理反应是低级的心理刺激反应，而人不仅有低级的刺激反应，还有高级的意识反应。人在社会因素变化过程中包含了人的技术性影响，也就是技术的发展会成为刺激人心理变化的重要因素。人可能因技术所带来的快感而感到赏心悦目，也可能会因技术发展带来困惑而感到身心疲惫。

在进入网络社会之后，网民就把自身生理的整个大脑完全沉浸在网络社会之中，好像是网民的整个大脑完全地置入在计算机网络之中。这样的结果是网民的网络实践是网民身体部分缺场的实践，而网民心理变化的范畴被扩大，这是因为网民心理的刺激要素是非线性的技术要素、社会要素等。当网民把身体注意力逐渐转移到心理方面，网民就开始注意到自身的心理变化。在网络自我互动的生理与心理互动中，网民特别关注自身快乐的心理感受。

网络自我互动的心理要素是网民进入网络社会进行社会化的开端。在最初的网络界面，网民是好奇的心理，是对计算机工具的占有、支配的心理，但随着网民在网络界面中可以随意地打开、拖动、关闭窗口，并能在网络社会空间进行交友、聊天等活动，网民的心理活动是一个逐渐社会的实践活动。此时，网民通过 BBS、邮件、QQ 空间等传递自己信息，表达自己情感，接纳他人愉快心情。同时，也可以在网络社会空间中对自己不愉快的心情进行宣泄。

在网络社会中，网民的心理活动是网民对外界刺激的直接教育，是网民产生各种思想、意识、观念的意识基础，因此，把握网民在网络社会中的各种心理反应是最能直接地把握网民思想、意识、观念的最初动因。研究网民在网络社会中的心理现象及其规律是心理学的内容，但也是网络思想政治教育重要内容之一，因为网络思想政治教育是一门综合性学科，它的内容也要涉及心理学知识。

当然，在网络思想政治教育中，就网民生理与心理互动的教育应当注意下列问题：

在网民生理健康教育中，应注意这几方面教育：首先，生理部分器官功能的消解。生理是网民的生命存在。在现实生活中，人的任何实践活动都离不开人的身体参与。但在网络社会，因网络技术特殊性，网民在网络社会中的实践活动可以是生理部分缺场的符号运动。正是这一生理符号运动，不需生理器官的全部直接参与，因此，有的网民就会忽视自己的全部生理功能，而将其心理的需求专注于网络信息的满足，整体沉迷于网络，成为网络社会的宅男宅女。如何让宅男宅女走出网络，有着健康的生理，这就需要对网民进行生理健康教育。其次，网民生理在网络社会的裸现。生理是自然的存在，但生理在社会发展过程中，也是社会的存在。自从人类有文明以来，人就有羞耻之感、荣辱之别。生理是文明的产物。但网络社会里，有的网民却把自己生理文明的成分去掉了，留下纯自然的生理属性，并将这些属性逐渐放大，传播于网络社会之中，就成为网络黄色的内容。人的成长是有阶段性的，在不同的年龄阶段，人对生理属性的性的理解是有所区别的。但在网络社会里，已经掩盖年龄差异，把其所有均视为是一切共有的东西，这就容易导致青少年对性知识的曲解，从而导致其走向歧路。再次，网络社会的生理扭曲。在网络社会里，人的生理是可以用符号形式展示自身的生理结构，但有的网民为了谋求自身利益，会对其生理结构扭曲。一是任意夸大其生理形状。在网络游戏中，有的网民总是想把自己装扮成身高马大的侠士。二是夸大生理的部分功能。在网络社会里，目前主要夸大与性有关的器官，以引起其他网民的关注。这种网络行为已经转移到了现实生活中，对现实社会的人身体结构具有一定的影响，使其自身的身体结构不协调。三是任意组合自己的身体结构。在网络社会里，有的网民为强悍自己身体，总是把自身的身体结构附加其他的要素，使自己身体更加强大，结果使自己的身体结构成为一个奇形怪状的变化。人的身体有着自然的生理机能。这一自然的生理机能具有自身的生理规律，这一规律是不能随意被打破的。否则人的身体结构就会变得连自己都不知道什么样的状况。网络是技术，是人生存方式，但这种生存方式为了更好地服务于人，而不是摧毁人自身的身体结构。网络技术越发达，网民的身体就越健康，而不是越消瘦。

在网民的心理健康教育上，网络自我互动的心理是指网民在网络技术发展中自身心理变化的规律。网民在自我互动生理变化的过程中其心理也随之发生着变化。当网络自我互动的身体消解时，身体缺场，而网民心理占据优势。网民在网络界面上不停地移动鼠标，以获得自己所需要的信息。此时，网民网络自我互动的心理对网络信息具有强烈地占有欲。网民对信息占有欲越强，其心理就越能获得满足、快感。当网民将其隐私生理器官裸露于网络社会之中，有的网民就呈现好奇心理；有的网民呈现恐惧心理；有的网民感觉羞耻心理等。当网民身体结构在网络社会里扭曲时，网民更多的是焦虑心理，但也网民对此心满意足。因此，无论网民身体结构如何的被扭曲，这都会给网民带来心理的焦虑。网民在网络社会的心理意义只是符号、数字、编码等。

网络自我互动的生理与心理关系的教育意义是为网络自我互动的其他互动关系奠定基础。没有这个基础，网络思想政治教育的其他内容将难以被延伸。可见，网络自我互动的生理与心理互动关系是网络自我互动的其他互动关系的基础。如果没有这个基础，网络自我互动的其他互动关系的内容建构就只能是无源之水、无本之木。

（二）网络自我互动的动机与行为要素是网络思想政治教育内容建构的关键

如果说网络自我互动的生理与心理关系是网络思想政治教育内容建构的基础，那么网络自我互动的动机与行为则是网络思想政治教育内容建构的关键。网络自我互动的动机是网民在网络社会中的需求。此需求是网络自我互动的超越。网民在网络界面的动机是通过敲击键盘、移动鼠标、点击界面等来获得自己所需要的东西，以满足自己欲望。在网络社区里，网民的动机主要是结交朋友、宣泄情绪、获取资源、谋求利益等，以找到自己的归属。在网络社会里，网民的动机是社会化的角色扮演。网络不是简单的工具媒介，更不是简单的社区空间，而是广阔的网络社会。网民在网络社会里可以借用技术平台对自身完美扮演，一会是英雄；一会是平民等。网民在这一社会里可以自由地转化自己的角色。在网民自由转化角色的动机中，有的动机是符合大多数人的需要，是善的动机；有的动机只是符合少数个人利益的，是恶的动机。因此，在网络社会里，要提倡善良的动机。目前，在网络社会里，网民的动机是多样的。网民在网络社会中的动机不是简单动机需求，而是人自身在寻求自我解放的内在渴望。这种动机不是简单的心理活动，而是人内心的自我超越。动机是网络心理研究的话题，是网络哲学研究的议题，也是网络思想政治教育研究的议题。把它作为网络思想政治教育的理论议题加以研究，就是要厘清网络社会中各种网络动机所产生的根源所在。

网络自我互动的行为是与其动机相对应的范畴。网络自我互动的动机将在网络技术互动本质和网民内在主体性的双重作用下转化为相应的行为。网民网络自我互动的行为在网络社会中是纷繁复杂的。根据网络自我互动的网络技术层面及网络自我互动的实践层面，可以将网络自我互动的行为分为：网民在计算机界面的行为主要有敲击键盘、移动鼠标、点击页面等；网民在网络社区的主要行为有交流、聊天、情感宣泄等行为；网民在网络社会里主要行为浏览信息、获取信息、角色扮演、聊天、发表言论等。

虽然网民的网络行为是多种多样的，但按网络自我互动的动机与行为的对应关系看，可将网络自我互动的行为分为：有单一动机产生单一行为；有单一动机产生多种行为；有多种动机产生单一行为；有多种动机产生多种行为等；按照动机对应的行为的效果可将其效果分为善意的行为与恶意的行为。整个网络社会就好像是网络行为的复合体。网络社会可以被看作是无数网络行为所构成的网络社会。网络行为是网民的生存方式，是网民的实践方式。网络行为是网民思想、意识、观念的外在彰显，是网民思想、意识、观念的阴晴表，是网民内在思想、意识、观念的直接反映。因此，网络思想政治教育的研究就必须要研究网民网络自我互动中的网络动机与网络行为这一特定的网络社会现象。

（三）网络自我互动的事实与价值要素是网络思想政治教育内容建构的核心

网络自我互动的动机与行为是网民在网络社会将其内在思想、意识、观念转为直接可见的行为，揭示了网民自我互动的动机与行为之间的内在逻辑，是将网民内在思想、意识、观念外化的具体表现。因网络自我互动动机的深层机能以及网络自我互动行为的瞬间流逝，这为网络思想政治教育的研究带来了难度。为了进一步深化网络思想政治教育的研究，这就有必要跟踪网络自我互动的事实与价值之间的互动关系。

网络自我互动的事实与价值关系是基于网络自我互动的动机与行为关系之后的一对对应关系，是网络自我互动的重要环节，是网络思想政治教育对网民关注的重要内容。网络自我互动的生理与心理关系中的生理话题是现代医学所关注，而心理话题是现代心理学所关注的议题；网络自我互动的动机与行为虽然是网络思想政治教育所关注的议题，但介于网络自我互动的动机的内在性、难控性，以及网络自我互动行为的多元性、流变性等，这就需要将网络思想政治教育的网络自我互动动机与行为的研究转向为其事实与价值的关系研究。

事实就是存在。网络事实就是网络存在。网络事实是网络自我互动行为的事实存在，是网络文本对网络行为的直接表达。网络社会能被保留网络自我互动的事实就是网络自我互动的存在。无论是网络自我互动的生理与心理，或是网络自我互动的动机与行为，都是网络自我互动在网络社会中的存在。这一存在就是事实存在，况且这一互动会产生诸多行为事实。网络自我互动的行为是多元的，因此网络行为的事实也是多元的。网民每天在网络社会里浏览海量信息。网络的信息就像无穷无尽的"黑洞"，永不见底。每当网民浏览一个信息，接着信息背后又是链接，而链接后面又有链接，这样永不休止地链接下去，不是信息的枯竭，而是网民精力的衰竭。网民可以在网络社会里办公、撰写论文等。在论文的撰写中，可以书写、复制、剪辑、粘贴等，甚至可以将有的东西去掉、推倒，重新开始，这既不会浪费纸张，也不会导致环境污染，这是两全其美的。网民可以在网络社会聊天、交友，找到自己真心喜爱的人。网民可以在网络社会进行理论研究，创造新的理论成果。网民可以在网络社会进行场景、实验、行为等模拟，给其他网民具体、生动、形象、直观的印象等。网络行为就是网民在网络社会的多元行为，是网民将自己的网络动机通过网络技术载体或者表达方式所展现的动态描述。

而这些网络行为的动态描述的静态反映就成为网络事实。因此，有何种网络行为，就可能有何种网络事实与之对应。

网络事实蕴含了网络价值。这一价值的根源就在于网民作为人最基本的核心要义是人的行为的目的性。这一目的性是网民的价值取向性。因此，网民在网络社会中的任何网络行为都是有一定社会价值的网络行为。网络自我互动不是毫无价值的混沌蠕动，而是有着深刻价值驱使的网络自我发展。网络自我互动是网络自我将网络社会价值与网民自我价值深度融合的自我向上向善的历史走向，是网民自我面向过去的历史超越，是网民自我互动发展的逻辑必然。这一逻辑必然的历史价值取向就是网民自我互动的方向性、发展性、超越性。网民自我互动的这些特性不是网民自我内在本身所具有的特殊性，而是网民与网民之间的彼此心灵交流而产生的具有人类自身集群性的共性所在。因此，网络事实所蕴藏的价值不是网民自身凭空主观臆造的价值趋向，而是网民网络自我互动中基于网络技术互动特征基础上的与其他网民之间彼此的社会历史的全方位的整体定位的塑造所蕴含的网络社会的价值指向。就网络人际互动所蕴含的价值，吴满意在《网络人际互动——网络实践的社会视野》一书中阐述了自己的独到见解。正是这一理解，为网络自我互动的自我价值的塑造与确立的理论研究提供了基础。因此，网络自我互动的自我价值是通过网民的网络人机互动、网络人际互动以及网络自我互动而形成，是网民自我互动中对网络社会信息的共享共建。

网络自我互动的价值是网络社会价值与网络自我价值所构成。网络自我互动的社会价值是网络自我互动的价值导向，而网络自我价值是网络社会价值的有机组成部分。网民在网络自我互动中常常处于迷茫之中，缺乏社会价值，这是因为网民在网络自我互动中过多地强调网络自我价值，而忽视网络社会价值，从而导致网络社会价值的缺失。即使网民在网络社会中有着自由活动的自我价值追求，但是这种价值追求只是网民自己个人的兴趣、爱好等。此兴趣、爱好只是网民个体的内在价值愿望，而不具有网络社会的价值所归。

（四）网络自我互动的真我与假我要素是网络思想政治教育内容建构的目的

网络自我互动的价值取向是网络自我互动的内在核心。网络自我互动的生理与心理、动机与行为、事实与价值是否能保持内在的完整的一致性，这是区别网络自我互动的真我与假我的根本标志。如果网络自我互动的生理与心理、动机与行为、事实与价值能够保持内在的一致性和完整性，那么网络自我互动就体现为真我，否则，就是假我。网络思想政治教育的最终目的就是要将网络社会的网络自我培育成真我，而不是假我。

网络社会是虚拟社会，是数字社会，是符号社会。网络社会的网络自我互动是网民网络自我的生存之道。自我是人社会化的表达形式。网络自我仍然如此，因此网络自我是网络社会化的自我。网络自我在网络自我互动中发生在自我内在的生理与心理、动机与行为、事实与价值的关系，并将这些内在的互动关系通过外在的真我与假我所展现出来。虽然假定了网络自我互动中的真我是网络自我互动的生理与心理、动机与行为、事实与价值的内在一致性，但这些关系是否真正地保持着内在的一致性，这是一个理论与实践的话题。在理论上，如何论证它们之间的内在一致性，这是一个极为艰难的过程。在实践上，如何来掌控它们的内在一致性，这更是极为复杂的议题，因为网民在网络社会中是深刻变化的。但无论此话题如何的艰难，总是将其理论向前推进，在此，就假定网络自我互动的真我与假我是在理想的网络社会中存在与发展。

网络自我互动的真我与假我是网络社会的网络自我的社会表现，是生活中真我与假我在网络社会的延伸。在现实生活中，人的假我是因社会角色的扮演或者是自我内在需要装扮的我。这一扮演或是装扮或许因为缺乏某一或多方面的要素而使假我露出马脚。但在网络社会里，网络自我互动的假我因为网络技术的虚拟性而假我装扮得如此真切，已经使网民难以区分谁是真我，谁是假我，况且，网民在网络社会完全可以根据自身的需要随时随地切换自身的身份角色，就如同坐在电视机前的看电视人可以随时根据自身的需要切换电视节目一样，让网络自我在网络自我互动中扮演真我与假我。

无论网络自我在其互动中如何地进行真我与假我的相互转换，但网络自我总是会朝着网络社会所期盼的真我的网络社会发展方向推进。此方向就是网络自我互动的真我之所以成为真我的内在价值引导，网络自我互动的内在机制就在于能将网络自我朝着自我内在互动的真我的方向发展。真我是网民在网络社会的真实展示，是网民在网络社会里的自由自在的自我内心透视，是网民完美的自我存在。在一定情况下，网民是特定网络社会真实自我的展示，即当网民自我价值与网络社会价值完全一致的情况下，网民就是真我的表现，是善良的意愿。

然而，事与愿违，网民的网络自我在网络社会常常以假我的社会表达形成呈现，这是因为网民生存于网络技术，而网络技术具有数字性、符号性等特征。这些特征就便于网民在网络社会以数字化、符号化等虚拟形式呈现在网络社会之中，网民的网络自我就以假我的形成出现，并凭借网络符号来掩饰自己的真实身份。网络自我互动的假我在网络社会里会在不同的网络层面呈现。在网络界面上，网络自我会在网络技术窗口上以网络窗口的自我形式表现；在网络社区里，网络自我会以与其他网民对话、交流的方式呈现；在网络社会中，网络自我会以强者、胜利者的姿态呈现等。

因此，网络自我互动的外在表现具有网络自我的真我与假我的双层身份，并且这双层身份随时发生转换，如何将网络自我互动的假我转化为真我，这是网络思想政治教育的重中之重，是网民网络自我内在价值确立的根本所在。

三、网络自我互动的运行是网络
思想政治教育的过程内化

网络自我互动的要素结构奠定了网络思想政治教育的内容建构，而网络自我互动的运行是网络思想政治教育的过程内化。网络思想政治教育不仅要研究网络自我互动的基本要素、内在结构等基本内容，还要研究网络自我互动的动态过程，以揭示网络思想政治教育受教育者的思想、意识、观念等形成与发展的过程。这是研究网络自我互动的动态表述的必然趋势，也是网络思想政治教育发展的必然要求。

（一）网络自我互动过程中网民思想形成的阶段性

网络自我互动的过程就网民的思想形成与发展过程。在此过程中，网民的思想形成会随着网络自我互动的阶段性而使其自身思想的形成也呈现层级性。网络自我互动的阶段性主要反映在网络自我互动的内容层次性。网络自我互动的阶段性主要反映在网络自我的生理与心理、动机与行为、事实与价值、真我与假我之间的互动之中，因此，网络自我互动的阶段性就可以反映网络自我互动的思想层级。网络自我互动形成的思想层级体现在初始性、生成性、拓展性三个方面。

1. 初始性

网络自我互动的思想形成的初始性主要体现在网络自我互动的生理与心理阶段。在这一阶段，网络自我互动是一种生理与心理的互动。生理与心理互动是网络自我互动的前提。网络自我互动的生理与心理互动最初反映在网民在计算机网页界面。在计算机网页界面上，网民身体缺场。网民的心理互动可以通过计算机网页界面上的窗口、图标等符号折射出网民的心理活动。网民的生理具有相对的稳定性，但网民的心理却具有极为复杂的可变性。网民的心理活动不仅不会停留在计算机网页界面上，而伴随着网民的整个网络自我互动。只不过网民的网络自我互动的心理无论如何都是无数次网络自我互动的底层次的新型翻转，是网民步入网络动机的必经门槛。网络自我互动的心理活动是网民在计算机网页界面的感知体验阶段，是网络自我生理对其网络社会的初级表达。网民网络自我互动生理与心理互动初步确立了网络自我的网络身份，是网络自我互动的生命表达。

2. 生成性

人的思想源自人的实践。网民的思想仍然源自网民的网络实践，网民的网络实践源自网民在网络社会的网络行为，网民网络自我互动的网络行为是网民网络自我互动的网络动机的直接结果，网民网络自我互动的动机来源于网民网络自我互动的内在心理反应，在这一网络心理到网络动机再到网络行为的逻辑过程，如果能够用语言来表达这一逻辑发展历程以及其内在价值判断，那么这一表达就是网民网络自我互动的思想、意识、观念的形成与发展，即网络自我互动的思想、观念、意识等生成性话题。

根据网民网络自我互动的思想、意识、观念等精神现象在网络社会不同区域的生成状况，可将网络自我互动的思想、观念等生成的区域分为网络空间、网络社区和网络社会等区域。在网络空间，虽然网络社会是无边界的社会活动场域，但这一社会活动区间将被网络技术发展的特殊性及网民自身社会需求的特定性分割为若干的网络空间。比如在电子邮件空间，网民主要用该空间进行电子邮件的传送与接受；在网络 QQ 空间，网民主要运用 QQ 形式进行聊天、交友、讲座、论坛等社会活动；在网络微信里，网民运用微信媒介进行聊天、交友，转发信息、图片、微视频等。在网络空间，网络空间是有边的，是因为这样的网络交往空间是一个有着各种各样相互关联的网民所建构的交往空间，并由所交往网民的交往内容广度以及交往情感的厚度所决定。可见，网络空间的界限是由网民自身交往的对象的特定内容所确定，而不是具体物理空间的边界，而是网民基于网络技术，尤其是基于网民自身的特殊爱好、兴趣所建构的这些具有社会性的活动场域，是网民思想意识形成的起点，网民的思想、意识、观念等精神现象产生的边界是网民与网民之间相互作用的产物。这种思想、意识、观念具有一定的情感性，也具有一定局部性，是网民基于某一特定对象的产物。网络社会是网络空间的拓展，是对空间局限性的撕裂，是网民从狭小空间向外发展的突破，但网络社区又不是网络社会，与网络社会相比，其范畴较小。既然网络社区是介于网络空间与网络社会的中间区域，那么网络自我在网络社区的实践活动就具有网络社区的特殊性。如果说网络空间具有群体性、情感性、交流性等特征，那么网络社区就应该具有小社会的特征，即具有社会性、理智性、参与性等特征。网络社区比网络空间的实践活动范畴更为广泛，也更为复杂。因此，在网络社区，网民的思想、意识、观念等生成会比网络空间的思想、意识、观念等生成就更为深刻、更为丰富，是网民思想、意识、观念等精神现象由浅到深依次递进的过程。网络社会是在网络社区基础上更为广泛地拓展，是一个全域概念，是整个网络概念，是一个全球概念，也是一个无边概念。网络社会是现实社会的重新审视，是现实社会在网络技术载体上的延伸，但比现实社会的范围更为广泛、更为复杂。在这个更为广泛、复杂的网络社会，网民的思想、意识、观念等精神现象的生成就更具有世界性、全面性、复杂性等特征。如果说网络空间是依赖于网民的情感沟通的思想、意识、观念的生成，网络社区则是依靠于网络社区的网民区域共识性生成，那么网络社会则是依托于网络社会的社会性生成。但无论网民网络自我互动的思想、意识、观念是在网络空间、网络社区或是网络社会的生成，实质上都是网络自我互动的思想、意识、观念等生成的逻辑发展。

从网络自我互动的内在构成要素的层次性角度来分析网民网络自我互动的思想、意识、观念等生成的阶段性。思想源自于观念，是意识形态的重要组成部分。思想、意识、观念等精神现象的存在是网民在网络社会的实践性产物。网络自我互动是网民自身内化的实践性活动。网络自我互动的实践性活动依托于网络自我互动的生理与心理、动机与行为、事实与价值、真我与假我等层次的互动作用而完成其实践互动。生理与心理的互动是网络自我互动的基础与前提；动机与行为的互动是网络自我互动的根本与关键；事实与价值的互动是网络自我互动的体现与彰显；真我与假我的互动是网络自我互动的确立与趋势。可见，网络自我互动的动机与行为的互动是网民网络自我互动的思想、意识、观念等产生的直接根源。网络自我互动的行为就是网络自我互动的思想、意识、观念等生成的直接来源。没有网络自我互动的行为，就没有网络自我互动的事实存在。在网络自我互动中，网络行为是纷繁复杂的。可以按照不同标准对网络行为进行分类。但无论哪种行为，都是网络自我互动的思想、观念的外在表现形式，或者是随后要产生的思想的直接来源。网络行为是思想、意识、观念等精神现象的直接来源。但并非所有网络自我互动的思想、意识、观念等精神产物都被网络社会中的网络文本保留下来。网络是流动空间。网络行为瞬间即逝。有些网络自我互动的思想、意识等观念是过眼云烟，没有生命力，无法被网络文本所储存；有的网络自我互动的思想、意识等观念能真正地被网络文本所保持并流传下来。这些有生命力的网络自我互动的思想、意识等观念精神产物是网民网络自我在网络社会里经过网民无数次的网络自我互动而生成的。

3. 拓展性

网络自我互动的过程是网络自我互动不断循环的过程。在此循环过程中，网民的思想、意识、观念等精神现象就像小溪一样潺潺地向外溢出。当然，网民的思想、意识、观念等精神产物并不是一次或二次的网络自我互动就能完成，而是要经过网络自我互动的多次甚至是无数次的网络自我互动才能得以实现。在网络自我互动的思想、意识、观念的生成过程中，网络自我互动与外界环境之间的物质、能量交换，是网络自我互动的重要前提。除了网络自我互动与外界环境之间的关系，还有网络自我互动的内在自我互动系统，这是网络自我互动的思想、意识、观念等精神生成的内生动力。

网络自我互动在内生动力作用下不断地拓展其内在的生成过程。首先，网络自我互动构成要素的拓展。此拓展既有网络自我互动的生理与心理、动机与行为，也有网络自我互动的事实与价值、真我与假我的拓展。这一内在结构要素的拓展导致了网络自我互动的生成拓展是网络自我互动与外界物质、能量交换的必然结果。网络自我互动与外界的物质、能量交换的范围越广，其拓展性也就越广。其次，网络自我互动生成阶段性的拓展。网络自我互动不是瞬间完成的，而是一个不断持续的过程，而且可能是反复的过程。在其内在生成过程中，每次网络自我互动就是一个不断向外拓展的过程。网络自我互动的内在生成程度越深，网络自我互动生成的拓展也就越深厚。因此，网络自我互动的拓展实质就是网络自我互动生成性的外在表现形式。网络自我互动的生成是内容，而拓展是形式。内容与形式总是有机地结合在一起。

（二）网络自我互动过程中网民思想形成的特殊性

网络自我互动过程就是网民思想、意识、观念等精神现象的生成过程。此过程的思想、意识、观念等精神现象的形成过程具有特定的逻辑性、规律性。这一逻辑性、规律性与网民的人生观、价值观、道德观、法制观等意识形态的规律性具有内在本质的一致性。网络思想政治教育的重要议题就是要探寻网民的思想、意识、观念等内在的形成过程及其规律性，并根据其思想、意识、观念等形成的规律性开展有针对性的网络思想政治教育。如果抽象地、脱离网民的思想、意识、观念等精神现象的规律性来对网民开展网络思想政治教育，那么网络思想政治教育就会缺乏针对性、实效性。因此，只有把网民网络自我互动纳入其思想、意识、观念等精神现象的形成与发展的规律，才能将原来抽象问题转化为网民网络自我互动的具体实践活动话题，这就有利于对网民进行网络思想政治教育。在网络自我互动的过程中，网民的思想、意识、观念等精神性现象的形成具有自身的特殊性。

1. 技术性

网络自我互动不是一般的自我互动，而是建构在网络技术基础上的自我互动。既然网络自我互动是建构在网络技术上的互动，网络技术就必然会渗透到网民的每一个行为之中。网络自我互动的每一个层面、每一个过程、每一个细节、每一个环节等都有网络技术的参与。网络技术作为网民的生存手段，已经深深地嵌入到网民的每一实践细节之中。正因为网络技术渗透到网络自我互动的每一个细节，这就使网络自我互动的思想、意识、观念等精神现象的产生都带有鲜明的技术特色。网民网络自我互动的技术性就在于人的生存与发展是物质基础所决定的。此物质基础的直接决定因素就是生产力。生产力中包含了科学技术。在某种特定情况下，科学技术是第一生产力。网络技术是在科学技术发展到特定阶段时所呈现的技术。因此，技术的发展，生产力水平的提高，人生活水平的提升，人自我互动内容的拓展，自我互动进程的加快，自我互动所萌生的思想、意识、观念等精神东西就加深。此外，人自我互动的思想、意识、观念等表达方式也具有鲜明的技术性，在文字出现之前，人依靠结绳记事方式来表达思想、意识、观念等。在文字出现之后，人就用文字来表达人的思想、意识、观念等。在文字使用上，有龟甲、竹简等记事，表达情感，传播思想等。当有纸张后，人就使用印刷术来记载思想、观念等。当计算机出现后，人就用计算机来传播人的思想、观念等。在使用计算机的过程中，人就会用数字、符号等多种方式来叙事人的思想、观念等。可见，人的思想、意识、观念等精神性东西总是在被技术不断的刷新、更替，这标明了网络自我互动所产生的思想、意识、观念等具有深刻的技术性。

2. 多样性

网络自我互动是网络自我的生成方式。自我是人的社会表征。网络自我是网民在网络社会中的表征。网络社会是多元复杂的社会。网络社会的多元性涉及多方面内容：有政治、经济、文化、生态等；也涉及到国内、国际内容。也涉及官方、民间等等。简而言之，网络社会是一个无边的社会，包容了现实世界中绝大多数的内容，同时也包含了网络世界自身不断创造新的内容。

正因为网络社会所包含的内容广泛、复杂、多样，因此网民在网络自我互动中将会把网络社会中所存在的内容纳入网络自我互动的对象范畴，从而使网络自我互动在内容上呈现纷繁复杂的多样性。在网络社会里，现实世界存在并被发现的所有内容均可以通过数字化、符号化等网络文本虚拟到网络社会之中，让全世界所有网民共同分享。在这虚拟的网络世界里，网民是否已经感觉到这个网络社会是没有阶级、国家等概念之分，也没有地域、文化等言语之别，是否会觉得网络社会的所有差异只是网民对网络数字、网络符号等解读的分歧。在网络社会里，网络社会的所有东西均是网民所共有的东西。网民或许抱怨网络社会的不公，在于网民沉浸于网络信息的程度差异。

网络信息是爆炸性的信息，是无限链接的信息。网民在网络社会无法穷尽网络信息。而网络信息是网民网络自我互动的营养。网民的网络自我互动是在网络信息的穷尽过程中逐渐地舒展与交织。也许正是网民在这些信息的舒展与交织中萌生了思想、意识、观念等精神现象。网络信息的多样性就自然而然地导致了网络自我互动的思想、意识、观念等精神现象的多样性。在这多样、复杂、易变的思想、意识、观念中，网民尤其关注的是自身发展的人生观、价值观、道德观、法制观等。在人生观里，网民特别关注自身活着的意义。人在网络社会中已经被数字化、符号化、虚拟化。此时，网民感觉不到自己的真实存在，一切都是那么的虚拟、漂浮，人只不过是在网络社会中被鼠标移来移去的一个符号，而且这个符号还会被不断地剪辑、复制、粘贴等，也在不断地被撕裂、重组等。此刻，网民感觉到自己在网络社会中最多不过是一个赋予某一意义的符号而已。并且这一符号还会被其他网民在网络社会中随时随地删除或者增加。这就容易导致网民对自己的生命感觉不真实，不可靠，而是那么地虚无缥缈，甚至轻视自己生命，也不尊重自己的生命，会视自己生命如儿戏。这或许就是现实生活中一些年轻人为何在物质极为富有的情况有时会产生自杀的念头，这或许是一些经历苦难的人对此现象无法理解的根源之所在。要解决这一现象，就需要对这一符号赋予其内在的价值，即人生价值。人生价值就是人一生的价值。对于常年沉浸于网络信息之中的网民，其人生价值究竟如何？网民作为在网络社会中的网络符号，如何满足其他网民的需要，以彰显自身的价值。网络社会的网民是无数的，而网民在网络社会的需要更是无穷的。因此，网民的有限能力如何满足无限诉求，以体现其内在的价值，这就需要反映网民在此思想、意识、观念等多样性。可见，要赋予网民的内在价值是何其艰难。但即使在如此艰难的情景下，或许只有赋予网民生命的价值意义，网民的生命才具有价值，网民也才会倍加珍惜自己的生命。

在网络社会里，网民的思想、意识、观念的价值多样性不是网民单个的价值满足，而是网络社会的价值体现。网络社会的价值被理解为网络社会的核心价值。网络社会是开放的社会，也是价值多元的社会。如何把握网络社会贯穿一个核心价值，并用这一核心价值来引领网民，这也是极为艰难的，因而，网民在网络社会很难找到价值归宿，缺少社会价值支撑。但是在网络社会里网民常常存在着个体价值、群体价值，有时可能是网民的群体价值影响、支配、控制网民的个体价值，而使网民的个体价值迷失。在这价值的迷失中，作为青少年网民，其价值冲突较为严重的是心理价值与社会价值的矛盾。所谓心理价值就是网民的心理满足需要。社会价值是社会的满足需要。因青少年正处于生理与心理的发育、成长、成熟的关键期，其内在的心理需求过多，尤其是生理发育所导致的心理需求欲望，因此，就有一些不怀好意的网民在网络社会中故意夸大网民的生理需要，尤其是性欲望的需要，进而提供黄色信息、黄色图片、黄色视频等不良网络信息给青少年浏览，以满足他们的心理价值需要，从而使青少年走上歧路。

网络社会是开放的社会，因此网络社会的信息就是多样的，是无序、无边的。网络社会的信息包罗万象。只要现实生活出现什么信息，网络社会就会充满什么信息。网络社会还不仅如此，网络社会的信息还具有自身再生功能，即网络社会有一条信息会被无数网民衍生为无数的网络信息，这是因为网民具有自身的主观性，可以对网络信息进行再次加工，并加以传播。同时，即使是一条网络信息，也可以经过网络信息的链接，而被链接无数的信息。某一网络信息，只是网络社会的某一浪点，就好比一个水的波点一样，就会向外延伸出去形成波浪。网络社会有着这样无数的信息点，因此，这些信息源就会形成无数的信息圈，进而编制成无数的信息层，并建构起一个庞大的网络社会。这些信息源或是信息圈都是无限的，这也就导致了网络信息的多样性、复杂性。正是因为网络信息的多样性。网民在网络自我互动中就会形成其思想、意识、观念等精神现象的多样性。

3. 层次性

网络自我互动在网络社会中所萌发的思想、意识、观念等精神现象具有层次性。网民网络自我互动所萌生的思想、意识、观念的层次性取决于网络自身技术的阶段性以及网络自我发展的社会性。

网络技术的阶段性决定了网络自我互动的思想、意识、观念的层次性。技术是人思想、意识、观念外化的器物性存在。技术的发展是历史的过程，是人自身与自然界相互交融的过程，是人与人相互交织共生的过程。技术的发展可以简要地理解为人对自然界人化的直接反映。因此，技术发展的阶段性是人思想、意识、观念发展的层次性体现。网络技术发展不是瞬间的人类智慧成就，而是人类智慧的历史、逻辑的淬炼。网络技术的发展经历了极为漫长的渐进过程。随着电子管、唱片机、收音机、照相机、发报机、电视机、计算机等技术出现，人均是在不断地借用人类智慧化的外在器物来延伸人类自身生理器官的功能，以满足自我互动的内在需要。这一内在需要不仅是人自身的自然生存需要，更是人迈向人自身发展的社会需要，为了更好地满足人自身的社会需要，网络技术就诞生了。网络技术的登场，创新了网络空间、网络社区、网络社会等新型的网络自我互动的社会实践场所。

但事实上，网络技术的发展与人自我互动的思想、意识、观念的演进是一个缓慢的过程。在技术发展中，人与技术之间的关系，实质就是人自身与自然界互动的关系，是人自身内在对外界改造的关系。人在改造自然界的过程中，也在改造自身，在改造自身过程中就形成了自身的思想、意识、观念的发展史。在原始社会里，火的发现、使用是人适应自然，使自身获得解放的一大突破。正是火的发现与使用，人才摆脱了自然的饮血状态，使人从动物迈向人类自身的标志。原始社会的人与使用摩擦生火之间的互动关系是人自我走向独立的互动形式，是人与人之间彼此相互平等的互动关系。到了原始社会后期，也正是石器、骨器技术的使用才使产品有了剩余，进而导致私有制的出现、阶级的产生、国家的形成。国家的形成使技术呈现了"双刃性"。人与技术之间的互动关系是人赖以生存的关系，同时也是人与人之间走向对立的关系。在奴隶社会里，奴隶主凭借手中的生产资料对奴隶的占有。这种占有关系是赤裸裸的剥削关系。在封建社会里，封建地主凭借对土地的占有而对农民的剥削。在资本主义社会，资本家占有生产资料，拥有先进的技术及其工具。这时人与技术之间的互动不是一致性的互动关系。技术不再是人改变自身生存的工具与手段，而是成为人自我互动的背离手段。技术越发达，工具越先进，工人所受到的剥削程度就越深，而资本家所获得的剩余价值就越多。在社会主义社会里，生产资料归集体所有，人发明技术、使用工具的目的是为了使自我互动更加满足自身发展的需要，同时人与人之间的和谐互动关系为人的自我互动增添了内在的和谐因素。

网络技术不是单纯自然性的技术产物，而是具有社会性的技术产物。网络从诞生那一刻起就已经深深地被烙上社会属性，因为技术不是单个人的冥思苦想，而是人类集体智慧的产物，是人类社会共同研发的产物，是具有鲜明社会本质属性的撬动人类社会历史发展的支点与杠杆。网络技术的粉墨登场，加速了人类社会的发展进程，推进了网民网络自我互动的步伐。在计算机时代，人的自我互动主要展示在人内在的工具性互动。在此工具时代，人自我互动的重心就是在于加速对计算机工具的使用，也许正是计算机工具对人所带来的便利，才使人走向人与计算机之间的互动关系。计算机工具拥有容量性、循环性、超链接、多重性等功能。在这些功能中，人是否找到自身人脑的替代品——电脑。人在自我互动中逐渐将自己独立的脑功能复制到电脑中去。人脑变得越来越简单。当孤独的计算机被网线连接起来，成为互联网后，计算机就不再是孤立的工作者，而是网络群体之一的承担者。在网络社区里，人可以聊天、传送文件、谈论议题等。此时，网络自我互动不是单一的个体互动，而是以网络社会为纽带的个体与个体、个体与群体以及群体与群体之间的自我互动。在网络社会里，网民的网络自我互动体现在网民内在的社会性的实践活动，而网络社会是层次性的社会空间。在这个空间，网络自我互动完全沉浸在这个层次性的复杂关系之中，反之，这些复杂的层次关系又渗透网民的心田之中，使网民网络自我互动的思想、意识、观念等体现出特色鲜明的层次性。

4. 民族性

虽然网络技术具有全球性，是人类社会共同进步的文明成果，但是作为现实的人却具有鲜明的文化性、民族性等。在不同自然环境、历史文化、民族习俗等作用下，现实社会的人是具有鲜明的民族特色。世界上有多种多样的民族。每个民族都有自己独特的历史、文化特征。即使网络技术作为人类通用的技术工具，但作为现实社会的人具有鲜明的民族性，因此，在网络社会里就会显现出因不同文化背景的民族特色。在这些不同民族的网民交往中就会形成不同网络文化交流圈层。因此，网民的网络自我互动总是在自己历史传承的民族文化基础上与现代技术文明之间相互交织在一起所融合的现代新型文明作用下的互动。这种新型文明无论怎样现代化均具有民族文化的历史痕迹。网民在这种文化作用下的自我互动所形成的思想、意识、观念等仍然具有鲜明的民族特色。这一民族特色蕴含了网民自身的爱国情结、民族的自豪感、尊严感与荣誉感等。网民的这一民族自豪感、尊严感与荣誉感充分彰显了网民所在民族的文化里所包含的人生观、价值观、道德观、法制观等诸多内容。这些内容无疑是网络思想政治教育内容的重要组成部分。

（三）网络自我互动过程中网民思想形成的规律性

网络自我互动是基于网络技术和网络社会的自我互动。网络技术不是间断性的技术，而是基于人类社会技术发展的规律性。网络社会不是特殊的社会，而是现实社会在网络技术上的发展。人类社会的发展具有规律性，因此网络社会的发展也具有规律性，这正是基于网络技术发展的规律性。因网络社会发展的规律性，因而基于网络社会的网络自我互动也具有规律性。这一规律性是网民网络自我互动的生理与心理、动机与行为、事实与价值、真我与假我的规律性的总体表现。正因为网络自我互动的规律性，因而在网络自我互动中所产生的思想、意识、观念也具有一定的规律性。

1. 基于网络自我的生理与心理互动的网民思想形成的规律性

网络自我互动的初始互动是网络自我互动的生理与心理互动。网络自我互动的生理与心理互动不是杂乱无章的，而是遵从网络自我互动的生理规律、心理规律以及生理与心理的规律。网络自我互动的生理规律是网络自我的身体缺场而生命力鲜活的特殊规律，是现实社会人的生理规律转向为网络社会网民生理规律的生命力发展，是网民独自面对网络社会的网络信息内化的生理潜在变化的特殊规律，是网民部分生理器官功能暂停，而其他生理器官功能最大效能发挥的彼此相互协调的规律。网络自我互动的心理规律是指网民内在的心理因受到网络信息刺激而承受其信息刺激的承受力与在网络自我心理承受力基础上所产生的抗击其信息刺激的支撑力之间的内在张力。网络自我互动的生理规律与心理规律在网络社会并不是各自独立地发展，而是相互建构起网络自我互动的生理与心理的规律性。网络自我互动的生理变化刺激网络自我互动的心理；网络自我互动的心理反作用于网络自我互动的生理。这两者之间彼此相互影响、相互作用，从而形成其内在的必然趋势，即规律性。在网络社会里，因网民身体缺场，网民将以网民自我互动的生命符号形式进入到网络社会之中。网民的生命形式是网民身体的生理磁场、网络的电力磁场、信息的智能磁场的叠加而形成的网民生命综合体。在这一场域，网民的活动最初是生理活动驱使其心理的活动。一旦网民的心理活动被激活，网民的心理活动就会自动地形成自身的心理规律。此时，网民的心理活动就会渗透网络社会。网民的心理活动是网民社会化的初始阶段，是网民由感觉到感知。因此，网络自我互动的心理活动是由低级向高级递进。这种内在递进过程驱动着网络自我互动的超越性、创造性。网络自我互动的心理的超越性、创造性又强烈地刺激着网络自我互动的生理，迫使网络自我互动的生理发生着一定的改变。正因为网络自我互动的生理与心理的规律性变化，这就导致了网络自我互动中网民的思想、意识、观念的变化也具有相应的规律性。

2. 基于网络自我的动机与行为互动的网民思想形成的规律性

网络自我互动的动机与行为是网络自我互动的思想、意识、观念等产生的关键。网络自我的动机是网民基于网络自我的心理基础上的内在心理诉求。网络自我的心理与网络自我的动机具有内在的关联性。如果说网络自我的心理是相对于网络自我生理而言的概念，那么网络自我互动的动机则是相对于网络行为的概念。但这两者都是网络自我内在的体验。网络自我互动的心理主要侧重于静态的体验；而网络自我互动的动机则侧重于网络自我的动态体验。如果说网络自我互动的心理是网络自我体验的阶段性，那么网络自我互动的动机则是网络自我互动体验的趋向性。网络自我互动的动机虽然是网络自我的主观范畴，但网络自我的动机不是随意的动机，而是基于网络自我互动的生理与心理基础上的动机。既然网络自我互动的生理、心理以及生理与心理都具有一定的规律性，那么作为基于这些规律性基础上的网络自我互动的动机也具有潜在的规律性。而网络自我互动的行为则是源自于网络自我互动的动机，是动机转化为行为。既然网络自我动机具有规律性，那么网络自我互动的行为也应具有其内在的规律性。这一规律性的根源就在于网络自我互动的生理与心理互动的规律性。可见，网络自我互动的动机、行为都有其内在的规律性，那么建构在网络自我互动的动机与行为之间的互动关系也具有其内在的规律性。网络自我的动机与行为的规律性是指网络自我互动中网民自身内在的动机、行为以及网民自身动机与行为之间的规律性。网民个体在网络社会中的动机是网络自我的内在需要，此需要是由低级向高级、由简单向复杂、由局部向全局的发展过程。此过程正是基于网络自我互动的动机与行为的规律性，因此，在此规律性基础上所产生的思想、意识、观念等也具有规律性。

3. 基于网络自我的事实与价值的网民思想形成的规律性

网络自我互动的行为是渐进的过程，是一个动态过程，而面对网络自我思想、意识、观念等精神现象，除了具有其动态的一面，还具有相对静止的一面。网络自我互动的静止状态可以从网络自我互动的事实入手。网络自我互动的事实就是网络自我互动的行为符号表达，是基于网络社会符号的象征。有什么样的网络自我互动行为，就会有什么样的网络符号对其行为的静态表达。既然网络自我互动的行为具有特定的规律性，那么相对于网络自我互动行为的网络自我互动的事实存在也具有一定的规律性。网络自我互动的网络事实不是纯粹的事实之所在，而是网络事实中蕴含了网络自我互动的内在价值之所在，由此，网络自我互动的网络事实与网络价值之间具有内在逻辑关系。网络自我互动的网络事实具有规律性，那么蕴含在网络事实内在的价值也就应具有一定的规律性。因网络自我互动的网络事实和网络价值均具有规律性，因此在这两者之上所架构的网络自我互动的网络事实与网络价值的互动也具有规律性。网络自我互动的事实与价值的规律是指网络事实与网络价值相互作用所形成的内在规律性。既然网络自我互动的事实与价值之间具有内在的规律性，那么由此内在规律性相互作用所萌生的思想、意识、观念等精神现象也具有一定的规律性。

网络自我互动是网民在网络社会中的动态生存，是网民自身的思想、意识、观念等精神现象的形成与发展。网络思想政治教育是关于网民思想政治教育实践性的综合性学科。将网络自我互动纳入网络思想政治教育的研究范畴，这是网络思想政治教育的新视角。但介于网络自我互动本身所包含的内容广博、体系完整等，而网络思想政治教育又是一门新型学科，要将这两者很好地融合，就只能摘取其要，而不能全部融入。正是基于此缘由，因此，在本章就摘取了网络自我互动如何融入网络思想政治教育的主体、内容、过程三个维度进行思考。

第六章

网络自我互动：人内在生存与发展的
网络思想政治教育审视

　　网络思想政治教育是传统思想政治教育在网络社会中生存的新形态，是对传统思想政治教育的继承与发展。既然传统思想政治教育是一门实践性的学科，那么网络思想政治教育也是一门实践性的学科。作为实践性的网络思想政治教育要对网民进行思想政治教育，培养网民的健康人格，把网民培养成为新时代中国特色社会主义的合格建设者与可靠接班人。

　　第五章已从网络自我互动的动态发展视角探究了网络思想政治教育的主体性拓展、内容建构以及过程内化的基础理论。现仍将从网络自我互动的这三个维度对网络思想政治教育的实践进行深度审视。

一、网络自我互动：网络思想
政治教育主客体关系的审视

　　网络自我互动的本质界定奠定了网络思想政治教育主体间性的理论基石。网络思想政治教育主体间性要求网络思想政治教育的实践工作应当注重网络思想政治教育主客体的互动关系，这是因为整个网络社会都是处在互动状态之中。

传统思想政治教育主体与客体之间的关系是思想政治教育的基本范畴。思想政治教育的建构是基于这对基本范畴之上。若没有这对范畴的存在，就难以建构思想政治教育的基本理论，当然也就难以开展思想政治教育的实践工作。正是因为有这一主客体的关系范畴，才具有了思想政治教育的实践工作。在网络社会里，基于网络的互动本质，网络社会的互动性成为网民生存与发展的基本方式，因此，网民是一个完全沉浸于网络社会互动之中的人，这就导致传统思想政治教育中主体地位的消解，而网络思想政治教育主客体的主体间性的凸显。

（一）传统思想政治教育主客体关系的消解

传统思想政治教育是基于现实物理空间的思想政治教育，是相对固定时空、主客体均处于相对静止状态的思想政治教育。这一教育方式从阶级社会一开始就存在，并伴随着阶级社会的发展而发展。此传统教育方式不是静止固定不变的，而随着技术的发展而发展，这是因为人的思想、意识、观念等是由人所生存的物质生活条件所改变，而人的物质生活条件又是由技术所决定。人类文字诞生之前，人的教育方式主要是教育者对受教育者进行言传身教。随着文字的出现、印刷术的发明，人的教育方式除了传统言传身教的教育方式外还具有借用印刷术间接的教育方式。无论是直接的言传身教或是间接的印刷术阅读的教育方式，均包含着教育的主体与客体。思想政治教育是阶级教育的特殊形式，是就人的政治、思想、意识、观念等政治属性的教育。这一教育仍旧脱离不了教育实践活动最基本的主体与客体范畴。

既然思想政治教育是阶级社会的独特形式，且其教育是依托于现实社会的技术发展，那么当技术发展到现今的网络技术，人已经不再把网络技术仅仅作为工具使用，而是作为网民的生存方式。在此生存方式下，思想政治教育的主体、客体都是网民，且都处在网络社会的互动本质之中，因此，这就打破了传统思想政治教育中的教育者与受教育者之间的相对固定关系。这一固定关系的突破，就使网络思想政治教育的主体与客体之间的地位难以区分，这是因为网络思想政治教育的主体地位被削弱，而客体地位被提升，即是网络思想政治教育的主体地位被网络扁平化、去中心化，而客体的地位被隆起。可见，网络思想政治教育主体地位的一降与客体地位的一升，当达到某一特定时期，这一降一升的关系就会趋于彼此几乎平等的状态。这就会导致网络思想政治教育的主体与客体在网络社会里似乎是以彼此平等关系进行对话、沟通与交流。其对话、沟通与交流的过程就是网络思想政治教育的主体与客体之间的思想、意识、观念等传达与启迪的过程，因而传统思想政治教育的主客体关系就被网络技术、网络社会的互动本质消解，反映出来的是网络思想政治教育主体与客体的新型关系——主体间性。这就需要网络思想政治教育的主体要改变自身传统固有的主体身份角色，不再以传统思想政治教育那种以自身凭借国家所赋予的特定权力作为思想政治教育主体身份的角色进入到网络思想政治教育的主体角色之中，而是要以一个近似平等的身份角色进入到网络思想政治教育当中去与其对应的客体进行心平气和地开展具有主体间性的网络思想政治教育。

（二）网络思想政治教育主体间性的确立

在网络思想政治教育中，网络思想政治教育主客体关系是主体间性，因此，在网络思想政治教育实践中，就要把网络思想政治教育主体与客体当成近似相对平等的主体间性，而不是传统思想政治教育意义上主体与客体的对立关系，这是因为传统思想政治教育主体的地位被网络互动扁平化，而客体的地位却被网络互动提升，因而，网络思想政治教育主客体关系的实践应当坚持主体间性的基本范式。这一基本范式源自网络人机互动中网民的技术性、网络人际互动中网民的社会性以及网络自我互动中的个体性。

1. 网络人机互动的网络思想政治教育主体间性

网络技术是网络思想政治教育建构的物质基础。在网络社会里，网民不仅感觉到技术是工具性的存在物，更重要的是网民完全地沉浸在网络技术之中，并在网络技术之中与其他网民共生共享。此时，网络技术成为了网民的生存方式，这一生存方式不仅是对主体而言，对客体也是如此，这就导致了传统思想政治教育主体与客体的相对固定关系已经被网络技术互动本质所撕裂。此时，网民不再把网络技术当成简单的工具，而是把网络技术作为自身生存与发展的内在机制。因此，网络思想政治教育主客体已经被网络技术互动的齿轮嵌入其中，这加速了网络思想政治教育主客体能动性的步伐。无论是作为网络思想政治教育的主体或是客体都需要借用网络 IP 地址、数字符号表达等，随时随地潜入网络社会。在网络社会里，无论是作为网络思想政治教育主体或是客体均可将纷繁复杂的网络符号展开于网络沟通、网络交流之中。在网络社会里，网络技术掩饰了网络思想政治教育主客体的性别、年龄等生理特征，而这些生理特征不再是具象化而是抽象化的符号所赋予的特定社会意义，而是网络思想政治教育主客体之间的能指与所指的关系，是网络思想政治教育主客体自身内在需要与对外界予以满足需要的自我诠释的生命历程。因此，网络技术不是被人所支配、驱使的工具性技术，而是将网络思想政治教育主客体连接在一起，并让这两者彼此相互满足对象化需求但又彼此塑造的脐带，是网络思想政治教育主客体彼此推拉且伸缩的寰臼。

2. 网络人际互动的网络思想政治教育主体间性

如果能准确理解与把握网络人机互动中网络思想政治教育的主体间性，那么理解网络人际互动中网络思想政治教育的主体间性是否是会更为便捷，这是因为人是群居性动物。正因为人是群居性的动物，因此人在群居的过程中就自然而然地要涉及到人与人之间的关系，即人际关系。

　　人际关系不是抽象的人际关系，而是现实的人在生产、交换、分配、消费中所产生的人际关系。在现实物理空间，人的交往总是会受到现实物理时空制约，无法展现人自身的交往能力与水平，也无法充分施展人自身的内在潜能。网络技术出现以后，网络技术就将传统的人与人之间的交往方式彻底地改变。这一交往方式的改变就在于突破了人与人之间交往的时空界限，搭建了人与人之间新型的交往方式，即网络人际互动关系。网络人际互动阐释了网民与网民之间的崭新关系。这种关系的实质就是人与人的互动关系。而人与人之间互动关系的实质就是人与人的彼此塑造关系。在现实生活中，人与人的关系在于传统的人伦关系。在网络社会里，人与人之间的互动关系不再是主强客弱的互动关系，而是数字化、符号化、文本化等彼此塑造的关系。这些关系不再是简要的塑造与被塑造的关系，而是趋于彼此共同分享中彼此塑造的关系；同时，也可能是彼此塑造而又趋于新的共生共享的复杂社会关系。在网络社会里，任何东西好像是被网络社会中所有网民占有与共享，但实质上却是表面分享，而实质上是在表面共享掩饰下的新型支配与被支配的关系。众多的网民可能处在其表面上，乐此不疲，但却并没有发现自己正在被表面共享的快感逐渐地吞噬而缓慢地消解自我。

　　在此消彼长的网络社会的人际互动中，如何确立网络思想政治教育主体间性，这是此议题的困境之所在。要避免网民自身主体性被其他网民主体性所吞噬，这就需要每一个网民都具有自身独立的真实主体性存在，而不是仅仅依赖于其他网民主体性的人机互动翻版，而是有着自身独特的不可取代的源自于网络自身内在心灵的主体性。虽然这是在理论层面的深刻反思，但在网络社会中，网络人际互动在网络思想政治教育实践上就是要体现网民互动的社会属性。一个网民即使是在网络上一言不发，他仍在不停地移动鼠标，或者关闭界面的窗口，这种行为就是网络社会性行为，因为计算机界面是网络社会界面的窗口。网络社会是现实世界的缩影。网络社会已经把每个网民紧紧地联系在一起。当某一网民在网络社会里发布某一数字、符号、图形或者言论等，那这些东西将会成为整个网络世界的，即便是在遥远的非洲的某一角落，只要你在网络社会中，你就会因这一数字、符号或者言论而做出自身的特定回应。网民在网络社会的社会性是现实社会的社会性无法比拟的。在这种社会背景下，用一种声音、一个文件、一个命令等行政权力的思想政治教育方式，其效果已经是微不足道了，因为网络主体之间的权力已经被扁平化了，任何网络主体之间都是近似平等的主体性关系，即主体间性。

3. 网络自我互动的网络思想政治教育主体间性

网络思想政治教育的主体间性不仅体现在网络人机互动、网络人际互动之上，还体现在网络自我互动之中。网络思想政治教育主体间性在网络人机互动和网络人际互动上是其主体间性的外在表现，是网络思想政治教育主体间性的间接表达，而网络自我互动是网络思想政治教育自身内在的主体间性的形式与表达。

网络思想政治教育主体间性的网络自我互动是基于网络自我互动的内在构成，是网络思想政治教育主客体彼此呼应其内在自我构成要素的主体性的映照。网络自我互动的构成要素是生理与心理、动机与行为、事实与价值、真我与假我之间的互动关系。在这些关系中，网络思想政治教育很难确认谁是真正的主体，谁是真正的客体，所能体验的只是主体间性的存在关系。这种主体间性的关系是网络思想政治教育的自我教育的主体间性关系。此外，网络思想政治教育的主体间性还体现某一网民作为网络思想政治教育的主体，也体现在相对应的作为其客体的彼此之间的自我互动的新型主体间性。

因此，在网络社会里，任何某一网民都是难以确认其某一网络自我互动中的哪个角色就是网络思想政治教育的主体或是客体。这一彼此内在交织变化主客体关系就演绎着网络思想政治教育主体间性。

二、网络自我互动：网络思想
政治教育内容的审视

网络自我互动的构成要素不是凭空想象的，而是基于网络社会与人发展需要所建构。这一内容的建构正是网络思想政治教育的内容需要。因此，网络自我互动的构成要素就成为网络思想政治教育理论架构的基本内容。

（一）网络自我生理与心理互动视角的网络思想政治教育内容的强化

网络自我互动的生理与心理之间的互动是网络自我互动的生理与心理的彼此相互依存相互作用的过程。此过程是网民实践活动的基点，是网络自我互动的起点，是网民在网络实践活动中思想、意识、观念等精神现象萌发之源，是网络思想政治教育关注的逻辑起点。网民是现实的人在网络社会的延伸。现实的人是从其生理诉求开始实践活动。网民在网络社会的实践也是如此。在生理诉求上，网民就有自身的心理活动。网民的心理活动是网民生理诉求所引起的，这就形成了网民在网络自我互动中的生理与心理之间互动关系的逻辑起点，是网络思想政治教育必须关注的思想、意识、观念萌生之源。基于这一起点，在网络自我互动中就需要强化网络思想政治教育生理与心理互动的内容。

1. 网络自我互动中生理教育内容的强化

网络思想政治教育的生理教育是指网民自身生理的基本知识以及由此而延伸的相关知识教育。首先，网民生理基本知识教育内容。人的生理在现实生活中就是身体器官，身体器官是人源自自然的物质载体，人的身体器官在现实生活中具有相对的封闭性、隐私性，且具有肤色、高矮、胖瘦等外在生理特征。但真正人的生理器官在本质差别不大，而实质上的差异是在不同文化上所赋予的价值差异。在不同民族、文化的特殊背景下，人的身体器官被赋予了特定的社会意义，尤其是对人身体性器官的意义。在我国传统文化里，性的理解是相对保守的。但随着改革开放的推进，我国逐渐与西方文化的交流，人对性的理解逐渐地放大尺度。技术的发展使人成为自身技术制造物所驱使的存在物。技术的发展推动了网络技术的出现。网络技术的诞生，这就使人不再是单个、孤立的存在物，而是完全社会化的存在物。网民不再把自身生理器官禁锢于自身身体之内，而是把自身生理分化为若干细小的部分展示在他人面前。在网民展示自身生理时，有的网民故意夸大生理性器官的意义，导致黄色信息泛滥。在网络社会里，网民无论年龄、性别、职业、教育文化程度等诸要素的差异，好像是一个近似平等的人。即使是未成年人在网络中也好像是成年人一样享受着网络中的性文化。这一现象就会刺激未成人的性发育，甚至可能误导未成年人的性犯罪。即便是成年人，由于对性知识的理解不一，也可能会导致一些人的性犯罪。在网络社会中，如何加强网民性生理的知识教育，这是网民生理互动所引起的网络思想政治教育的重要内容之一。网民生理结构功能的基本知识。网民在网络社会里是以数字、符号、以及数字与符号的组合物等方式表示人的生理结构功能。网民在网络社会中的生理结构功能是多变的，不是固定的生理结构功能。而且这些生理结构功能均是网民根据自身的需要而随时随地改变。因此，在网络思想政治教育实践中，对网民生理结构功能的控制主要是根据网民发布的语言意义来判断其生理结构功能，而不是根据言语的表达来判断其生理结构功能。无论网民以何种语言来表达其生理结构功能的变化，但终究是为了表达一定的意义而展示其人的生理结构功能。因此，网民的生理结构功能关系不是孤立的概念术语，而是相对其意义的关系术语，是对象化的术语。

如何强化网络自我互动中网民生理教育内容？这就需要对网民生理知

识进行正确引导。一则是正确认识网民生理发育的过程及规律；二则是明确性是网民生理器官的重要组成部分，是人类社会得以延伸的重要器官。要明确性的生理属性，更要明确性的社会属性，以避免网络社会中有关性知识的过度泛滥；三则是加强网民的生理器官功能的知识教育，明确网民在网络社会中应当正确交往，且交往过程中要明确生理器官的功能；四则是加强网络技术的监管力度，对网民生理器官功能的过分渲染进行信息过滤等。

由此可见，网络思想政治教育对网络自我互动的生理研究不是停留在网络自我互动的纯生理层面，而是要迈入到网络自我的生理器官功能层面，这是网络自我互动由纯生理机能向其社会转化的重要节点。

2. 网络自我互动中心理内容教育的强化

网络自我互动的心理是基于网络自我互动生理物质载体基础上因受到外界信息刺激而在网络自我内在所产生的反映。网络自我互动的心理是网络自我生理器官的生理反映，但实质上却是网络自我社会化的初级反映，是网民社会化的开端。如果说网络自我互动的生理为网络思想政治教育提供了健康的生理基础，那么网络自我互动的心理就是网络自我在网络社会中的网络自我的思想、意识、观念等精神现象的萌芽，是网络思想政治教育关于网民思想、意识、观念产生的开端。

正是因为网络自我互动的生理变化才会导致网络自我互动的心理变化。在网络自我互动的心理变化中，网络自我互动的心理变化体现在网民受到网络信息刺激的反应。在网络社会里，网民完全沉浸在整个网络信息之中，感受到网络信息所带来的无限快感。此快感来源于网民对网络信息的占有，并由网络信息所带给网民的无限满足。当网民在享受网络信息所带来的快乐之时，也会给网民带来极度的焦虑与恐惧。所谓网民网络自我心理焦虑与恐惧就是网民对网络信息的过犹不及所产生的心理失衡。在网络社会里，网民不是担心网络信息的不足，而是担心网络信息的泛滥所引起的焦虑。网络信息良莠不齐，尤其是黄色信息、虚假信息等。这已让网民唯恐躲之不及。网民主要担忧不良网络信息对未成年人的影响，这是因为未成年人的人生观、价值观等均未成熟，容易受到外界信息的误导。因此，面对网民对网络信息的焦虑、恐惧心理，应当引导网民坦然地面对网络社会中的各种信息，并进行理性思考，避免对某些身心愉悦的信息过度占有，使自己完全沉浸在此浅层信息的愉悦中而失去理智，从而使其成为信息所支配的奴隶，演变为网络成瘾。比如有的网民为了满足自身心理愉悦而过度追逐其信息强烈的心理欲望，而使自己卷入其网络信息旋涡，而无法自拔。

网络自我互动的心理内容是心理学研究的重要组成部分，是网络思想政治教育研究的重要组成部分。网络思想政治教育要研究网民的思想、意识、观念等内容。在研究这些内容中不得不涉及到网络自我互动的心理话题，这是因为网络自我互动的思想、意识、观念等产生的过程会涉及到网络自我互动的心理变化。网络自我互动的心理变化既涉及到网络自我互动的内容范畴的心理变化，也涉及到网络自我互动的阶段性心理变化。这些都是研究网络自我互动心理内容的重要维度，是网络思想政治教育研究的重要维度。虽然网络自我互动的心理既是心理学研究的范畴，也是网络思想政治教育研究的范畴，那到底网络思想政治教育对网络自我互动的心理要研究到什么程度才符合网络思想政治教育的研究目的？这就既要把握网络自我互动的心理需要，同时又没有过多地涉及心理学范畴。

（二）网络自我动机与行为互动视角的网络思想政治教育内容的强化

网络自我互动的发展逻辑是网络自我互动的内在推送，是网民自我的内在发展以及成熟过程。在经历了网络自我互动的生理与心理发展后，网络自我互动就迈入到网络自我互动的动机与行为的逻辑阶段。可见，网络自我互动的动机与行为是网络思想政治教育的重要议题。

1. 网络自我互动中动机内容教育的强化

网络自我互动的动机是网络自我互动心理的应有之义，是网络自我互动心理的动态化描述。动机本应是心理学范畴，如今却将其分离，以搭建网络自我互动的动机与行为之间的关系，以便推进网络自我互动的研究。网络自我互动中的动机来自于网民网络自我互动的内在心理需求，网民的内在心理需求首先来自于网民在现实中的需求。在现实生活中，网民有诸多需求，但因现实物理空间制约，其需求无法得到完全满足，这或许对网民而言是某种遗憾。为弥补这种遗憾，网民总是在不断地创造机会与条件来满足这一需求。网络技术的发展也许就是满足这一需求的最好例证。

在网络社会里，技术是特定媒介。网民可以把现实生活中任何事物用数字、符号以及数字符号的组合来表达，以诠释事物存在的意义。这种意义存在就能完美地满足网民的某种需要。因此，在网络社会中，网民可以毫无忌讳把自己需要的东西表达出来。有人认为在网络中不怕做不到，就怕想不到。这个"想"就是网民的动机。此动机的产生是由网民自身需要与技术发展的水平所决定。网民自身需要可以参考马斯洛的需要层次论。网络技术发展的水平可以根据网络人机互动的和谐程度所决定。正是这种复杂关系决定了网民动机的多样性。在网络社会中，网民的动机是网民在现实生活中需要的技术延伸，是网民解放自己的"宏伟蓝图"。网民的自我解放就是从此开始。但因网民的动机是隐藏在网民内心之中，很难被直接发现。只有当网民的动机转化为相应行为之后，才可以通过网民的行为对网民的动机有着直接地了解与把握。为了抑制网民动机的过分膨胀，就需要对网民的动机适度地调适，因为网民动机是多维的，而不是单维的。对网民网络自我互动动机多维的研究也是极为复杂的，这将成为网络思想政治教育的潜在议题。

2. 网络自我互动中行为内容教育的强化

网络自我互动的行为是指网络自我互动的动机相对应的表达方式。动机与行为之间总是具有相应的一致性。当然，这两者之间也存在着矛盾，即动机与行为的背离。此背离意味着人在现实物理生活中其动机会受到现实物理空间的制约而无法将其动机转化为相应的行为。在网络社会里，网络是技术化的社会存在物。网民可以把自己的动机通过数字、符号以及数字符号等建构的文本把自己的动机转化成为其相应的行为。在网络社会中，网络自我互动的任何行为都是网民自我互动动机的外在表达形式。对网民网络自我互动行为进行适当调节，这是网络思想政治教育内容的重要议题。

网络自我互动的网络行为具有多元的行为存在。如果按照人数的划分，可分为网络自我的个体行为、网络自我的群体行为以及网络自我的类行为。如果按照网络行为的性质可分为网络道德行为、网络法律行为等。如果按照是否符合常理，可分为网络正常行为与网络非正常行为等。无论这些网络行为是何种行为，它们都是网民网络自我互动的动机通过网络技术手段所表达的行为存在。

面对这些不同的网络自我互动的网络行为，如何才有效地保证网络自我互动的行为沿着健康的方向发展，这就需要对网络自我互动的行为进行调适。网络自我互动的行为调适方式有：一则是技术性的调控，提升技术水平，禁止部分网民的非理性的动机转化为其相应的行为；二则是提升网民的自身素质，让网民自身萌发合理的动机，而不是违背常理的动机；三则是提升网络社会的社会监督力。网络社会不是私人空间，而是社会空间。网络社会需要有网络社会的监督机制。目前的网络社会里，网民还缺少被社会监督的机制，因此，部分网民就会将不合理的动机转为相应的行为，并漂流于网络社会之中。对此行为，必须要加强其规范教育。

（三）网络自我事实与价值互动视角的网络思想政治教育内容的强化

网络自我互动的行为是动态描述。要对网民进行网络思想政治教育，就要将网民网络自我互动行为转化为相对静止的网络事实，从相对静止视角分析网络思想政治教育。网络自我互动的网络事实是网络自我互动的文本表达，是网络自我互动行为的静态描述。网络事实是源自于网络行为的沉淀。网络自我互动的网络行为是网络思想政治教育的重要议题，那么作为网络自我互动的网络行为的静态表达的网络事实是网络思想政治教育的重要话题，且与网络事实具有内在逻辑对应关系的网络价值也将是网络思想政治教育的重要内容。因此，网络自我互动中的事实与价值之间的互动关系，是网络思想政治教育内容的关键。

1. 网络自我互动中事实内容教育的强化

网络自我互动的事实就是网络自我互动的行为符号表达。在网络社会里，网络事实具有官方发布的事实，也有民间自发产生的事实。在网络事实中，占绝大多数的事实是源自于网民的网络自我互动所衍生的网络事实，即使是官方发布的事实，最终也会被网民自发衍生出无数的网络事实漂移于网络社会之中。网络不是官方独有的工具，而是网民集体共生的实践空间。之所以网络社会的网络事实如此丰富，那就是因为网络被网民所拥有、使用。网民在网络社会里不再受到现实物理空间的诸多因素制约，以致无法展开自己的美妙遐想，而是完全可以依赖网络技术载体以及网络社会资源在网络自我互动中敞开自己的胸怀，创想自己的美景，抒怀自己的情怀，悲泣自己的沧桑，缅怀自己的岁月，等等。无论网民在网络自我互动中是忧怀天下、倡其忠良或是谋其私利、今日朝歌，都会用网络特定语言符号将其内在动机转化为行为，并将其行为用语言符号以及一定逻辑关系呈现在网络社会之中，以供其他网民与之共享，或是共鸣，或是共勉，或是共情，或共愤，等等。正因为网络事实是主要源自于网民自我互动的主观行为，因此，网络事实具有多元性。这些多元性的网络事实良莠不齐，亟待将这些网络事实规范化，以符合网络社会发展的需要。

2. 网络自我互动中价值内容教育的强化

网络自我互动的网络事实是网络自我互动行为的文本表达，是网络自我互动的符号展示，是网络自我互动的诉求反映，是网络自我互动的心灵期盼，因此，在网络自我互动的网络事实中蕴含着其内在的满足关系。这一满足关系就是价值诉求。因而，网络自我互动的每一个网络事实背后都隐藏着特定的网络自我互动内在渴求的价值期盼。在网络社会里，网络自我互动的价值是多元的，每个网民的每一次网络自我互动都包含着其对应的内在价值关系。从网民网络自我互动的数量上看，网络自我互动的价值可分为网络自我互动的个人价值、群体价值以及社会价值；从网络自我互动的内在构成要素上看，网络自我互动的价值可分为网络自我的生理价值、心理价值、行为价值、事实价值等；从网络自我互动的功效来看，可看为网络自我互动利己价值与利他价值；可从网络自我互动的内在性质上来看，可分为政治价值、经济价值、文化价值等。无论从哪个角度对网络自我互动的价值进行划分都是对网络自我互动的社会满足关系来进行判定。

通常情况，网络自我互动的价值都会被理解为是网民网络自我的价值，是属于网民的个体价值，而不是网民的社会价值。但事实上，任何一个网民都不是孤立的个体存在，而是社会化的存在，因此，网络自我决非是纯粹的自我，而是社会的自我，是社会的重要组成部分，是社会的风向标。当面对网络社会的范畴广泛、复杂时，网民可以通过网民网络自我互动而窥视网络社会的发展趋势。因此，网络自我互动也不完全是网民的个人行为，而是网络社会在网民个体的网络自我的内化，其内在价值既有网络社会价值，也具有网民个体价值，因此，网络自我互动的价值是网民网络社会价值与网民网络个体价值的有机组合。在这两者之中，如何凸显网民的网络社会价值，而适当抑制其个体价值，这就是目前加强网络社会中网络自我互动的网络价值教育的重要话题。

（四）网络自我真我与假我互动视角的网络思想政治教育内容的强化

网络自我互动的真我与假我的互动关系的实质就是网络自我互动中网民在网络社会中的身份转换。网络自我互动是网络自我存在与发展的形态。网络自我是网络自我互动的静态表达，是网络自我互动的身份确认。网络自我是网络社会自我的直接回应。网络自我是网民在网络社会的社会化印证。网民是自然人或者社会人在网络社会的简称，而网络自我则是社会人在网络社会的社会化描述。网民在网络社会到底是以什么样的社会化身份登场，这就需要涉及网络自我互动的真我与假我这一特定话语的具象表达。这一表达既有其自然属性，也有其社会属性，就如人性别有自然属性与社会属性一样。这也如同人在社会中有着正确与错误、真与假的辩证统一之微妙。

1. 网络自我互动中真我内容的倡导

网络自我互动中的真我就是网民在网络自我互动中所展示的真实自我。在一般情况下，网民通常就会认为网络自我互动的自我是一个虚假自我，这是因为网络是一个虚拟的社会。在网络社会里，网民是戴着面具行事，一切皆是虚拟，都是不可靠的，是难以被信任的。但这实际上是没有很好地理解网络社会的特质。网络社会并非完全虚拟，也不是完全的不可靠，而是虚实共存。这与现实社会具有本质的一致性。现实社会也有真假之分。此真假不是源自于人生存的物理空间，而是源自于人生存的社会空间。人生存的社会空间就是人自身所建构的，因此现实社会的真假就来源于人自身，来源于人自身的心灵，也就是来源自人自身的生存与发展的需要。

既然如此，网络自我互动就存在着真我这一社会存在，是网络社会赋予网民的社会需要，是网民在网络社会发展的历史推进。网络自我互动的真我主要体现在：一是网络自我以网络技术作为网络工具时所呈现的自我。此时的网络自我就是一个客观存在，网络技术只是作为网络工具而已，并无粉饰网络社会的任何功效。此时的网络工具只是作为工具直观地体现网民的行为而已，在此背景下，网络自我就是真实的自我，即网络自我互动的真我。二是网络社会的真实交往的自我是真我。文中已经简要论述了网络社会具有真实的一面，也有虚假的一面。当网民以真实的一面展示自己，并进行网络自我互动时，此时网络自我互动的自我就是真我。三是网络自我互动的未来自我是真我。网络自我互动是网络自我的社会化过程。在此过程中会呈现各种各样的网络自我形态。但无论这些形态以何种方式展现，其最终的目的就是要走向真实的自我，即真我。

2. 网络自我互动中假我内容的纠偏

网络自我互动的假我就是网民在网络自我互动中以虚假的方式所呈现的自我就是假我。假我是与真我相对应的一个概念，而不是单独虚设的一个概念。没有真我就没有假我；没有假我就没有真我，因此真我与假我是相互依存的概念。假我与真我是相对而生的社会化概念，而不是自然属性概念。假我是人的社会化过程，而不是人的社会化结果。假我要诠释的是人社会化过程，而不是人的现实存在，是人在社会化过程中人自身社会化的发展需要。我就是我的存在，并无言其真我与假我。我就是自然与社会的有机统一体。在现实社会中，我的确存在着真我与假我这一对应的概念术语。就其真我与假我的真与假实质上是一个社会化的主客观范畴。到底何为真，何为假，这是一个既有社会发展规律又有人自身发展规律的主观与客观交织的艰难界定。

就此界定本身而言，假定网络自我互动就如同现实社会的真我与假我一样是依然存在着的这一对社会概念。真我就是符合网络社会发展的真实自我，是网民在网络社会中按照网络自我内在发展需求的自我。假我是网络自我互动中不真实的自我，是虚拟的自我，是社会角色的扮演，是网络自我发展中某一特定的社会需要。这一特定的社会需要，可以理解为人是社会的人，人在社会中要扮演多元化的社会角色，因而，有的网民为了自身个体的某种需要，就需要将自己扮演成一种非真实的自我，以谋求自身自我的需求，成就网络自我的自身发展。在网络社会里，因网络技术的虚拟性特征，网民就能随意地利用网络技术的特征来装饰自己，塑造网络自我的假我，就会随意地将自己的性别、年龄、职业等所有身份来个彻底漂白，把自己完全地装扮起来，让其他网民无法从根本上判别。如此这般，网民在网络自我互动中就塑造了一个与本身真我相对应的一个假我存在。此假我就是一个不真实的自我，是不被其他网民所认可与接受的自我，这是因为在网络社会中网民之间相互交流的平台就是网络技术，交往的空间是网络空间，而交流的实质就是网络自我认同。网络自我认同的根源就在于网民内心的真实自我认同，而不是网民内心的虚假认同。因此，这就需要对网络自我互动的假我给予纠正，以期朝网络自我互动的真我转向。

三、网络自我互动：网络思想政治教育内在规律的审视

对网络思想政治教育的审视应该是多维度的，即从网络思想政治教育主客体关系、主要内容以及内在规律三个维度审视。在对网络思想政治教育主客体关系以及主要内容进行审视后，就需要对其内在规律审视。网络思想政治教育规律不是抽象的规律，而是依从网络自我互动的内在规律，即是网民网络自我的思想、意识、观念等精神现象的形成与发展的规律。网络自我互动的内在规律就是网民自身的思想、意识、观念等形成与发展的规律，也就是网络思想政治教育应当遵循的规律。

介于前面对网络自我互动的规律进行了适当叙述，现就延续着前面对网络自我互动规律的论述进一步推进网络思想政治教育规律的思考。前面对网络自我互动的规律主要从内外两个维度思考。其外在维度就是网络自我互动

的网络人机互动、网络人际互动；而内在维度则是网络自我互动的网民内在生成逻辑。因此，网络思想政治教育就应遵从网络自我互动的内在生成规律。

（一）网络自我互动过程中网民思想形成的人机规律

网络自我互动是网民的网络自我互动，是人的自我互动延展，是人的网络技术互动。这是因为网民是依存于网络技术，并借助于网络技术的互动本质。仅有网民的自我互动，那与现实社会人的自我互动无异。正是因为有网络技术的互动，所以才使网民的网络自我互动有别于现实社会人的自我互动。

网络技术的互动不是一般的技术互动。一般技术都是服务于人，被人所掌控与支配，而网络技术却不是这样。网络技术除了被人所支配与控制外，网络技术还具有反作用于人，尤其是人工智能不仅反作用、反制约于人，而且人工智能还可能主宰于人，使网民成为技术的奴隶。但现在无论如何也不好给技术与人之间的关系给出明确界定。但至少可以明确的是网络技术的发展是有其内在的规律性。网络技术不是天外之物，而是人自身智慧的外在存在物。既然网络技术是人自身智慧的外在存在物，网络技术一定会遵从人对自然界的认识规律，是人对自然规律认识的客观反映。既然人的认识是有规律可循，那么作为人认识的外在存在物也就一定有其内在规律性。这个规律性就是人认识的逻辑性。而人认识的逻辑性就是人的思想、意识、观念的形成与发展的规律性。

网络自我互动是建立在这一认识的技术规律性之上，显而易见，网络自我互动是网民自我内在的思想、意识、观念的形成与发展过程，是网民的思想、意识、观念的动态过程，更是网民的自我生成与发展的过程。此过程是网民随着网络技术发展所导致的思想、意识、观念的萌生与发展过程。人从来都不是超自然的存在物。人是因技术而远离自然界，但人始终无法脱离自然界，并与自然界有着千丝万缕的天然联系。人从动物揖别以来就依靠对技术的发明与使用推动着人的自我发展。技术是人与动物之间区别的根本标志。人的本质就在于人能制造并使用工具，且在实践基础上形成社会关系。在发明与使用技术的过程中，人的内在本质就是人的内在自我生成。可见，人在发明与使用技术工具的过程中就会产生一些观点、看法与思想，进而形成人类的技术思想史。人类的技术思想史是人类思想史的重要组成部分，是人类政治思想教育的重要内容。就此内容，谢玉进在《网络人机互动——网络实践的技术视野》中予以阐述。为此，这就要求思想政治教育的教育者在网络思想政治教育实践过程中应当准确理解网络技术发展与网民网络自我互动的内在关系。在把握网民与网络技术的内在逻辑规律之后，就不能只见技术而不见人，也不能只见人而不见技术；即人们常言的技术悲观论或技术乐观论。

准确地说，网络人机互动是诠释网络社会中人与机器（技术）之间的关系。此关系是人与自然界最为基础的关系。这与人的思想、意识、观念的形成与发展具有密不可分的关系，但是这毕竟不是人自身的思想、意识、观念的形成规律，因为人的思想、意识、观念的形成与发展除了人与机器（技术）有关以外，还会受到其他因素的影响，因此，就不能简单地将人与机器（技术）的形成规律来映衬人的思想、意识、观念的形成规律，更难以阐释人的政治思想意识的形成与发展规律，这不得不引起网络思想政治教育工作者的高度关注。

（二）网络自我互动过程中网民思想形成的人际规律

如果说网络人机互动是网络自我互动的基础，那么网络人际互动则是网络自我互动的关键，这是因为网络自我互动在本质上是人的社会自我互动，而人的社会自我互动在其现实意义上就是人与人之间的互动。人的社会自我互动不是孤立地互动，而是基于一定物质条件基础上的人与人之间的互动。

人自我的内在心理、动机、行为、事实、价值、真我、假我不是人自我孤立的存在物，而是相对于他人而存在的概念，是人与人之间相互呼应而内化到个体的内在心灵的映像存在。假如没有外在的人与之对应、匹配、互动，其人的内在自我互动也将难以形成，这就是人们常言的人的自我不是主观想象的存在物。

在网络社会里，人与人之间的关系就演化为网民与网民之间的关系。网民之间的人际关系比现实物理空间的人际关系要复杂得多。但无论如何复杂，总有其内在的规律可循。为此，吴满意在《网络人际互动——网络实践的社会视野》一书中加以诠释。网络人际互动揭示了网民在网络社会生存中网民与网民交往的社会规律性。此规律性是建构在网民的社会性基础之上。网民的社会性既包括了网民的经济、政治、文化、历史、民族、民俗等多元因素所汇聚的综合性因素，是社会的经济基础决定上层建筑所衍生的社会关系，并在此关系基础上构建起网络的人际关系。由此可见，网络人际关系不是随意的主观人际关系，而是基于现实历史发展的客观人际关系。正是这一客观性所蕴含的潜在规律性推动了网络自我互动的形成与发展。

网络人际互动的规律性蕴含了网络社会发展的规律性。这一规律性是网络自我互动的思想、意识、观念的产生与发展的外在形态，因为网络自我互动是网络社会互动的重要组成部分，不能离开网络社会互动来谈网络自我互动。这就必然体现网络人际互动与网络自我互动的思想、意识、观念等精神性的形成与发展有着相互交织的复杂关系。这或许就是网络人际互动的规律性隐藏着网络自我互动的思想、意识、观念的形成与发展的规律性。但能否就此得出结论：网络人际互动的规律性就是网络自我互动的思想、意识、观念形成与发展的规律性。如果就此得出这样的规律性，或许太过突然，这是因为网络自我互动的思想、意识、观念的形成与发展的规律性除了受到其网民的人际关系影响外，还会受到网民自身因素的影响。如果说这两者之间没有关联，那显然是说不过去的。但如果说这两者有关联，那么这种关联度到底有多大，是何种关联结构？这就需要进一步地探索。

（三）网络自我互动过程中网民思想形成的人我规律

网民的思想、意识、观念的形成与发展除了与网络人机互动、网络人际互动有关外，还与网络人我互动有关。这是因为网络自我互动是网民的思想、意识、观念形成与发展的核心。网络人机互动为网络自我互动提供了物质技术载体。网络人际互动为网络自我互动提供了网络社会的交往关系。网络自我互动则是网民自身的内在互动关系，是网民自身的思想、意识、观念形成与发展的内在核心。

网络自我互动是基于网络自我内在构成要素之间的相互作用。网络自我互动是网民在网络技术支撑下网民内在自我塑造自我的过程。网络自我在网络社会不是静止的，而是互动的。这一互动的根源就在于网民个体的生命存续以及生命发展。网民的生命不仅有自然生命，而且还有社会生命，因此网络自我互动就不得不涉及到网民生命的社会要素。网民所生存的社会要素不是单纯的社会要素，而是基于网络技术这一特定技术背景下的社会要素。正是在网民的网络自我生存于网络技术以及网络社会这一独特视角下思考网络自我互动，并根据网络自我互动的内在规律性，探索网络思想政治教育的内在规律性。

网络自我互动的生理与心理、动机与行为、事实与价值、真我与假我等关系就是网络自我互动的内在关系。这些关系不是静止的，而是彼此相互作用。正是这种彼此相互作用，从而推动了网络自我互动。网络自我互动的这些关系不是杂乱无章，而是具有一定的规律性。正如前面所论述的。正因为网络自我互动的这些关系的互动规律性，也才导致了网络自我互动中网民的思想、意识、观念的形成与发展的规律性。这样得出的结论只是基于网络自我互动内在的规律性，但是否真正具有这一内在规律性，这还需要进一步从网络自我互动的内在逻辑进行论证，尤其是从心理学、哲学、脑科学等视角深入剖析。虽然在前面论述了网络自我互动的内在构成要素的规律性，但其规律性是推理式的规律性，是否为真正的规律性，这也需要通过理论和实践的论证。或许是因为网络自我互动内在的规律性还需要确证，那么网络自我互动的内在思想、意识、观念的形成与发展的规律性就还需要进一步地深度探究。

结 束 语

　　本书的撰写是一个极为艰难的探索。其艰难性在于：一是学科的归属话题。网络自我互动是源自于网络自我的存在形式，即网络自我不是静止的，而是互动的。这一互动的本质到底是什么，其互动作为学科范畴究竟应该放在哪门学科，其理论依据何在？网络自我是源自于自我。自我通常是哲学范畴，但后来心理学、社会学也介入对此范畴的研究，但其与思想政治教育的关系是什么？应该将自我放到思想政治教育的哪个范畴，是主体范畴，或是客体范畴，这是一个理论的问题。如果这个范畴不能确定，就难以将网络自我互动纳入网络思想政治教育的思考之中。但在本书中，始终是将网络自我作为网络思想政治教育的主客体范畴，将网络自我互动是作为网络思想政治教育主客体的生成状态。二是网络自我的本质界定。对自我本质界定是一个非常深奥理论话题，如今要对网络自我进行界定，这无疑是难之又难。自我是历史性的话题，从人类有意识开始就有对自我的反思与追问。人类历史就是自我的发展史。从人类文明伊始，人就在追寻自我这一历史话题。无论是哲学、心理学、社会学或是其他等学科都在不停地追问这一历史性的话题。以往，学界常从静态视角窥视自我这一话题。现今，因网络技术互动本质，已将原来处于相对静止于物理空间的自我存在撬动为动态发展。因此，如今研究网络自我互动这一现实话题无不带着鲜明的技术色彩、复杂的社会关系以及浓厚的互动情怀等，从而着力研究网络自我互动的发展性话题。网络自我互动不是单纯网民的网络自我互动，而是网络社会中网民的自我生存与发展，是网民的健康发展话题。因此。网络自我互动不仅被心理学、哲学、社会学所关注，也被作为以人为研究对象的网络政治思想教育所关注。网络思想政治教育不仅要关注网民的网络自我互动，而且还要不断地研究网络网民的自我互动，以真实、精准地剖析网络思想政治教育中网民的思想、意识、观念等精神所产生的根本缘由，为网络思想政治教育提供学科的依据。三是网络自我互动的构成要素及其结构。网民的网络自我互动是网民自我内在的行为要素，是网络自我存在与发展的运动形式。但网络自我互动的构成要素是否是真正地由生理与心理、动机与行为、事实与价值以及真我与假我所架构，这还需要进一步的理论论证。自我不是实体存在，而是状态描述。因此，书中就有关于网络自我互动的构成要素的有许多自我描述，如生理自我、心理自我、动机自我、行为自我、事实自我、价值自我，等等。且这些自我之间是否能真正地建构起彼此的对应关系，如生理与心理互动、动机与行为互动、事实与价值互动、真我与假我互动，这也需要进一步的理论论证。这一论证是一个极为艰难的过程。这里所言论的几类互动关系是借用哲学、社会学的知识所进行建构与论证。作为网络思想政治教育，其对应关系是否也应该如此建立，是否与心理学、哲学、社会学有着什么样的区别与联系，这也需要网络思想政治教育工作者深度思考。只有在此思考的基础上，才能深入地研究网络思想政治教育中网络自我互动的基本范畴，比如网络思想政治教育的主客体关系、内容建构以及教育方式方法等。就网络思想政治教育的主客体而言，无论是网络思想政治教育的主体或是客体都是网民。作为网络实践的网民到底是以何种姿态出现，这就需要研究网民的网络自我互动，因为网民在网络社会中既可以静止的状态存在，也可以动态的形式存在。但基于网络技术的互动，网民在网络社会中始终都是以互动的形式存在。因而，网络自我互动就成为网民在网络社会中的基本生存方式。这就需要研究网民的网络自我互动。只有深入地研究了网络自我互动，才能更好地把握网民在网络社会中的发展状态。这是网络思想政治教育建构的根本出发点。

　　本书是基于网民的网络自我互动——人的内在生存与发展的视角下对网络思想政治教育的探究。全书的研究体现了广泛交织、深刻蕴意、丰富内涵、艰辛探索、青涩成果等。该研究力争从网民网络自我互动的概念、构成要素与结构、矛盾与动力等基本内容着手，从网民网络自我互动的逻辑过程中探寻网民的思想、意识、观念的形成与发展规律，并以此规律作为网络思想政治教育的内在逻辑，进而对网络思想政治教育的主客体、内容以及规律进行深度审视。网络自我互动：网络思想政治教育人的内在生存与发展，是网络思想政治教育研究的新视角。这一视角的探索，无疑是一个新的视域、新的拓展，但还有许多研究内容有待实化、细化、深化。介于作者水平有限，难免有不妥之处，恳请同行专家学者批评指正。

主要参考文献

1. 《马克思恩格斯选集》（第 1 卷），人民出版社 1995 年版。

2. 《马克思恩格斯选集》（第 3 卷），人民出版社 1995 年版。

3. 《马克思恩格斯选集》（第 4 卷），人民出版社 1995 年版。

4. 《马克思恩格斯文集》（第 1 卷），人民出版社 2009 年版。

5. 《马克思恩格斯全集》（第 1 卷），人民出版社 1995 年版。

6. 《马克思恩格斯全集》（第 42 卷），人民出版社 1979 年版。

7. 《马克思恩格斯全集》（第 46 卷），人民出版社 1979 年版。

8. 郭良：《网络创造世纪：从阿帕网到互联网》，中国人民大学出版社 1998 年版。

9. 曼纽尔·卡斯特：《网络社会的崛起》，夏铸九、王志弘译，社会科学文献出版社 2006 年版。

10. 迈克尔·海姆：《从界面到网络空间——虚拟实在的形而上学》，金吾伦、刘钢译，上海科技教育出版社 2000 年版。

11. 郑傲：《网络互动中的网民自我意识研究》，电子科技大学出版社 2009 年版。

12. 谢玉进、胡树祥：《网络人机互动——网络实践的主体内审》，人民出版社 2017 年版。

13. 吴满意：《网络人际互动——网络实践的社会视野》，人民出版社 2015 年版。

14. 马克·波斯特：《第二媒介时代》，范静晔译，南京大学出版社 2005 年版。

15. 马丁·海德格尔：《存在与时间》，陈嘉映、王庆节合译，生活·读书·新知三联书店 2010 年版。

16. 莱德·多尔迈：《主体性的黄昏》，万俊人等译，上海人民出版社 1992 年版。

17. 康德：《判断力批判》（上卷），宗白华译，商务印书馆 1964 年版。

18. 彼得·J. 金：《大哲学家 100——世界上最伟大的思想家生平及成就简述》，戴联斌、王子因译，生活·读书·新知三联书店 2007 年版。

19. 张文喜：《自我的建构与解构》，上海人民出版社 2002 年版。

20. 倪梁康：《现象学的意向分析与主体自识、互识和共识之可能》，《中国现象学与哲学评论》（第一辑），上海译文出版社 1995 年版。

21. 孟威：《网络互动——意义诠释与规则探讨》，经济管理出版社 2009 年版。

22. 张曙光：《人的世界与世界的人：马克思的思想历程追踪》，北京师范大学出版社 2009 年版。

23. 诺伯特·威利：《符号自我》，文一茗译，四川出版集团、四川教育出版社 2011 年版。

24. 埃里克·麦克卢汉：《麦克卢汉精髓》，何道宽译，南京大学出版社 2000 年版。

25. 舒普：《技术帝国》，刘莉译，生活·读书·新知三联书店 1999 年版。

26. 张耀灿等：《现代思想政治教育学》，人民出版社 2006 年版。

27. 张世英：《天人之际——中西哲学的困境与选择》，人民出版社 2007 年版。

28. 段永朝：《互联网：碎片化生存》，中信出版社 2009 年版。

29. 北京大学哲学系外国哲学史教研室编译：《古希腊罗马哲学》，商务印书馆 1982 年版。

30. 黑格尔：《精神现象学》（上卷），贺麟、王玖兴译，商务印书馆 1979 年版。

31. 尼葛洛庞帝：《数字化生存》，胡泳、范海燕译，海南出版社 1997 年版。

32. 刘金萍：《主体形而上学批判与马克思哲学"主体性"思想》，中国社会科学出版社 2009 年版。

33. 高鸿：《数字化时代主体间性问题研究》，上海社会科学院出版社 2008 年版。

34. 谢玉进：《网络人机互动——网络实践的技术视野》，人民出版社 2013 年版。

35. 吴满意：《网络人际互动——网络实践的社会视野》，人民出版社 2015 年版。

36. 刘丹鹤：《赛博空间与网际互动——从网络技术到人的生活世界》，湖南人民出版社 2007 年版。

37. 黑格尔：《精神哲学——哲学全书·第三部分》，杨祖陶译，人民出版社 2006 年版。

38. 米德：《米德文选》，丁东红选编，丁东红等译，社会科学文献出版社 2009 年版。

39. 米德：《心灵、自我与社会》，赵月瑟译，上海世纪出版集团、上海译文出版社 2005 年版。

40. 韦恩·戴尔：《神圣的自我》，袁静译，天津社会科学院出版社 2009 年版。

41. 尼采：《尼采的自我哲学》，刘烨编译，中国戏剧出版社 2008 年版。

42. 罗洛·梅：《人的自我寻求》，郭本禹、方红译，中国人民大学出版社 2008 年版。

43. 陈立胜：《自我与世界：以问题为中心的现象学运动研究》，广东人民出版社

1999 年版。

44. 乔纳森·布朗：《自我》，陈浩莺等译，人民邮电出版社 2009 年版。

45. 伊恩·伯基特：《社会性自我——自我与社会面面观》，李康译，北京大学出版
社 2012 年版。

46. 雍之：《人类的自我意识——西方哲学家自我思想解读》，现代出版社 2009 年版。

47. 段德智：《主体生成论——对"主体死亡论"之超越》，人民出版社 2009 年版。

48. 张再兴：《网络思想政治教育研究》，经济科学出版社 2009 年版。

49. 邹智贤、陆俊：《论"网络自我"》，《求索》2001 年第 1 期。

50. 王志弘：《技术中介的人与自我》，《资讯社会研究》2002 年第 3 期。

51. 谢俊：《虚拟自我论》，华中科技大学 2008 年博士学位论文。

52. 徐琳琳、王前：《网络中的虚拟自我新探》，《自然辩证法研究》2011 年第 2 期。

53. 吴满意：《网络人际互动：网络思想政治教育的基本视域》，电子科技大学 2011
年博士学位论文。

54. Heim，Micheael（1993）Metaphysics of Vitual Reality. Oxford：Oxford University Press.

责任编辑：茅友生

封面设计：林芝玉

版式设计：王欢欢

图书在版编目（CIP）数据

网络自我互动：网络思想政治教育人的内在生存与发展/丁科 著. —北京：
人民出版社,2023.5
（高校思想政治工作研究文库）
ISBN 978－7－01－025636－8

Ⅰ.①网… Ⅱ.①丁… Ⅲ.①互联网络-应用-高等学校-思想政治教育-
研究-中国 Ⅳ.①G641-39

中国国家版本馆 CIP 数据核字（2023）第 070881 号

网络自我互动：网络思想政治教育人的内在生存与发展
WANGLUO ZIWO HUDONG
WANGLUO SIXIANG ZHENGZHI JIAOYU REN DE NEIZAI SHENGCUN YU FAZHAN

丁 科 著

人民出版社 出版发行
（100706 北京市东城区隆福寺街 99 号）

中煤（北京）印务有限公司印刷 新华书店经销

2023 年 5 月第 1 版 2023 年 5 月北京第 1 次印刷
开本：710 毫米×1000 毫米 1/16 印张：17.5
字数：285 千字 印数：0,001-5,000 册

ISBN 978－7－01－025636－8 定价：88.00 元

邮购地址 100706 北京市东城区隆福寺街 99 号
人民东方图书销售中心 电话 （010）65250042 65289539